私の理想　新教育の夢

朱永新中国教育文集1

朱永新 著
石川啓二・王智新 訳

東方書店

日本語版序文

日本は私が最も懐かしく思っている国の一つである。今から十数年前、私は上智大学で研究に従事するチャンスに恵まれて、東京で約一年間滞在したことがある。霞か雲かと詠われるような満開の桜、真っ赤に燃え盛る紅葉等、すばらしい絵のような美しい景色は、ずっと私の脳裏に焼き付いている。近現代において、中日両国の間にさまざまな問題や亀裂が起きた。しかし、両国は何と言っても一衣帯水の隣国であり、二〇〇〇年以上にわたる友好交流の歴史を持っている仲間であろう。

人間は環境によって変化する不思議な動物で、日本で過ごした日々は大きな影響となり、今日の私の思考の中にそれをうかがい知ることができる。今日、私は、中国の教育について思索をしているが、時々、かつて自ら目にした日本の教育とオーバーラップする。当時授業参観した小学校、そこで知り合った日本の教師達、その時の光景や面影がありありと浮かんでくる。どんな片田舎でも一番立派な建物は学校であり、敗戦直後、腹いっぱい食べることさえできないにもかかわらず中等教育の普及に力を入れた、と書物で読んだときに、私は大きく感動させられた。そこで、友人達と協力して、日本の教育について、一〇年間かけてじっくり細かく分析して研究した。「日本人の手法で日本を研究しよう」ということを合言葉に、最終的に『当代日本教育叢書』という一六巻分の大著を上梓させていただいた。当時の日本学会会長で東京大学名誉教授の大田尭先生は、「教育界にあっては、これまでには類を見ない大規模なもので、日本語以外の言葉で書かれた前例のない偉業である」と絶賛してくれた。この叢書の出版と一連の日本教育についての研究と紹介が、中国の教育改革を大きく突き動かしたことは事実であろう。

今日、中国の学者や教師達と一緒に、私達は、新しい教育実験に取り組んでいる。「新教育」と呼ばれるこの実践は、全中国の現場の教員を巻き込んだ巨大なプロジェクトである。「草の根の教育キャンペーン」「市民教育改革」といろいろ評価されているが、敗戦直後の日本に現れた「新教育運動」と若干似ているところがあると思う。教育制度は、経済状況や社会環境などにより各国の風土に適合した多様性がある。にもかかわらず、教育という他の生物に見られない人類特有の営みには、国や民族を超えて通底するものがあると確信している。従って、日本の教育学研究者や教師と一緒に「教育とは何か」を考え、教育改革や日々教育実践に現れるさまざまな矛盾や課題に取り組んでいきたい。

学生の負担軽減や理想的な学級規模、家庭と学校教育の関係、読書指導の有効性と効果から、転校生やいじめ及び成績不振など、一時日本にしかない特殊な現象だと見られた問題まで、実は中国にも韓国にも生じている共通の問題である。私達は、同じ課題に直面し、多くの共通点を有し、共通の試練に立たされている。

中国教育の問題について述べるが、これは同時に国境を越えた共通性のある問題であるから、多くの方々で議論してもらいたい。

中国の教育が今日直面している最大の問題は、なんといっても教育平等の問題であろう。二〇一〇年七月に正式に発表された「国家中長期教育発展と改革企画綱要」では、教育の均等化を今後一〇年間で取り組むべき最重要任務の一つとして挙げている。それは教育の公平化の実現を教育公共政策の重要な措置としたことの表れである。一〇年かけて教育の均等な発展を実現するということは、非常に重大な決定であると同時に、とても重い任務でもある。それだけ、中国の教育発展の不均衡が非常に激しいといえる。それは主に次のような五つの面に表れている。

1、地域間の不均衡。東部でも西部でも教育はそれぞれ発展してきたが、東部と西部の間の格差は相変わらず存在しているし、ほとんど縮小していない。

2、都市部と農村部間の不均衡。都市部と農村部の教育には、設備等ハード面でもソフト面でも大きな格差があり、特に教師の質においてその差は一層大きい。

3、学校間の不均衡。同じ町であっても、学校間の格差が激しい。場合によっては、学校間の格差は東西地域間の格差より激しいものもある。

4、人の間の不均衡。近年では、我々は社会の弱者にはより多くの関心を払ってきたが、まだ多くの面において抜本的な解決には至らずにいる。例えば、出稼ぎ労働者の子女、農村の「留守宅児童」及び障害やハンディを持つ子ども達の教育問題は依然として厳しい。

5、教育の段階の不均衡。近年、義務教育に予算を増やしたりして力を入れてきたが、それに比べて、就学前教育、高等教育、そして職業教育には十分必要な関心を払っているとはいえない。

以上でわかるように、教育の公平化への道のりはまだまだ遠い。

続いて、日本の教育について私見を述べさせていただこう。

私の観察によると、バランスの取れた教育を押し進めた事は、戦後日本の教育においてもっとも成功した面である。戦後『日本国憲法』の精神に基づいて制定された『教育基本法』には、「民主的で文化的な国家を建設して、世界の平和と人類の福祉に貢献する」との理想が掲げられていた。それを実現するため、「個人の尊厳を重んじ、真理と平和を希求する人間の育成」を目指して、「普遍的にしてしかも個性ゆたかな文化の創造をめざす教育」(改正前、昭和二二年法)の普及を徹底して行ってきた。

しかし、数年前から、このような平等を目指す教育を非難し、それを「悪平等」だとなじり、「日本経済発展の足を引っ張った」とまでけなす人が出ているようである。

このような非難はまったく見当はずれだと思う。教育改革は振り子現象で、長く平等を強調していれば、必ず、効果を重んずる者が出てきてそれを批判し、違いを際立たせる事に振り戻っていく。平和な環境の下で均質な教育の普及を戦後日本の教育の方針として長年掲げてきたことが日本の経済成長と発展に大きく寄与したことは、何人も否定出来ない事実であるが、昨今の日本経済の衰退も公認の事実である。しかし、その原因は教育にあるのか。あるいはまったく別のところに理由があるのかもしれず、十分研究する必要があると思う。経済発展の減速した全責任をすべて教育に押し付けてはいけないと思う。

アジアにおいて、日本が最初に教育の近代化を実現した国である。従って、日本教育が直面している諸々の問題は、他のアジアの国々の参考となり、中国を含むアジア諸国への警鐘と道しるべとなる。我々が日本教育研究をしてきたのは、まさしく、日本の経験と教訓を学び、不必要な試行錯誤や回り道を少なくして、教育をまっすぐに発展させ、日本の轍を踏まないように細心の注意を払うためである。というわけで、私はこれからも日本の友人と一緒に教育発展途上で次から次へと湧き出る新しい問題について探索していくつもりである。これも一種の中日教育交流といえるだろう。草の根の交流であり、草の根の民間教育研究交流とも、草の根の教育改革ともなるだろう。

ある国と民族を理解するためには、日本のような中国と二〇〇〇年以上の交流の歴史を持つ近隣国であっても、外交、政治、経済などの面からだけでなく、教育や文化人類学などの面からもアプローチしていかなければならない。中国と日本の間には多くの共通点があるが、相互理解はまだまだ不十分であると考えているので、私の研究成果が日本語に翻訳されることが、中国の教育について日本の皆さんの理解の助けとなり、教育についての認識をさらに深めることになると確信している。

最後に、本書の出版に多大な努力をしてこられた東方書店に特別な感謝を申し上げたい。また、王智新教授、石川啓二教授、牧野篤教授及びその他の訳者に心から感謝する。この方々の努力がなければ、日本語版の出版はなかっただろう。そして、読者の皆さんにもありがとうを言いたい。今後出版される著書より、中国教育の過去と現在を理解して欲しい。さらに、中国教育、そして私自身がリードして取り込んでいる新教育実験に、アドバイスなり意見を賜るよう切に願っている。

朱　永新

二〇一一年新春

北京の滴石斎にて

私の理想　新教育の夢◆目次

朱永新中国教育文集　1

私の理想　新教育の夢

第一章　理想の徳育

近年、人格がゆがみ、道徳性を喪失した青少年が現れはじめている。道徳性の喪失という現象は、社会全体に警鐘を鳴らしている。浙江省金華では中学生が母親を殺し、中央音楽学院では学生が焼身自殺をした。北京の一四歳の少年は同級生の妹を殺害し、江蘇省徐州の不良学生は校長の親族四人を刃物で殺害した。こうした事件を耳にすれば、「我々が多年に渡ってやってきた教育は、果たして子ども達の心の奥底にちゃんと届いているのだろうか」と自問せざるをえない。徳育は一体どうなってしまったのか？　南京師範大学の魯潔教授は「本来の真の教育に立ち返る」（「教育的返本帰真」）という一文の中で「二〇世紀になって、人類は一種の分裂病になった。物質的には、人類は既に造物主のレベルに到達し、何でもできるようになった。しかし、精神面や道徳面、自己意識や自己認識といった方面では、ひどい発育不全に陥り、低劣なレベルになっている」「大きな智恵に欠けた中国人は、小さな智恵を用いて自らを亡ぼすことになる。これは、人類を非常に危険な状態に陥らせる。一歳の誕生日を迎えたばかりの赤ちゃんに実弾入りのピストルを持たせるようなものである」等と述べている。魯先生がおっしゃりたい事は、もっと徳育を重視せよということである。

古今東西の教育家達は、みな徳育を重視し、徳育を特に崇高なものと見なしてきた。たとえば、ドイツの教育家ヘルバルトは「道徳は人類最高の目的であり、教育の最高目的である」と語っている。物理学者アインシュタインは『ニューヨークタイムズ』紙の教育版に「教育声明」を発表し、「専門知識を用いて人を教育するだけでは不充分である。専門教育を受けた人は、有用な機器になることはできるが、調和のとれた発達を遂げることはできない。

生徒に価値について理解させ、強烈な情感を生み出させることこそ、最も基本的なことである。美や道徳上の善悪を見分ける能力を獲得させるべきで、専門知識を身につけただけでは、よく訓練された犬になれるにすぎず、調和のとれた発達を遂げることはできない」と語っている。わが国の教育家である陶行知先生〔米国に留学。J・デューイに師事し、プラグマティズムの教育学説を中国に移植した〕も「道徳は人としての根本であり、学問や才能があっても、道徳性に欠ければ、使いようがない。道徳性に欠ける人は、学問や才能があると、かえって大きな悪事をたくらむようになる。そこで最近、私は人格の育成に力を入れようと呼びかけている。そうしてはじめて、生徒達は真善美の人格を自覚的に創造することができる」と述べている。彼らに限らず、古今東西の教育家達は、いずれも徳育を重視しており、その例を挙げれば枚挙にいとまがない。しかし、この三人の教育家の語っていることだけをみても、彼らが道徳を最上位に位置づけて、重視していることが分かる。徳育こそ、教育の中で最も大切なものである。

理想の徳育――一

自然の中での活動を通じて、生徒の徳性を育成し、遊びや自主的活動の中で、道徳性を身につけさせる。

徳育において、最も重要なことは、人の徳性の形成原理を研究することである。人の徳性は自然の中での活動を通じて形成される。これが徳性形成の基本原理である。抽象的な道徳戒律やお説教だけでは、心の奥底に届かない。昔は、家庭に二、三人の子どもがいて、よい家庭教育の雰囲気の中で、子ども達は知らず知らずのうちに自分の権利や義務、責任などを学んでいた。たとえば、リンゴを食べる時、食べる順番を子ども達はわきまえていたし、年長者が少なめに食べることで、年少者にも行き渡るように心がけた。家事を手伝う時も、各人が分担・協力して、それぞれの権利・責任や義務の調和を取っていた。こうした事は、自然な形での道徳的実践により、子ども達は様々なルールを学び取り、多くの道徳的問題が解決されたので、父母が繰り返しお説教をする必要はなかった。しかし今日の社会では、多くの子どもが一人っ子であり、彼らは互いに交流する機会を欠いている。子ども達は、学校に上がるまで「鉄のかご」に閉じこめられ、外界から遮断された環境の中で多くの時間を過ごすようになった。学校に上がると、集団環境の中で過ごすようになるが、生徒は朝七時に登校して、午後五〜六時に下校してするまでの間、大部分の時間を授業を受けたり問題を解いたりするのに忙しくて、自由な交流や活動を行うことがなかなかできない。そのような生徒は、他の人との相互交流の中で基本的徳性を身につけるということがなく、矛盾をどう処理すればよいか、挫折にどう立ち向かえばよいか、衝突をどのように処理すればよいかといったことをわきまえていない。こうした基本的徳性は、お説教をすれば身に付くというものではない。我々は、道徳教育の徳目を文字にすることに熱心だが、実際には、それらは道徳教育としての効果がほとんどない。道徳教育は、生き生きとした生活の中で、子ども同士がつき合う中で、また子ども達と教師達がつき合う中で、はじめてよい成果をあげることが可能となるのである。

現実の生活の中で、我々はしばしば学歴と徳性の不一致を目の当たりにする。社会には、学歴は高くないが、徳性が非常に高く、人助けを好み、社会に貢献しようと努力している人々もいる。彼らの徳性は、学校での道徳教育で形成されたものではないだろう。こうした事から、知識と道徳はある程度は正比例するものの、完全に正比例するというものではないということが分かる。従って、学校で道徳教育を実施する際は、良好な教育条件と環境が必要である。即ち、自然な形で道徳活動を作り上げ、活動の中で生徒の良好な品行を育成すべきである。スホムリンスキー〔旧ソ連の教育家。地元の中学校校長として現場で教育実践を積み重ねながら理論研究にも力を注いだ〕は自らの教育実践の中で、生徒が自然な活動の中で自らの品行を育成することを重視し、自然な環境の中で生徒の心を清め、人格を陶冶した。スホムリンスキーは『全面発達教育に関する問題』という著書の中で、生徒を自然環境や自然活動の中で、いかに教育したかを記述している。「学校生活の最初の秋が過ぎて、我々は確信した。真っ赤な硬い実をつけた野バラに感歎し、黄葉し枝や幹が均整の取れた小さなリンゴの木を鑑賞し、寒風吹きすさぶ初冬のカキの実に心を痛めたりすることで、子ども達は命を大切にしようという気持ちになる。子ども達の心の中で、一株の植物が生命をもったものに変わり、そうした生命が寒風吹きすさぶ中でふるえているのを目にして、何とかして寒さから守ってやりたいという気持ちになる。——教育者にとって、最も重要な任務は、人の美に関して、人の思想に関して、情感や体験の中での高尚さや神聖さに関して、児童、少年、青年の間に観念を形成させることである。我々は、こうした観念を肉付けし、高尚な道徳的行為の生き生きした実例でもって、それを充実させるべきである。」しかし残念ながら、現在我々の周囲には、こうした心躍る徳育が非常に少なくなっている。

理想の徳育—二

生徒が書物を友とし、作者・作品との対話を通して自らの心を洗い、人格を高めることを重視する。

読書は、子ども達が精神を浄化させ、人格を向上させるための非常に重要な手段である。前項で、自然な活動の中で生徒の徳性を育成すべきことを述べた。これは、生徒が感性的に道徳の準則を会得し、悟ることを重んじてのことである。読書を通じた生徒の精神の浄化とは、道徳的体験、道徳的悟りを理性レベルに引き上げることである。実際、文学や社会科学の多くの作品は、それ自体が強い感化力、無形の徳育力を有する。たとえば、美や善とは何かを議論するには、ユーゴーの『ノートルダム・ド・パリ』や『レ・ミゼラブル』、『ジェーン・エア』(シャーロット・ブロンテ)、『鋼鉄はいかに鍛えられたか』(ニコライ・オストロフスキー)、『平凡な世界』(路遥)等を読むとよい。こうした優れた作品を読むことで、生徒達は心を強く揺さぶられ、本の中で賞揚・推奨される道徳性を自覚的に追求するようになる。従って、効果的な道徳教育を実施するには「本の香りがする社会」「本の香りがする学校」をつくって、生徒達に読書の習慣を身につけさせなければならない。子ども達が読書を好きになれば、書籍の中から心の慰めを感じたり、生活の模範を探し出したり、自らの心を浄化したりするようになる。本の中の人物は、しばしば生活の指針となり、本の中の道理は、しばしば人生の座標となる。

残念ながら、現在、生徒の多くは課外読書時間が不足している。特に中高生は、毎日「正統」な教科書に包囲されている。この事は、我々の教育の失策だと言わざるをえない。子ども時代は、読書の黄金時代であり、学校は生徒達がたくさん本を読み、よい本を読むよう、しむけるべきである。そして、人類文明で最良の古典作品を読ませるべきである。これは、単なる読書行為にとどまらず、良好な徳性を育成する上で、深い意義を有する。

理想の徳育――三

健全な趣味・技芸の育成を通して生徒の精神世界を豊かにし、美的雰囲気の中で善の教育を推進することを重視する。

これまで、我々は往々にして絵画、習字、音楽、ダンス等の趣味や芸能を単なるテクニックで、道徳とは無関係のものだと見なし、それらの徳性育成面の作用を軽視してきた。実際には、真善美は有機的に結びついており、徳育・知育・体育・美育・労働技術教育も一体となって、分けることができないものである。真の教育とは、全面的で調和的なものである。いにしえの人は、四書五経を熟読するだけでなく、音楽、囲碁、書画等にも精通する人を有能な人物と見なした。いにしえの人がそうした要求を出したのは、こうした健康的な生活や芸術が、単なる技能にとどまらず、人の徳性を陶冶する役割を果たしていたことを理解していたからである。こうした健康的な生活趣味や芸術で生活空間が満たされていれば、他人と仲違いしたり、腹の探り合いをするといった時間があるはずがない。従って、「これをやってはいけない、あれをやってはいけない」等と規則をたくさん作るよりも、こうした健康的なもので生徒の生活を満たしてやることを考えるほうがいい。そうすれば生徒達は、やってよいこと、やってはいけないことは何かを自覚するようになる。

スホムリンスキーは、こうした方面の徳育実践において、我々の模範である。スホムリンスキーは生徒の精神生活を豊かにするため、三つの方針を出した。第一に、生徒達に各教科をきちんと学んだ上で、特に好きな教科を作らせ、その教科では学習指導要領の要求を超えて、より発展的な学習ができるようにする。第二に、生徒一人一人が好きな労働項目や科技活動項目を持つようにし、余暇時間に発明や実験ができるようにする。第三に、生徒一人一人が愛読書を持ち、放課後にも読書するように指導する。スホムリンスキーは「我々の生徒がこうした活動を好きになって、豊かな精神生活を送るようになれば、我々が心配するようなことが起きるはずがない」と述べている。生徒達にとって、こうした技芸は、決して単なる技能ではない。それは、人の徳性育成に重要な作用を有する。

理想の徳育―四

人生のモデルを探す手助けとなる、実在の心揺さぶられる道徳的人物を示すことで、生徒を激励し、生徒の英雄主義精神を育成する。

「現代は英雄のいない時代だ」と言う人もいる。雷鋒〔貧農出身の中国人民解放軍小隊長。二二年の生涯を人民奉仕に捧げたことで「革命機械の中のさびない釘」と称えられている〕や張海迪〔中国障害者連合会主席。重度の身体障害をかかえながら創作と翻訳で活躍しており、『車椅子の上の夢』（《輪椅子上的夢》）は日本・韓国でも翻訳されている〕、孔繁森〔すべての共産党員と国家幹部の模範とされる。チベット地区の発展に尽力した〕は、もはや我々から遠く離れた存在であり、生徒が彼らに英雄というイメージを持つことは難しい。この事は、道徳教育にかなりの影響を及ぼしている。個人の徳性形成にとって、英雄や人生のモデルの存在は、大きな意味を有している。世界の偉人を研究すると、成功の軌跡に存在する英雄の影響に気付かされる。我々は英雄を必要としており、子ども達を英雄に近づけるよう、努力すべきである。

生物学的に言うと、人は怠惰で、現状に満足し、停滞しがちである。しかし、英雄のイメージが形成されると、彼らは自分と英雄の違いを自覚し、前進・奮闘するようになり、勇気や熱意、情熱や活力を持つようになる。英雄に激励されることで、発奮するようになる。生徒の心の中に英雄を存在させることができれば、教師が教室でどんな授業をするよりも、効果が高い。

フランスの作家ロマン・ロランは、『ベートーベンの生涯』の序文で次のように述べている。

伝記中のこうした人物の多くは、長期に渡って苦難や悲惨な運命を経た人である。彼らは肉体的、精神的苦難を体験し、貧困や病気により鍛えられた。或いは、同胞が恥辱や困難を受けていることを目の当たりにして内心が張り裂けそうになり、苦難の日々を送った。彼らは、奮闘したから偉大な人物になったのだが、また苦難を受けたから偉大になったとも言える。従って、恨みすぎてはいけない。人類で最も優秀な人は、皆さんと共にある。彼らの勇気をくみ取り、我々の生きる糧とすべきである。弱った時は、彼らの膝を借りてしばし休憩しよう。彼らは我々を慰めてくれるであろう。こうした神聖な心を持てば、清明な力や強烈な慈愛が激流のようにわき出してくる。彼らの作品を探したり、彼らの声を傾聴したりする必要すらない。彼らの目の中に、彼らの言行の中に、苦難の中でわき出してくる偉大さ、豊かさ、幸福といったものを見て取ることができる。

我々は、英雄達の膝でしばし休憩すれば、英雄の息づかいを感じ取ることができ、英雄を我々の手本とすることができるようになる。そうすれば、人生がどんなにか偉大ですばらしいものになるだろうか。実際、英雄は決して雲の上の存在ではなく、誰もが英雄になれるのである。一人一人が英雄から活力をくみ取り、啓発され、英雄を感じ取りながら人生に立ち向かえば、自らも最終的には英雄になれるのである。徳育においては、教師は英雄を活用して意識的に生徒を変えていき、生徒の家庭や学校の中で身近で感動的な手本でもって生徒を教育し、英雄を尊敬するように仕向け、英雄の徳行でもって生徒を感化し、生徒の道徳的修養を深めさせるべきである。英雄のいない時代に、英雄を生み出すのは難しい。

理想の徳育—五

段階的な徳育目標を科学的・合理的に設定し、理想と現実を常に見極めながら、徳育目標体系を絶えず改善する。

学校における道徳教育の重要問題の一つは、目標のポジショニングをどう設定すべきかという問題である。一般的に言うと、道徳教育は三つの次元に分けることができる。第一次元は、必須の次元である。これは、現段階で最も基本的な道徳教育目標であり、社会の基本的公徳を遵守するよう求めることで、最低限の道徳性である。第二次元は、推奨する次元であり、集団主義、愛国主義、人道主義により、正義感、勇敢さを養い、お年寄りを尊敬し、幼児を可愛がるといった基本的道徳目標を指している。第三次元は追求すべき次元であり、マルクス主義の世界観を基礎とし、共産主義の理想を目標とする徳育体系である。これは徳育の最高次元であり、境地である。生徒全員にその目標に到達することを求めるものではない。この三つの次元は互いに関連し、低次元から高次元へと高めていくべきである。徳育は、科学的で段階的な目標体系に則って初めて高い効果をあげることが可能となる。

しかし、現在、わが国の学校には、道徳教育の次元が不明瞭だという問題が存在する。科学的で段階的な徳育目標体系が確立されていないため、道徳教育の効果が大きく損なわれている。たとえば、小学生に共産主義の後継者になることを求めても、小学生は共産主義の何たるかについて全く知らないのである。中学生に社会主義を熱愛するよう求めたり、高校生に集団主義を発揚するよう求めたりしても、彼らが大学に入ると、基本的公徳心すら欠いた大学生になることが多く、その結果、大学で道徳の補講をやらざるをえないということになる。従って、生徒の実情に合わせて、科学的で合理的な徳育目標を確立することが求められる。

スホムリンスキーは、生徒の実情に合わせて道徳教育を行うべきことを大変重視した。彼の学校では、毎年新入生を迎える時、正門の壁に「お母さんを愛しましょう！」という標語を大きく掲げた。ある人が「祖国を愛し、人民を愛そう」といった類の標語を掲げないのはなぜかと尋ねると、スホムリンスキーは「七歳の子どもは、そうした抽象的概念が分からないし、また母親すら愛せない子どもが、他人を愛し、故郷を愛し、祖国を愛するようになるはずがない」と答えた。「お母さんを愛しましょう！」というのは子どもにとって分かりやすく、また将来「祖国を愛し、人民を愛する」という教育を行う上で、基礎になる。それで、中共中央（中国共産党中央委員会）は『公民道徳の建設実践概要』（《公民道徳建設実践綱要》）の中で「愛国守法、明礼誠信、団結友善、勤倹自強、敬業奉献」という基本道徳規範を示し、次代を担う子ども達を理想や道徳、教養や規律を有する社会主義公民として育てていくこととした。こうした目標ポジショニングは、おおむね正しく合理的である。

徳育心理学の研究結果によれば、年齢特徴に徳育内容の広さや深さは制約される。広さについて言えば、子どもの年齢段階に応じて徳育内容は異なるべきである。深さについて言えば、同一内容の徳育を行う場合であっても、年齢段階に応じてその実施程度を違えるべきである。日本では、「他人を尊重しよう」という内容の徳育を小学校で行う時、学年毎にその要求を変えている。一年生の主題は「仲良く」、二年生から六年生までの主題はそれぞれ「睦まじく」「悪口を言わない」「分かってあげる」「人格を尊重する」「みんな幸福に」である。また、一年生の目標は「他人を欺いたり軽視したりしない、クラスメート同士の団結友愛」、二年生から六年生までの目標はそれぞれ「相手の立場を考え、自己中心にならない」「陰で人の悪口や嫌われる事を言わない」「他人のよい点や欠点を理解し、他人を傷つけない」「人の尊厳を理解し、自己を尊重し、他人も尊重する」「クラスメート同士で相互理解し、心を合わせて協力し、幸福を探求する」である。日本のこうした学校での徳育目標の制定や実施に関する成功体験は、我々にとっても大いに学ぶに値する。

以上、まとめると、わが国の学校における道徳教育は、低から高へと段階的に発展させるべきで、理想論を語るだけでなく、現実性のある目標体系を打ち立てるべきである。

理想の徳育――六

心が通い合う温かい対話の場面を作って、学校の中で心理健康教育や心理相談活動を根付かせる。

徳育は知育とは異なる。我々は、知識の伝授についても、一方的な伝達には反対する。まして徳育においては、一方的な注入は排除されるべきである。道徳の教育は、教師と生徒の間での平等な意思疎通の中で、行われるべきである。上海の特級教師（国家が認定した特に優れた教師）である馮恩洪は、一九八〇年代に「教育痕跡を弱める」という徳育理念を提出し、従来の徳育は役割分担があまりに明瞭でありすぎたと論じた。即ち「教師は教育者であり、生徒は被教育者である」という考え方が強すぎると彼は主張した。確かに、知識面では教師は生徒に比べて多くを有しているが、徳育面では、教師と生徒は平等であるべきであり、場合によっては、生徒の品行が教師を超える場合もある。

生徒達が不信を抱くのは、教室と職員室で話し方を使い分ける教師、自分でも信じていない事を生徒に教え込もうとする教師、生徒に威圧的でありながら教育者を自認している教師である。生徒達は自分の目で観察し、自分の頭で考えること、教育痕跡のない交流、心理距離のない対話、膝を交えた話し合いを歓迎する。つまり生徒達は、教師が学校と社会の「仲立ちをする人」、導き手、話し相手、よい刺激を与えてくれる人、友人になってくれることを望んでおり、教師が命令者、教訓を垂れる人、監督者、自分の「先生」になることは希望していない。徳育過程において、教師は生徒との対等な意思疎通を心がけ、一緒に物事を探求し、徳性を磨いていくようにすべきである。

徳育には、余裕を持った、寛容で、温かい環境が必要である。生徒が失敗をしても、過度に責め立ててはならない。教師も、道徳に反する言行をすることもあるのだから。教師は生徒をもっとほめるべきである。その方がしかったり罰したりするより、はるかに効果的である。教師にほめられることで、生徒は自分のよい所をさらにのばしていこうと努力する。自信がつき、素行の悪さは知らず知らずのうちになくなる。しかし現実の教育活動においては、多くの徳育を受け持つ教師が「警察」の役割を演じている。彼らが最も常用する「武器」はしかることで、ホームルームの時間はしばしば「批判大会」となり、特定の生徒のよくない行為や性癖をしかり、欠点を無限に拡大する。そうした教師は、生徒のよい点や向上心を見つける努力をしない。いつも教師にしかられて罰を与えられる生徒は、自分の欠点にしか目がいかず、破れかぶれになりがちで、自分のよい点を放棄し、常に消極的な防御状態にある。米国のある教育心理学者は『教育心理学』という著書の中で「教師は、ほめることで簡単、かつ自然に生徒の動機を高めることができる」と述べ、「生徒をほめたことがない教師などというものは、決して許されない」とも述べている。警察の役割しかできない」というのは、徳育を受け持つ教師に対する最良の忠告ではなかろうか。

また、徳育を強化するには、生徒の心理健康教育も重視すべきである。これまで、我々はしばしば生徒の品行問題と心理問題をまぜこぜに論じてきた。両者は深く関係しているが、同様のものではない。多くの人が生活の中で犯す誤りは、徳性の問題であると見なされることがよくあるが、実際には心理的な問題である。たとえば、生徒が他人の物を持ち去ることは、品徳問題と見なされがちだが、研究の結果、多くの場合、それらが心理障害という問題であることが分かってきた。その物がないから欲しいのではなくて、他人の物を持ち去ることで一種の満足感を得ようとしているのである。しかし、心理問題により犯された誤りが公衆の面前で品徳問題として処理されれば、生徒の自尊心が傷つき、人格の正常な発達を阻害することになる。教師は生徒の心理や行為を正しく分析して、問題が生じた原因を突き止めるべきである。今日の教育には、生徒への心理教育の実施という新たな課題が突きつけられている。教育部〔教育、言語、文字事業を管轄する行政部門〕は最近『大学生への心理健康教育の強化に関する意見』(《関於加強普通高等学校大学生心理健康教育工作的意見》)を発表し、各地の教育部門や大学に対して、大学生に対する心理健康教育を強化することで徳育を改善強化し、素質教育〔一九八〇年代後半に受験教育に代わるものとして提起された、国際化・情報化社会に対応する生涯学習思想にもとづく未来志向の教育改革像〕を推進するよう求めた。大学生に対して心理健康教育を実施すれば、大学生の心理健康に対する意識が高まり、自分の気持ちを調整して社会に適応していく力がつき、心理問題を予防・緩和できる。また、環境になじむこと、自己管理、学習、友人との付き合いや恋愛、就職活動などにおいても心理健康教育が手助けとなる。心理健康教育を通じて、大学が主体的に行う徳育がより高い成果を収め、学校の徳育管理体系を健全化することが可能となる。今後は、大学生のみならず、小中学生に対しても同様に心理健康教育を強化すべきである。

理想の徳育—七

生徒が自らを戒め、励ますことでモラル意識を高め、「不教の教」という自立的習慣を身につけさせる。

徳育の育成とは、結局は生徒の自己教育にかかっている。スホムリンスキーは「真の教育は自己教育である」と述べたことがあるが、確かにその通りである。私の言い方に直せば、「不教の教」、即ち、生徒が自発的に自己を教育することこそ、教育の最高境地である。

ここには二つの重要な観点がある。第一に、生徒が良好な行為習慣を身につけることを重視すべきである。多くの物事は、習慣的で自然なものである。葉聖陶先生〔近代創作童話の始祖といわれる文学家、教育家、編集出版者。編集者として茅盾や巴金などを育てた。中国語学教育にも熱心で、学生の負担を軽減し特徴にあった教育を提言し取り組んだ〕は「教育とは習慣の育成である。教学とは生徒が知識を求める習慣を身につけさせること、徳育とは生徒が善を求める習慣を身につけさせることだ」と述べている。教師は、絶えず鼓舞激励して、生徒に善を求める姿勢を定着させ、それぞれの品性を磨くよう指導していくべきである。そして、生徒に「長距離走」を行わせることが、もう一つの要点である。よいことを一度だけするのは難しいことではないが、一生悪いことを行わず、よいことをし続けるのは容易ではない。だからこそ、生徒に絶えず自らを励まし、戒める自己教育の習慣を身につけさせ、自己を目覚めさせなければならない。多くの人は自分の家の壁や机の上に座右の銘を書いている。胸に座右の銘を刻んだバッジを付けて、自分がどのような人間になりたいか、絶えず自覚を新たにしている人もいる。こうしたことも、自己教育の一つのやり方である。また、日記を書くことも、非常に有効な「道徳長距離走」のやり方である。日記を通じて、自分の行いをいつも思い起こすことで、新たな自覚を得ることができる。

生徒は、いつまでも教師の教育や指導を受け続けるわけにはいかない。彼らもいつかは大人になり、教師のもとから去っていく。だからこそ、真の道徳教育は「不教の教」という境地をめざす。生徒が自分で生きていけるようにすること、いつも自らの言動を反省し、絶えず自己を向上させていくことである。

理想の教育―八

社会全体で人間形成の重要性についての認識を共有し、家庭と学校、社会が三位一体となって、徳育ネットワークを構築し、互いに影響を与えながら徳育に取り組む。

一九八〇年代、中曽根康弘首相（当時）は「日本の教育は知育偏重で徳育が軽視されている」と批判したことがあった。中国では、今日なお、知育一辺倒の傾向が見られる。家庭や学校、社会が関心を寄せるのは生徒の成績であり、「点数が生徒の命綱、試験が先生の宝刀」となっている。学校ではよい点をとる生徒だけが称えられ、生徒の人格的成長や徳性の涵養はあまり重視されない。多くの家庭では、反道徳的教育すら行なわれている。たとえば、保護者は自分の経験をもとに「誰も信じてはいけないよ、安易に他人を助けてはいけないよ」などと自分の子に諭す。このような教育は、よくない影響を及ぼす。学校で何年も道徳教育をやっても、保護者のわずかな言葉で無に帰してしまうこともある。

我々は、社会的要素の道徳教育に及ぼす作用についても、思い起こすべきである。現在、生徒にとって、ゲームセンターやネットカフェを見つけるのは容易である。しかし、教師や保護者が安心して子どもを任せられる場所を見つけるのは容易でない。かつては、多くの子ども達にとって、青少年宮（少年宮と青年宮。中国全土に作られた青少年の課外活動用施設。一九三〇年代のソ連のピオネール運動とピオネール宮殿が他の社会主義国に伝わり、新中国では「少年先鋒隊」と「少年宮」という形で展開された）等が主な徳育基地になっていたが、現在ではその多くはゲームセンターやレジャースポットに建て替えられてしまった。抗日戦争前夜、愛国学生は「中国がいくら広いと言っても、安心して勉強できる場所はない」と呼びかけたが、今も、先生や保護者が安心でき、生徒の心身の健康に有益な活動場所は決して多くない。

また、生徒の徳性を発達させる上で、メディアも役割を充分に果たしているとは言い難い。現在、メディアは金儲け優先主義の下で、読者や視聴者に取り入ろうと、セックスや暴力といった内容を盛り込み、正確さに欠ける情報を流し、様々な面で悪影響を与えている。『中国青年報』は一九歳の少年三名が犯罪に手を染める過程を報道したことがあったが、彼らは「名探偵シャーロック・ホームズ」や「ギャリソン特攻隊〔アメリカで一九六〇年代末に製作された冒険ドラマ。中国では一九八〇年代初めに放映され、若者が真似をして犯罪率を高めたといわれる〕」等の犯罪手法をそのまま実行したにすぎなかった。記者がこの三名の生徒に「こうした小説やテレビ、映画について、学校で話し合いを行ったことはなかったの？」と質問したところ、その中の一人である韓旭は「学校ではそんなことはしなかった。高校に入ると、学校は勉強だけするところになり、生徒がどんな考え方をしているかといったことにかまう人はいなかった」と答えた。高校を卒業した時、韓旭は人生や理想などについて多くの疑問を抱えたままだったが、正しい考え方に導いてくれる人はいなかった。韓旭の父親は技師であったが、大学生になった息子に「私の三〇年の経験をもとに言えば、決して安易に他人に本心を打ち明けてはならない」と手紙で書き送ったという。この三名の青年が犯罪の道に走ったのは、メディア、学校、家庭教育がそれぞれ悪い作用を及ぼし合った結果であったと言えよう。

従って、道徳教育の効果を高めるためには、家庭、学校、社会が三位一体となって、徳育に取り組んでいく必要がある。

家庭は、人が最も早く道徳教育を受ける場所である。道徳教育は幼児期から始めるべきである。子どもが物事を理解し始める頃から、道徳啓蒙教育を行い、善なる行いへと誘導すべきである。保護者は、自らの言動をで子どもに範を示すべきである。学校は、保護者との意思疎通を充分に行って、保護者が教育水準を高めて、家庭でに道徳的な雰囲気が形成されるよう手助けすべきである。また、学校は社会から発信される情報に充分に気をつけて、よくない情報から生徒を守るようにすべきである。そして、社会環境からの影響を選択調節し、社会の雰囲気をよくして、被教育者が社会の期待する方向へと成長するよう、支援すべきである。

「繰り返し、じっと反省すればするほど常に新たにそして高まりくる感嘆と崇敬の念をもって心を満たすものが二つある。わが上なる星空と、わが内なる道徳法則がそれである」（カント）。道徳は人類文明が進化する上で欠かせない基礎であり、生徒に対して徳育をきちんとやり遂げることは教育者の神聖な使命であるとともに、社会全体の共同責任でもある。

第二章　理想の知育

中国の教育界で、現在のように知育が重視される時代はなかった。「教学を中心とする」ことが各小中学校の最大の目標となり、高校入試や大学入試の成績が学校や教師の生命線となっている。子どもの勉強のためになんとかお金のやりくりをし、全財産をつぎ込んでも子どもの教育のために投資したいと思う親が多い。学習塾や家庭教師が一大産業になり、参考書や問題集がベストセラーになっている。こうした激烈な進学競争は、「試験万能」の風潮をあおっている。

中国の教育界には、こうした知育偏重に対して強い不満を述べる人はこれまで、あまり存在しなかった。学校では知育優先の結果、知育以外の教育はショーケースに飾られるだけとなり、生徒の全面発達は空言となった。知育優先の結果、生徒は「学習機械」「試験機械」となり、頭の中に知識を詰め込んではいるが、それを活かす能力はほとんどゼロである。勉強が生徒の唯一の生活内容となり、生徒は点数だけで評価されるようになった。生徒の心身の健康は大きく損なわれ、人格がねじ曲げられ、自殺や父母殺害といった悲劇すら起きている。こうした奇形的教育は「受験教育」と呼ばれる。知育はこれまでになく重視されるようになってきた一方で、強烈な反発も招いている。こうした矛盾する現象は、知育改革の必要性を我々教育者一人一人に投げかけている。

そこで、私が思う理想の知育について、述べてみたい。

理想の知育――一

創造的な智恵へと向かい、健全で幸福な精神生活を過ごすための基礎としてのしっかりした知識を培う。

知育は、教育全体の中で、確かに極めて重要な位置を占めている。しかし、知育の目的は何か？　多くの教育者は、知識の伝授が知育の全ての内容、或いは少なくとも主な目的であると考えている。こうした認識は、明らかに一面的である。こうした一面的な認識が、「知識万能主義」や「点数第一主義」といった奇形的知育論が氾濫するようになった原因の一つである。知育は、もちろん知識の伝授と無関係ではないが、知識の伝授は知育の真の目的ではない。

アインシュタインは米国高等教育三百周年記念大会で、「学校で学んだことを全部忘れた後に残るもの、それが教育だ」と述べた。また、ユネスコが出版した『学習　秘められた宝』という本の中では、次のように述べられている。「こうした学習の多くは、分類された系統的知識を得るものではなく、認識を得るための手段である。それは人生の手段とも、また人生の目的とも見ることができる。手段としてのそれは、各人が自分の周囲の世界を理解し、尊厳をもって生活し、自分の専門能力を発達させて他人と付き合えるようにする。目的としてのそれは、理解、認識、発見を楽しむことが中心である。」

伝統的な農業社会や工業社会では、知識の多くは「経験」であった。従って、そうした時代にあっては、知育の主な目的、ほとんど唯一の目的は、知識を伝授し、次の世代に経験を伝えることにあった。しかし、科学技術が絶えず発展する情報化時代である今日においては、生徒達が学校で学ぶ知識の多くは、今後実際に役立つ可能性が非常に少ない。一部の知識は依然として「有用」であろうが、全体的に言うと、生徒が知識を学ぶ主な目的は、既にその知識を役立てることにはなく、知識を学ぶ過程を通じて、聡明な人、マナーのある人、高尚な精神を有する人になることなのである。

現在の中国の教育で、生徒が知識を学ぶ主要な目的は、進学試験のためである。これは、本来はそれほど目くじらを立てるものではない。というのは、進学は生徒が更なる発達を遂げるための必要条件だからだ。問題なのは、わずか数日の試験を受けることが、知育の全ての目的となっていることである。生徒は、受験能力を高めることと引き換えに、精神発達の権利を奪われている。そうした「知育」の下で育成された子ども達の多くは、たとえ進学試験をパスしても、更なる発達を遂げるための潜在能力を欠いている。試験が人生の目標となり、理想の大学に合格することで目標が達成されたと考え、大学合格を新たな出発点とは考えない。これが中国の教育の大きな特色であり、多くの人が「ハーバードの女子学生劉亦婷」〔劉亦婷は成都外国語高校を卒業後、ハーバード大学に特待生として進学し、現在はボストンのコンサルタント会社に勤務している。両親が娘の教育について書いた著作は二冊ともベストセラーとなったが、子育てにはもっと大きな目標を持つべきでないかとの反論者も続出し、大論争になった〕にあこがれる原因となっている。これは功利主義の知育であり、そうした知育は有害で、一人の子どもの発達という観点から見れば、残酷なものですらある。国家の発展という観点から見ても、それは怖いものである。

英国の哲学者であり、数学者でもあるホワイトヘッドは次のように述べている。「教科書をなくし、ノートを焼き捨て、試験の前に必死になって覚えた細々とした事を全て忘れてしまわない限り、あなたの勉強は役に立たない。」即ち、理想の知育とは知識を智恵へと転化することである。智恵により誘導され、はじめて真の意味のある頭脳活動になるのである。一般的に言えば、知識とは出来合いの答案、出来合いの公式、出来合いの歴史事件をまとめたものであり、智恵とは未知の世界、知識を求めるプロセスである。従って、我々は知育に対する考え方を改める必要がある。知識は知育の伝達手段にすぎない。生徒が知識を学ぶことは重要ではあるが、知識を獲得する過程で得られる知識獲得能力のほうがもっと重要である。教師が知識を伝授するのは、生徒が頭の体操をするための訓練であり、子ども達の思考力、想像力、創造力を発達させることがその目的である。知育を通じて、生徒に良好な学習習慣や自学能力を身につけさせ、学習に対する興味や熱意を持続させ、生涯学習のための基礎をしっかりと獲得させるべきである。『教育参考』二〇〇一年第四号で、特約コラムニストは次のように述べている。「教育とは人の魂の教育であり、理性的知識や認識の寄せ集めではない。教育活動で注意を払うべきことは、潜在能力をどのように引き出すか、知性や可能性をどのように作り出していくかということである。」これは、理想的知育の目的についての、最良の説明であろう。

知育のあるべき姿をこのように考え、生徒の発達の中での知育の役割を認識して、はじめて理想的知育を実現することが可能となる。

理想の知育―二

民主精神に満ちた真の「人間本位」を実現し、「生徒主体」の理念を教学の全過程に体現する。

旧来の知育においては、教師は真理と知識の化身であり、不可能なことがない聖人であった。教師の使命は、生徒の空っぽの大脳を知識で満たすことであった。そこで、当然「一日の師は終生の父」だということになる。詰め込み学習が主流となり、教師は自らの思考により生徒の思考を置き換えようとする。生徒が教師の考えを自らの考えとするようになるのは、理の当然である。

私が考える理想の知育は、まず教師と生徒の関係を見直して、民主的な師弟関係を確立することから始まる。スホムリンスキーは師弟関係について「教師と生徒は共に真理を探究する同志である」と述べている。教学過程で、教師と生徒は平等な交流を行うべきである。このため、彼は次のように述べた。「学校での学習とは、知識を一つの頭脳からもう一つの頭脳へと流し込むことではなく、教師と生徒の間で時々刻々行われる精神の接触のことである。」また、「生徒にお碗で水をあげるには、教師が桶一杯の水を持っていなくてはならない」というたとえがある。これは教師自身の能力を高めることの必要性を説いたもので、その意味では、このたとえは正しい。しかし今日では、こうしたたとえはそれほど当てはまらなくなっている。第一に、情報化時代にあっては、教師の知識がどの方面でも生徒を上まわるというのは不可能である。生徒の獲得する知識が教師の知識を凌駕することは、よくある。第二に、生徒の大脳は空っぽの容器ではなく、豊かな水源を隠し持つ深井戸である。教師の使命は、生徒がそうした井戸を掘るよう正しく導いてやり、生徒一人一人を知識の泉がわき出す「井戸」にすることである。このような生徒観や教学観をもって、はじめて「生徒本位」の知育を実現することが可能となる。

　民主精神に満ちた教室では、教師が教える過程を生徒が学ぶ過程に変えるべきである。これまで、一部の教師は授業の準備をする時、自分がどのような授業をしようかということばかり考えがちで、「もし私が生徒だったらどのような問題に当たるだろうか」といったように、生徒の側に立って想像をめぐらすことが極めて少なかった。そうした教師は授業の時も、自分の考えに沿って生徒を誘導し、授業計画に引き込むことばかり考えがちで、生徒が自ら研鑽し、悟り、感じ取る過程を軽視しがちである。これは、「教え」による「学び」の代行であり、或いは事前の「脚本」に基づいて演じられる「教学公演」である。こうした教学の中で、教師が比較的多く考えるのは「どのように教えるか」である。教師の授業に対する考え方がどれほど明瞭で、授業が分かりやすいものであろうと、教師が生徒の思考を代替していることに変わりはない。生徒は教師の公演に協力する存在にすぎない。我々は生徒がどのように「学ぶ」のかをもっと考えるべきである。即ち、知識を得たいという生徒のニーズを基礎として、教師と生徒が共同で研究し、平等に対話すべきである。こうした教学過程では、生徒の「学び」(感じる、質問する、探求する、話し合う、連想するなど)と教師の「教え」(問いかける、交流する、議論する、説明する、まとめるなど)を融合して、生徒の思考力を鍛錬し、いろいろな感情を経験させ、人格を薫陶する。そのカギは、教師の役割を位置づけ直すことである。『学習　秘められた宝』の中では、教師の役割は独奏者から伴奏者へと変わるべきだと書かれている。即ち、教師の主な役割はもはや知識伝授ではなく、生徒が知識を発見して整理・管理するのを手助けすることにあり、生徒を型にはめることではなく、誘導することにある。

現在、多くの教師は「生徒に知識獲得方法を教えるべきだ」と主張しており、その事は間違っていない。しかし、単独で「方法を教える」ことはできない。「方法を教える」とは、生徒が学習の中で学習の仕方を学び取り、研究の中で研究の仕方を学び取り、創造の中で創造の仕方を学び取ることである。現在、国内外で流行している「調べ学習」(project learning) は、提唱するに値する。記憶することや理解することが偏重され、教師から知識を伝授される受け身的な立場にあった生徒は、「調べ学習」ではそうした状況から脱し、主体的に知識を探求し、実際の問題を解決する積極的学習方式を重視するようになる。これは生涯学習、発展学習にとって、より有効な方式である。こうした学習過程で、生徒はおのずと多くの学習方式や研究方式を活用するようになる。調べ学習は、学習方式を「伝授」から「訓練」へと転換するもので、「生徒主体」を真に実現することにつながる。二〇〇〇年九月から調べ学習を開始した江蘇省太倉高級中学では、一年もたたないうちに、効果があらわれている。ある教師は「まるで自分が子ども時代に立ち返ったような新鮮な感じを覚えた」と語り、別の教師は「団結こそ力なりということの真の意味を理解し、みんなで仲良く協力することの魅力を感じ取った」と語った。どの教師も「調べ学習が生徒の好奇心や探求心を刺激し、生徒が本当に学習の主人公となった」と語っている。

理想の知育―三

生徒の個性を大切にし、楽しみながら学習できるようにし、生徒一人一人に学習の成功を体験させ、学習の喜びを感じ取らせる。

絶大な反響を巻き起こした『学習の革命』というベストセラーには、教育をめぐる「神話」がたくさん載っているが、一部の意見はうなずけるものである。作者のジャネット・ボスとゴードン・ドライデンは次のように書いている。「世界で最もよいシステムは成功へと導くはずのものだが、現在の教育体制の大部分は失敗へと導くものである。それらは決して生徒を失敗へと導くように計画されたものではないが、かなりの比率の生徒を失敗へと導き、その比率が五〇パーセントに達する時もある。」

わが国のある高校教師が行った調査でも、この二人の研究者の「仮説」が裏付けられた。二〇〇〇年九月に入学したばかりの高校一年生を対象に、学習意欲調査を行った結果、四六パーセントの生徒は学習に関心を持たず、三三パーセントの生徒は学習に対する嫌悪感をあらわにし、学習に積極的姿勢で臨んでいる生徒はわずか二一パーセントにすぎなかった。勉強が嫌いな理由として「成績不良」や「勉強は疲れる」「試験が苦手」といったことが挙げられている。生徒は学校での「失敗体験」により学習に対する自信を完全に失い、「点数」に負け、敗北感を味わっている。

実際のところ、こうした調査結果を見るまでもなく、どの教師も授業の中で、相当数の生徒が勉強嫌いになっていることを感じ取っている。旧来の知育は選抜に重きを置いていたので、試験を重ねるごとに「敗者」の数が増え、勝者、つまり成績優秀者はごく少数しか残らない。敗者となった多くの生徒は、人生の早い段階ですでに卑屈な性格になり、個性が萎縮してしまう。基礎教育は国民全体のものであり、だれもが享受する権利を持っているはずだ。

孔子は「どのような人にも教育を与えるべきだ」と語っているではないか。私は、教師が学習面で優等生を育てることに反対しているのではない。少数の優等生だけが目をかけられ、大多数の生徒は彼らに付き合わされているだけといったおかしな現象に反対しているのである。私は、民主、平等、公平の原則を体現すべき知育は、生徒一人一人が学習の達成感を味わえるものでなくてはならないと考えている。

学習における達成感はどこから来るのであろうか？　教師の「因材施教（学習者の能力や個性に応じて教育する）」がもたらすのである。「教育は個性を大切にすべき」を口先だけのことにしてはならない。「個性」とは、我々が毎日相対している生徒一人一人を指すものである。スホムリンスキーは「子ども達一人一人に頭を上げさせよう」との名言を残している。また、「生まれながらの資質、可能性、能力、趣向というのは計り知れないものだが、その表現方法も人それぞれに独特のものである。……各々——例外なく全員——がそれぞれ創造的な労働の源を自分のなかに見つける。それぞれが自分を理解することで精神的な強さを得、自分の尊厳を守る戦士となる。こうしたことを実現できるのが共産主義教育や真の人道精神のすばらしさである」とも述べている。しかし実際は、一つの規範を生徒全員に要求することが多く、そこから教育のさまざまな悲劇が生じる。生徒一人一人の実情に合わせた教育を行い、向上心を持たせることができて、はじめて真の意味で教育に成功したと言えるのであり、そうしてはじめて生徒各人も成功したと言えるのである。

「因材施教」は、勉強があまりできない生徒にとって、特に重要な意義を有する。勉強ができないのは、その行為習慣がよくないからだと考える教師がいる。こうした考え方にも一理あるが、それが全てだとも言えない。私は第八次五か年計画で、成績の悪い生徒の心理や教育の問題に関する研究プロジェクトを主宰したことがある。一万名近くの生徒を調査し、評価の高い教師にインタビューして、勉強ができない生徒のうち相当数は、成績の悪さが原因でよくない行為習慣に染まっていることが分かった。こうした生徒の身になって考えてみよう。教師の授業内容が全く分からず、宿題もうまくできず、試験のたびに赤点を取るとしたら、学習に興味が湧くはずはなく、自分に自信を持つこともできるはずがない。学習の成功体験がなく、学習に興味関心が持てないとしたら、勉強が嫌になるのは当然であろう。従って、そうした生徒に対しては、きめ細かい情操教育や、科学的で厳格な行為規範指導を行う以上に、学習上の成功経験を獲得させ、彼らの精神を健康で安定したものにしていく必要がある。教師が生徒一人一人に対する「因材施教」を心がけ、すべての生徒に知識獲得の楽しさ、考えることの楽しさ、創造の楽しさを感じ取らせることができれば、みな学習上の成功者になることができる。この方面で、上海閘北八中の「成功教育」は、高く評価できる。

同校校長の劉京海は、成功教育とは「成功を用いて子どもを激励することでより大きな成功を獲得させる教育」であると述べている。児童は生まれつき成功を好むものであり、成功を繰り返すことで、成功したいとの意欲が更にかきたてられる。成功こそ成功の母であり、教育教学過程の本質は成功を追求することである。成功は一つの方法であるとともに、一つの目標でもある。こうした考え方の下で、閘北八中は学校の実情に合わせて「成功支援（低、小、多、速を基本とする）、成功試行（問題状況に応じて生徒を試行探索させる）、自主成功」の三段階の授業モデルを打ち立て、高い効果を挙げた。

理想の知育―四

知育と徳育、体育、美育、労働技術教育を融合させ、生徒の全面発達に留意し、「合格＋特長」の個性を育成する。

知育が非常に重要なものであることに、疑いを差し挟む余地はない。しかし、知育を含むいかなる教育も、独立して実施することはできない。学校での徳育、知育、体育、美育、労働技術教育は有機的に連携し、相互に連関している。たとえば、生徒の本分は学習であり、学校は教学の質を高めることが求められている、というのは間違っていない。しかし、知育は単純な知識伝授ではない。知育は、人生観教育や、信念、根気、美意識などの養成、実践能力の訓練など、徳育、体育、美育、労働技術教育の要素を含み持っている。同様に、学校で行われる道徳、体育、美育、労働技術教育にも、知育の要素が含まれている。道徳、体育、美育、労働技術教育を成功させるには、生徒に正しい知識を教え科学的精神を持たせることが不可欠である。

知識伝授は、自ずと能力の育成にもつながる。知識は能力の基礎であり、古今東西、偉大な科学者や教育家、政治家、学者はみな、博覧強記な人達ばかりであった。しかし、知識は能力とイコールではない。現在、一部の教師には「能力は知識の運用であるが、生徒が知識を運用するのは将来のことであり、現在は基礎的知識を身につける段階である」といった誤解がある。こうした見方は一面的である。小中学校段階は基礎的知識を身につける段階であるとともに、基本的能力を身につける段階でもある。一九八六～八九年にかけて米国科学促進協会が行った調査が、『科学の普及――米国2061計画』というレポートにまとめられている。それによると、米国では科学知識の普及と、生徒の諸能力の向上が、当面の急務となっている。ここで言う諸能力とは、質疑応答、実践、証拠の収集整理と利用、自分の考えを明瞭に表明する力、人付き合いや、協調の精神、科学的研究、創造などである。科学技術で世界の先端をいく米国も、教育の中でこれらの能力が充分に育成されていないことを憂慮している。我々中国の教育者としては、更に強い危機感を持つべきである。中国の知育は、点数が高いだけで能力が低い「本の虫」をこれ以上育成し続けるべきではない。

知育では負担の軽減と増加のバランスをうまく処理すべきである。素質教育は生徒の過度な学業負担を軽減することに重きを置いており、それ自体は正しい。しかし、負担軽減とは、単純に宿題や授業の時間を減らすことではない。生徒が人に言われてではなく、自発的に学習するように導き、教育における教師と生徒の無駄な労働を減らし、生徒の発展的な目標を増やすことを言う。つまり、生徒の学業負担を軽減し、「考える練習」を増やすということである。これまで、学習というと「三重一軽」、即ち心理的負荷、記憶すべき事項の多さ、宿題の三点が重くのしかかり、思考力の鍛錬が軽く扱われるという状況であった。アインシュタインは『ニューヨークタイムズ』教育版に、「若者の学習の負担が重すぎるあまり、独立思考能力の発達が阻害され、考えの浅い人間を生みだしてきた」と語っている。我々は、これまでの負担を軽減し、受験テクニックの訓練から、学習能力の育成へと方向転換をはかるべきである。重要なことは、「三重一軽」を「三軽一重」に変えていくことである。生徒の学業負担を軽減して能力育成の負担を重くしなければならない。能力育成の重要性については、既に述べたとおりである。知育を改革するには、生徒が自主的に学習して自己の視野を広げ、自己の能力を育成するためにより多くの時間と精力を投入するようにしなければならない。我々教師は生徒の学習効率を高めるとともに、他の能力、特に創造力や社会での実践能力の育成に力を入れるべきである。それこそが、科学的な負担軽減と言える。

我々は生徒の協調と調和、全面発達の必要性を強調すべきだが、全面発達の旗の下で全面不発達の愚を犯してはならない。生徒は一人一人が個性的存在であり、誰もがどこかに秀でており、誇るべき成果を収めることが可能である。しかし、教育目標、教育課程、教育内容、教育評価などが画一的な教育体制の下では、生徒の生き生きとした創造的エネルギーや個性が押し殺され、個性のないクローンに成り下がる。

従って、私は上海建平中学の馮恩洪校長が示した「合格＋特長」〔経済発展と教育との関係に注目し、社会性と個性のバランスのとれたパーソナリティを目指すモデル〕という教育理念を高く評価する。各人がかけがえのない自分自身になり、価値のある人生を築くのを手助けし、個性を充分に発揮して世界に貢献する人物に育てることこそ、教育の神髄であると考えている。

理想の知育—五

点数主義から脱却し、読書を通じて人類文明の伝承者にする。

今日でもなお、知育の目的は試験の点数を上げることであり、点数でしか知育の到達度は測れないと考える教師がいる。こうした認識は誤りである。知育の追求するものには試験でよい成績をあげることだけでなく、思考力、智恵、知識欲、創造力の発達なども含まれる。鄧小平は「経済の発達こそ揺るがぬ道理」と述べたが、こうした見方は知育にもあてはまる。

教育学者徐惟誠は『愛と教育』（《愛心与教育》）の序言で、次のように語っている。「教育者は、まず教育活動の目標を明確にしなければならない。即ち、成績表、点数、合格通知などではなく、生き生きとした人材、自立し、創造性豊かな人材を育てることを目標とするべきなのである。そのためには、いわゆる試験勉強ではなく、勉強を通じて知識を得ること、読書と知を求める習慣、自ら学び、必要な知識を探し、かつ吸収する能力を身につけさせることが必要だ。」

世界四一ヶ国・五〇万人の生徒が参加した一九九六年の第三回国際数学理科学力調査において、シンガポールは数学と理科で世界一となった。平均点は数学が六四三点で、第二位の韓国（六〇七点）を大きく引き離し、理科が六〇七点で、第二位のチェコの五七四点をこれまた大きく引き離した。米英などの先進国は、おおむね二〇位前後であった。シンガポールのメディアは大々的に報道したが、シンガポール政府は決してそれを手放しで喜んではいなかった。彼らは、国際学力調査で高得点をあげたことは両刃の剣だということをよく分かっていた。高得点をあげることは、創造力が高いということにはならず、創造力を犠牲にして高得点を獲得したとも考えられる。そうして得た「世界一」は有害ですらある。シンガポールのリー・シェンロン副首相（当時）は、次のように語った。「点数のみで生徒の学業を評価し、国の教育を評定する基準とするべきではない。シンガポールの現行教育は、試験対策に偏し、独立心や創造性の育成が不足している」。リー・シェンロンの言葉に、シンガポール教育界は目を醒まし、点数を上げることから、創造力の育成へと考え方を転換するようになった。

中国の知育も、似たような状況である。わが国の高校生は数学、物理、化学オリンピックで、毎回のように金メダルを獲得している。しかし、ノーベル賞受賞者はいない。これは、わが国の基礎教育が試験で高得点をあげることのみを追求してきたことと深く関わっている。現在でも、教育行政部門が試験の成績を学校評価の主要基準とし、点数でランキングしている地域がある。わが国の知育は点数第一主義から抜け出して、創造力の育成へと転換すべきである。「秀才」と呼ばれるためには、教科書に書いてあることだけでなく、あらゆる方面の知識に興味を持ち、特に創造力において国際競争力を身につけるべきである。

旧ソ連の教育家アモナシヴィリは「数字は、それ自体は児童の学業成績を説明するものではない」「児童は点数を必要としない、というのは、点数は彼らの知識に対する渇望、学校での楽しく愉快な生活を阻害することがあるから」という考えを持っていた。彼が校長を務める学校では、毎学期の終わりに成績表の代わりに紙袋を渡した。その紙袋には生徒の作品——習字や宿題、絵画、自分で集めた資料、作文など——と一緒に、アモナシヴィリが書いた評定が入っている。この評定には決まり文句や無意味な言葉は含まれず、全て生徒の知力に対する分析と生徒への心のこもった激励で占められている。私は、中国にもこうした真に科学的かつ人情味にも富む知育評価方法があったらどんなにいいことかと思う。

知育を点数で測るなど浅はかなことで、教育の真の使命に逆らうものだ。読書は生徒の本分である。しかし現在、彼らの読書時間は大変少ない。成績がよい生徒は、毎日教科書の勉強に明け暮れ、他の書籍を渉猟する時間がない。また成績がよくない生徒に対しては、教師や保護者が補習や宿題を増やすので、やはり本を読む時間がない。『文匯読書周報』に掲載された中高生の読書状況調査によると、現在、中高生の読書量は本当にわずかである。名著のタイトルや作者は皆よく覚えているが、実際に読んだものは一冊もないという皮肉な状況になっている。

読書は生徒に余分な負担をかけると考える教育者もいるがまったく逆で、大量の読書こそ我々が目指す知育本来の姿なのである。読書で視野を広げることは勉強にも役立つ。スホムリンスキーによれば、生徒が知識を自分のものとするためには、支えとなる知力が不可欠である。スホムリンスキーは教科書と読書を融合させることで、双方に興味を持たせることに成功した。彼は「本をたくさん読む生徒は、新しい概念を様々な本から吸収した知識体系の中に入れ込むのが上手だ。そうした生徒は、教室で学ぶ科学知識に強い興味を示し、それが自分のなかにあるものをよりはっきりさせ、かけがえのないものにするために役立つことを知っている」と語っている。スホムリンスキーは読書について「第二学習指導要領」を定めたが、これがいわゆる「落ちこぼれ」生徒の成績向上に絶大な威力を発揮した。彼は次のように述べている。「三十年余りの教員生活を経て、こうした児童については、先に述べた第二学習指導要領が特に重要な役割を果たすことを確信するに至った。彼らにとって、教科書をひたすら暗記するという学習方法は有害で、学習遅滞に拍車がかかる。私はあらゆる手段を試みたが、最も有効な方法は読書範囲を拡大することだということが分かった。」スホムリンスキーは図書館の存在と読書を促す雰囲気が学校教育の本質だとしている。

このように、我々教師は、子ども達がなるべく多くの時間、本が読めるように配慮しなければならない。読書を通じて、文学、文化、文明に触れていけば、読書は、試験のためではなく、人生に必要なものなのだと気付くだろう。読書が習慣になれば、生きていく中で壁にぶつかったときに精神的な支えとなる。古今東西、ジャンルを問わず、人類の叡智が詰まった書籍に目を通せば、審美眼が養われ、満ち足りた気分になり、人格者へと導かれていくだろう。読書から得たものが自分の人生を照らすたいまつとなる。そしてまた、そのたいまつを掲げることが人類文明の火をつないでいくことになるのである。こういう生徒こそ、我々が育てるべき次世代の知の巨人である。

こうした考え方に基づいて、我々は国内外の専門家や学者にお願いして「新世紀教育文庫」（四〇〇種）を選定し、文化の粋を推薦することにした。教師や生徒は、限られた時間のなかでも、本を通じて偉人達と対話し、人類の崇高な精神と交流することができる。未来は競争と挑戦の時代、活力みなぎる時代であるとともに、読書に打ち込むべき時代でもある。明代に顧憲成（明代末期の儒学者。宦官の専横と朝廷の腐敗を目の当たりにして皇帝に直言し免職されたが、故郷に帰ってからも政治のありように対する批判を続けた。以下の句もそのひとつ）は「諸々の声を聞き学べば、家事から国事に至るまでより深く知ることができる」と言った。あらゆることに興味を抱き、屈強な精神と斬新なアイデアを併せ持った「新人類」が現れたとき、中華民族の栄光がよみがえるのである。

理想の知育―六

知育を開放的、実用的なものとし、実社会に生徒の関心を向けさせる。

「両耳窓外の事を聞かず、ただ聖賢の書を読むのみ」というのが、昔の私塾で生徒に求められたことだった。同じ状況は、今日の学校にも見られる。「死んだ本を読み、死にものぐるいで本を読み、本を読んで死ぬ」という言葉がその弊害を端的に示している。教師や保護者の多くは子どもが部屋に閉じこもって一心不乱に勉強をするのを好み、そういう子でないと大成しないと思っている。しかし、そうした隔離型の知育は、子どもの智恵や才能を押し殺すものでしかない。

教育（特に知育）の開放と実践について、鋭い指摘をしたのが教育家陶行知である。長期に渡る孤立した「教育」を批判し、「生活こそ教育なり、社会こそ学校なり」「籠の中の小鳥を大空に放って思うままに飛翔させ、自然のすべてを学校とすべきだ」と述べた。さらに、児童の「六大解放」を主張した。「六大解放により、生徒に学ぶ自由を返却しなければならない。六大解放とは、一、頭脳の解放。発想を妨げない、二、両手の解放。やりたいことができる、三、目の解放。見たいものを見る、四、口の解放。自由に発言できる、五、空間の解放。自然や社会のなかでも学ぶことは大いにある、六、時間の解放。詰め込んだ時間割や試験で生徒を追いつめない。学んだことを消化する余裕と、興味を持ったことができる時間を与えることを指す。」

素質教育の重点は、生徒の創造力や実践力を育成することであるが、そのためには、社会や生活との連携が欠かせない。これに関しては、国外に参考となる例がいくつもある。日本には「修学旅行」という一種の課外学習がある。生徒の視野を広げ、実践的な知識を増やし、ものごとに積極的に取り組む気持ちや実行力をつけることを狙ったものである。また、オーストラリアの小中学校には野外観察実習科がある。生徒達が出発前に渡される「観察要領」には、地図、観察項目、穴埋め式の考察問題、関係資料が入っている。これは、水文地理学、環境保護、建築、経済、文化、歴史などの領域にまたがる、総合的な性格の強い実践科目である。米国の沿海都市ミスティック市では、大規模な海洋学教育プロジェクトが実施されていて、専任の教師がいる。実験室や漁船も保有しており、実際に生徒を海に連れて行って漁をする。生徒達は教師の指導の下で、網で魚を捕り、水の分析を行い、魚の分類法や見分け方を教わり、魚を解剖したりする。

知育を生活や社会と連携させるべきだという私の主張は、書物から系統だった知識を学ぶことに異をとなえるものではない。実践の中で生きた知識を得て、「力」に、とくに創造力に変えてほしいと望んでいるのである。別の言い方をすれば、私が知育の実践と開放を提唱するのは、知識というものは社会生活と連携してはじめて実のある知識となるからでもあるし、また社会生活自体が知識獲得の重要なルートだからでもある。実際の社会生活の中から得た知識を自分の中で確固たるものとし、運用することができた時、知識は教養に変わり、信念を補強し、自分をつくりあげることができる。それは同時に、生活や社会を変える力を身につけたことにもなるのだ。

理想の知育―七

活力と智恵に満ちた教室で、生徒を主体とした教学活動を行う。

生徒にとって教室とは、農民にとっての田畑、労働者にとっての仕事場、兵士にとっての戦場のようなものだ。また、教室は、知育の場であり、生活の場でもある。南京師範大学副学長の呉康寧教授は『教室教学社会学』（《課堂教学社会学》）で、次のように述べている。「教室はそれ自体が一つの小社会である。この小社会の中に、学年やクラス、班といった組織があり、権威者としての教師と、様々な家庭や階層を持つ生徒とに分かれる。また、法で定められ、社会に認められた「文化」つまり教学内容と、「教師文化」「生徒文化」とでも言うべき特殊な「文化」が並存する。目的と計画性を持った教育活動が行われ、独特の「教室規則」が存在する。教室は、単に教科課程を学習する場ということではなく、一つの社会であり、教室で生活する中で、生徒は、服従、沈黙、反抗、競争、協力、提示、回避、成功、失敗などを経験し、様々な感情を味わう。」

では、理想的な教室とはどのようなものか？　どのような教室が活力や意欲、智恵で満たされていると言えるのか？　我々は、それは次の六つの点から測れると考えている。

(1) 参加の度合い。即ち生徒が全員、全課程に効果的に参加することである。英国オックスフォード大学出版社から出ている教師用参考図書シリーズ"Resource Books for Teachers"（中国語タイトルは《牛津英語教師宝庫》）の中に『学習者主体の教育』(Learner-Based Teaching) という本がある。作者は、教室での授業について、生徒が内容の決定に参加すべきで、生徒が自ら考えることを主要な教学内容とし、教学活動全体の中心とすべきであると考えている。即ち、詰め込み授業一辺倒で、生徒の参加がなければ、生徒の思考力を呼び起こすことは不可能である。従って、私は、生徒の発言や活動の時間が少なくとも二分の一以上を占める授業が望ましいと考える。
(2)親密さの度合い。即ち教師と生徒の間で、なごやかな交流と意見の交換が行われることである。ジル・ハドフィールド（Jill Hadfield）は『教室の活力』という著書の中で次のように述べている。「クラスを、沈黙、不快感、矛盾、敵意ではなく、喜びや親しみ、協調精神やあこがれといったもので満たす。そうすれば、教室内の親密さが増し、授業成功の基礎となる。」
(3)自由度。我々の教室はまるで軍隊のように鉄の規律のもと、襟を正して授業を聞くことが求められ、生徒は戦々恐々としている。ゆとりやユーモアに欠け、歓声や笑い声もなく、静まりかえっている。生徒は声をそろえて答えることを求められており、生徒同士で相談したり、教師と議論したりすることは許されない。これでは、生徒の心身の自由な発達は望めない。
(4)整合性の度合い。即ち教科の知識体系を把握して授業すること。整合性に欠ける授業とは、知識を分解して教えるものを言う。例えば、国語教師が具体的な言語の使用状況から切り離して言葉を教えたり、歴史教師が時代背景に触れることなく事件を教えたりししたら、生徒はバラバラの知識を得るだけで、ひとまとまりの知識からなる真の智恵を身につけることができない。
(5)練習にかける度合い。即ち生徒が教室で頭や手を動かす度合いを言う。ヴィゴツキー（旧ソ連の心理学者。哲学、社会科学、言語学、文学、美術などの膨大な知識をもとに発達心理学などの実験的・理論的研究を行なった）の理論によれば、生徒は教師と一緒に活動し、また自ら観察や模倣、体験することで学習する。ともに学ぶ、自ら学ぶ中で、自分の体（器官）をどれほど動かしたかで学習の効果は変わってくる。従って、よい授業というものは、一糸乱れぬ秩序のもとで円滑に進行する授業ではなく、子ども達に多くの練習、実践をやらせる授業なのである。
(6)発展の度合い。即ち整合性のある知識をより深く、より広く発展させ、教室から実社会へとつなげることをいう。

教育課程（カリキュラム）も、知育において重要な問題である。現在、国家共通課程、地方裁量課程、学校裁量課程に関する議論があらゆるところで巻き起こっているが、結局どのような教育課程がよいのか、結論が出ていない。教育課程について、米国ルイジアナ州立大学教授Ｅ・トールは『ポストモダンのカリキュラム観』で「四つのＲ」を示した。豊かさ（rich）、循環性（recursive）、関係性（relational）、厳密性（rigorous）である。豊かさとはカリキュラムの奥深さ、意味のレベル、様々な可能性や解釈を含んでいることを言う。カリキュラムの循環性とは対話によって、環境や人、文化と影響を与えあうことを言う。関係性とは、カリキュラムと教育や文化との連携を言う。厳密性とは目的にあわせて選択肢を探り、関係、連携を模索することを言う。「他人のものも含め、いろいろな仮説を自覚的に融合させ、対話を有意義で柔軟なものにすべきである。」彼の言う「四つのＲ」は、やや難解だが、私が先に示した六点に通じるものがある。その主旨は、生徒を主人公とした教育を実現すること、生徒に考えさせることを重んじ、世界の全体像を示し、生活との関わりを重視する教育を実現することである。

理想の知育―八

現代の情報技術を充分に利用して学習ツールを更新し、知育の方法を広げ、インターネットの世界を生徒が自在に跳び回ることができるようにする。

情報技術が日進月歩の勢いで進化しつつある今日、人々の生産や生活の方式、仕事や学習のやり方が変化するとともに、知育も新たな試練にさらされている。新世紀の生徒には以下のような新たな能力が求められている。①新たな読み書き能力。伝統的な書物だけではなく、マルチメディアのテキストを使いこなし、その中から必要な資料を選び取ること。②新たな検索能力。図書館の書架の間を歩き回ったり、ネットサーフィンをしたりすると、いろいろと新しいものを発見する。それらを活用して、ただ授業を聞くだけの受身の学習から、発見、実験を伴う能動的な学習に変えていくことが求められている。③新たな洞察力。抽象的な論理をいじるのではなく、関連事項——目標や手段、コードやファイルを見つけ出し、その活用法を考える力。④新たな判断力。教科書や新聞報道は、一応は信頼できると言えようが、インターネット上には、あやしげな情報が溢れている。現代は、どの時代にも増して判断力が重要になっている。

我々もこうした時代の趨勢に積極的に対応しなければならない。教育部は二〇〇〇年に『初等中等学校情報技術課程構築の迅速化に関する指導意見（草案）』《関於加快中小学信息技術課程建設的指導意見（草案）》を発表した。「全国の初等中等学校は情報技術教育を積極的に推進し、教育課程や教材、教学の改革を加速すべきである。これは、鄧小平同志の説いた「三個面向」（三つの視点。教育は現代化に向けて、世界に向けて、未来に向けて行わなければならない）の精神に合致し、教育の現代化を実現するために、必要なことである。二一世紀教育振興行動計画を実施し、基礎教育改革を推進し、素質教育を全面的に実施する上で、必要なことである。これは二一世紀に国際競争力を高めるため、国力や国民の素質を高め、創造精神や実践能力を有する二一世紀型の人材を養成する上で、必要なことである。」

現代は多くの生徒が良くも悪くもインターネットから影響を受けている。しかし、多くの教師はコンピュータの操作すらおぼつかない。これは、憂慮すべき事態である。インターネットの発展は押しとどめようのないものであり、生徒がそれに誘惑されるのは避けようがない。その利点を充分利用し、悪い影響は最小限にとどめるように生徒を導いていかなければならない。知育は、現代情報技術教育をも引き受けるべきなのだ。

現代情報技術の発展は、知育に時代の息づかいを注入するとともに、教育手段を更新し、知識の獲得や実践の場を広げた。今日の知育は、伝統的な、教科書を中心とした知識の伝授に加え、情報技術の基礎と応用力を文化的素養として教えなければならない。情報の獲得、選択、伝達などの方法を身につけることは、これからの情報化社会で学び、働き、生きていくための必須条件と言える。

インターネットの出現は、教える側の教師にも、教わる側の生徒にも大きな衝撃を与えた。伝統的教育の下では、教師は生徒より多くの知識を持っていたが、インターネットを前にして両者は平等であり、教師の優位性はもはや存在しない。生徒の知識が教師より多い場合すらある。生徒はネットワークを通じてあらゆる知識を自由に獲得することができる。また、これまでの学習は主に知識を積み上げることであったが、現在は知識爆発の時代であり、知識を選択することが学習の主体となっている。こうした状況下で、教師は水先案内人とならなければならない。インターネットという巨大なデータベースから、最も価値のある情報を見分け、選び取るように生徒を導いていくことが求められている。また、教師は保護者でもあるべきだ。無用どころか、有害ですらある情報がネット上には溢れている。教師は生徒と交流を持ち、偏った考えに陥るのを防いで、健全な育成をはかるべきである。

まず教師はインターネット技術を熟知する必要がある。教師がパソコンやインターネットを使いこなせなければ、生徒の教育や指導などできるはずがない。また、教師は最新の情報や知識を常に意識し、それらを理解して独自の見解を持たなくてはならない。そうしてはじめて、指導的立場につけるのである。また、インターネットの出現により、教師と生徒は教育リソースの獲得において平等になった。教師は考え方を改め、学習に際しては、威圧的態度で「教える」のではなく、生徒のパートナーとなってともに「学ぶ」という、教学の真の民主化を実現すべきである。

スホムリンスキーは教育を一輪の花にたとえ、知育はその花弁の一つだと言った。確かにその通りである。知育はそれ自体が目的なのではなく、手段にすぎない。それは、人が「人」になるための手段である。哲学者ベーコンはかつて次のように語った。「歴史を読めば賢明になり、詩を読めば聡明になる。演算は思考を緻密にし、哲学は思想を奥深いものにする。論理学は教養となり、論理学や修辞学は人に善悪の判断を付けさせる。つまり、知識は人格形成に役立つ。」言い換えれば、知育の根本的な目的とは、生徒の人格形成である。徳育、体育、美育、労働技術教育などとの調和をはかりつつ知育を行うことで、生徒は科学的な態度や精神、世界観を身につけ、自己や他人、人類社会や自然世界というものを正しく認識し、それらを調和させる資質や能力を得ることが可能となる。大脳に豊かな智恵をもたらすことで、永遠の精神的幸福が得られるのだ。

第三章　理想の体育

体育は力比べであり、どちらが相手を倒すのかを競い、はらはらさせるものである。体育は智恵比べでもあり、どちらがより巧妙な戦略を練るかを競い、人にいろいろ推測させるものである。体育は美をアピールするものでもあり、剛と柔を使い分け、技能の高さを競い、人の目や心を楽しませるものである。

古代ローマの奴隷達の格闘から、近代オリンピック至るまで、体育は社会に興奮をもたらしてきたが、教育もまた、体育に関心をよせてきた。

歴史の進化や社会の進歩、文明の発達に伴い、体育の地位や使命は変化し続けている。体育の役割や価値も、絶えず改善されている。特に現代社会においては、心と体の調和のとれた発達という要求が高まるにつれ、体育は日増しに発展しており、社会文化や人々の生活に対する影響も益々大きくなっている。

しかし、学校の中では、体育の性格は偏り、その役割は弱まっている。進学試験のプレシャーの下で、体育は一部の学校ではあってもなくてもいいような科目となり、玄関の花瓶のような飾り物にすぎなくなっている。体育は技能や体力向上だけでよしとされ、その精神的意義や崇高な境地は薄められ、忘れ去られている。体育は行き詰まっている。我々は、体育を見直し、理想の体育を取り戻す必要がある。

理想の体育——一

「より速く、より高く、より強く」というオリンピック精神を人生でも追求し、人文精神（ヒューマニズム）の理想の体現につなげる。

自然に適応し、また自然を改造し、新たな成果や記録の更新を追求し続けること、これは人類の本能とも言える。この本能は、体育運動というかたちであらわれ、つきつめた形がオリンピックである。オリンピックの標語は「より速く、より高く、より強く」であるが、それは近代オリンピックの創始者クーベルタンが、友人であったパリの修道院院長ディドンの言葉を借用したものである。一九二〇年に国際オリンピック委員会は正式にオリンピックの標語に採用し、同年アントワープで開かれた第七回オリンピックで初めて披露した。「より速く、より高く、より強く」は、人類の能力に対するチャレンジ、運動競技の最終目標とも言え、オリンピックの標語としてまことにふさわしい。

西洋の文化概念によれば、肉体と精神は不可分のものである。健全な精神は健全な身体に宿るのであって、マラソン、砲丸投げ、闘牛、ボクシング、レスリングなど、ほとんど残酷とすら言える体育運動種目の中で、チャレンジ精神、闘志、冒険心、創造力などは培われてきたのである。登山隊が命がけで一山また一山と登頂したり、長江川下りに出場した若武者が怒涛の波の中に飛び込んだり、バンジージャンプで高いがけの上から飛び降りたり、重量挙げの選手が世界記録を破ってなお、新たな目標に向かって歩んだりする時、彼らは何を目指しているのであろうか？　彼らの目標はただ一つ、「より速く、より高く、より強く」である。それに向かって競技選手達は飽くなき追求を続け、〇・〇一秒でも記録を縮めたり、新しいテクニックを編み出したり、すばらしい演技を披露したりするのだ。こうした精神は、現代社会に広く浸透させるべきものであり、人類の生存と発展に必須のものである。卓越さ「より速く、より高く、より強く」を追求することは、成長途上の生徒にとっても、非常に重要である。

を追求し、自分の限界に挑戦して、はじめて非凡な成果を獲得し、輝かしい人生を歩むことができる。「ベストという言葉はない、あるのはベターという言葉のみ」――これは澳柯瑪（オークマ）〔中国の家電メーカー〕のコマーシャルでの郎平〔一九八四年のロサンゼルス五輪で金メダルを獲ったときの中国女子バレーチームのキャプテン〕のフレーズだが、中国の女子バレーボールチームの精神をも表しており、彼女の生き方そのものでもある。体育の時間に「より速く、より高く、より強く」を生徒に教え、絶え間ない進歩や向上へと導いていくことは、テクニックを習得して体育の成績を上げることより重要と言えるかもしれない。

「より速く、より高く、より強く」を追求し、人類の能力の極限に挑戦することは、オリンピックの精神のひとつであるが、唯一の目標ではない。近代オリンピックが体現しているのは一種の人文精神（ヒューマニズム）であり、身体活動面から人に関心を向け、人の価値を尊重するものである。体育と人文精神の関連で見れば、体育は体を鍛えるだけでなく、情緒や礼儀、理想などの教育とも関連し、人間性の美しさや崇高さを体現するものである。クーベルタンがオリンピックを復活させたのは、運動競技の普及を促進するためだけでなく、教育のためでもあった。即ち科学的鍛錬と平等な競争により教育のヒューマニゼーションという目標を実現するということで、体育は一種の人文精神でもあるのだ。

まず、体育運動は自分を肉体的に成長させる重要な手段である。体育運動は、自分自身の肉体に対して、科学的であることを原則とした、理にかなった鍛錬を施し、人体の生理機能を積極的に改造し、筋肉を発達させ、反射神経をよくし、自分を気力体力ともに充実した状態、つまり力と美の理想的結合へと導くものである。こうした役割は、人間の他の活動で代替することができない。

次に、体育運動は、人の精神にも重要な影響を与える。体育運動の中に表れる進取の精神、敢闘精神、フェアな争いやチームワークを求める心、愛国主義や国際主義の精神などは、あるべき人間性を体現したものである。体育は、肉体的にも精神的にも人類を完成させ、人間の崇高さを示すことができるのだ。

体育のこうした作用や役割は、教育界では軽視され続けてきた。『辞海』（中国の大型総合辞書。一九三六年初版）の体育に対する定義も「身体素質を増強し、健康水準を高める教育」というレベルに留まっている。『中国大百科全書』教育巻でも「体育とは、健康知識や技能、体力増強について被教育者に伝授し、身体を自覚的に鍛錬する習慣を培うための活動で、全面発達教育の重要な構成部分である」と書かれているにすぎない。「より速く、より高く、より強く」を追求すべき体育の魅力が、学校教育の場では全く輝きを失っている。

理想の体育──二

生徒の意志を鍛え、決してあきらめない強靭な精神を養う。

魯迅先生は「最初と最後」（「最先与最後」）という一文で、次のように述べている。「運動会を見る時、しばしばこう思う。優勝した者にはもちろん敬意を払うべきだが、落後しても最後まで走り続けた競技者や、彼らに感心し笑わない観客こそ、中国の将来を支える人材である。」こうした競技者にとって、最も重要なのは強靭な意志である。自覚的に定めた目標に向かって活動を調節し、各種の困難を克服していく心理過程、それが意志である。積極的で健全な意志の活動には以下のような特徴が含まれる。第一は自覚である。即ち、客観的な事物の発展法則に自らをあてはめて行動の目的を確定し、効果的な方法を段取りよく進めることで、盲目的に突き進むのを自発的にやめることである。第二は決断力である。即ち、決定すべき時に一切躊躇しないこと。決定を先延ばしする必要がある時も、よく考え、機を見て対応する。第三は強靭さである。即ち、決定した事を根気よく最後までやり遂げること。様々な誘惑に負けず、困難や挫折に直面しても退却しない。成功しても満足せず、失敗してもがっかりしない。第四は自制である。所期の目的を達成するために気持ちをコントロールし、言動を慎み、屈辱に耐えて重責を担い、決して辞さない。理性を失わず、大きな目標を実現するために過度の欲望を抑制し、注意力を高める。

体育は一種の力強い運動であり、それに参加したい者は優れた意志力を有する必要がある。また、体育は力強い運動であるゆえに、個人の意志力形成に独特の作用を及ぼす。体育の魅力の一つは、人類の意志力というエネルギーを目に見えるものにしてくれるところにある。学校での訓練でも、競技場での試合でも、生徒や選手は自己の体力、過去、極限に挑戦する。歯を食いしばって相手に立ち向かい、最後まで頑張り抜く。諺に「両強相まみえて勇者が勝つ」とあるように、互いの力が拮抗している時には、意志力が勝負を決定するカギになる。

二〇〇〇年のシドニーオリンピックで金メダルを獲得したのは、長期に渡る訓練の中で頑強な意志力を培ってきた選手ばかりであった。重量挙げの占旭剛が自己記録を更新した時、卓球の孔令輝が歯を食いしばって強豪ワルドナーを破った時、張軍・高峻の若いバドミントンペアが世界ランキング一位を相手に全くひるむことなく戦った時、競歩の王麗萍がねばり強く戦ってゴールテープを切った時――光り輝くメダルは観衆の目にはそれほど重要ではなかった。観衆が感動して一生忘れない出来事だと感じたのは、選手達の努力する姿、決してあきらめず、何度くじけてもまた立ち上がる強い気力や信念そのものであった。

米国から帰国した友人は感慨深げに次のように述べた。米国では、クリントン大統領を知らない子どもは多いが、バスケットボールのジョーダン選手のことを知らない子どもはいない。運動好きで、健康で元気のあることがよしとされ、競技に参加し、ヒーローにあこがれる。こうした体育文化が、小さい頃から子ども達の心に根付いている。――このように、世界各国の教育界では体育が非常に重視されている。ドイツでは十年一貫制学校において、体育の授業時間数はドイツ語、数学に次いで三番目に多い。キューバやフランス等では、小中学校では体育に不合格になった生徒は進学或いは卒業できない。英国のパブリックスクールでは、午後の丸半日を体育活動にあてている。

将来の様々な生活環境に生徒を適応させ、様々な骨の折れる仕事を担えるように生徒を育てることがその目的ある。英国では保守党の大臣や皇族、将軍の八七パーセント、教会大主教の八三パーセント、司法官の六五パーセント、外交官の八八パーセントが、このようなパブリックスクール出身者で占められている（人民教育出版社《教育学教学参考書》総論分冊参照）。

しかしわが国では近年、進学率のみが追求され、現代教育の中で体育は萎縮傾向にある。苦労知らずに育てられる一人っ子は、挫折に耐える力や、決断力、自制心、強靭な意志などを培う雰囲気や機会がなく、小さい頃からわがままのし放題で、肥満児、もやしっ子、何かといえば薬ばかり飲んでいる子などが増えている。これでは、健全な身体や精神を養うことができない。

体育教育は、生徒の意志を鍛え上げるという使命や責任を負っている。私自身もこの事を身にしみて感じたことがあった。大学生の時、運動が苦手だった私は長距離走のチームに参加した。ほぼ毎朝、運動場を一〇周（四〇〇〇メートル）以上走った。走り終わるとしばし休憩し、冷水浴をした。午後にはバスケットボールをした。そうした訓練をしても、私はプロのスポーツ選手になれたわけではなかったが、頑強な体と精神力が培われ、学習面でも周りの人から「努力家だね」と言われるようになった。華南師範大学教授であり未来教育センター長でもある桑新民は『教育哲学の対話』（《教育哲学的対話》）の中で、現代体育に関する問題に触れて次のように述べている。「現代教育には体育訓練を通じて心身を鍛え上げるスパルタ教育の精神が必要だ。荒々しく厳しい軍事教練のような運動を学校教育に取り入れる必要がある。生徒達に歯を食いしばって頑張らせ、筋骨たくましい人間に育て、体力をつけさせるべきだ。」つまり、体育運動にもっと取り組ませ、心や体に負荷をかけ、喜びや苦しみ、勝利と敗北を絶えず体験させ、頑強な気力や信念を培って、生徒ははじめて大成し、将来さまざまな場で活躍できる人間になれるのである。

意志力は体育の魅力というだけでなく、偉人が成功する上で不可欠なものである。米国の発明家エジソンは「偉大な人物になるための秘訣は固い意志を持つことである。固い意志があれば、環境がどのように変わろうと、最初の志と希望を曲げることなく、最後には障害を克服して、所期の目的を達成することができるのである」と言った。学校教育の中で体育を通して意志力を培えば、体育以外の分野に進んでも、仕事や生活を成功へと導いてくれ、人生を充実させてくれる。

理想の体育―三

協調性や全体を考える気持ち、愛国心を培い、体育活動を徳性涵養の重要な手段とする。

米国の女性科学者ズッカーマンの統計によると、ノーベル賞創設後、最初の二五年間に共同研究で受賞した人数は四一パーセントにすぎなかったが、次の二五年で六五パーセントとなり、さらに次の二五年では七九パーセントとなった。現在の研究者で、孤軍奮闘している人は極めて少ない。米国が二五〇億ドルを投じたアポロ計画では、直接参加した科学者やスタッフの数だけでも四二万人に達している。科学研究の基本形式は「協力」である。**learning to work together**が、現代教育の基本理念の一つである。二〇〇一年にスウェーデンで開かれた世界教育大会は「協力」を会議のメインテーマとし、二一世紀の教育の基本目標として「協力」を掲げた。

体育は競技活動であり、生徒の競争意識を育てる効果的手段である。また、体育は協力意識を育てることもでき、個人の内面に競争と協力の意識を共存させることができる。優れたスポーツチームは、優れた運動能力とともに、チームの中でその才能を充分発揮できるような雰囲気作りを選手に求める。特に集団競技では、選手一人一人が個人の能力を発揮するとともに、チームの作戦の中で集団としての能力を発揮することが求められる。個人種目であっても、個人の勝利の裏には集団の智恵が凝縮されている。シドニーオリンピックで、中国は、男子体操、卓球、バドミントン、重量挙げなどですばらしい成績を収めたが、これは選手の協力精神、集団の和を重んじる心、愛国心の表れであった。

体育には必ず競い合いの要素が含まれているので、個人で、チームでぶつかり合うわけだが、心情的に互いに融合していることも多い。陸上競技、球技、体操、水泳などの成績は、自分のコンディションだけでなく、チームメイトやコーチ、審判、観衆からも影響を受ける。また、競技ルール、その場の雰囲気、選手同士の役割や責任分担などの要素にも左右される。こうした様々なものから影響を受け、もはや単純な個人プレイではなくなる。選手は運動の中で友好、共感、理解、協力、団結、マナーなどの品性を磨き、チームワークを大切にする精神を培うべきである。こうしたチームワークの精神があれば、チーム内の考え方や気持ちがまとまり、互いに信頼し、協力し、支え合うようになり、巧みな戦術で試合をはこぶことが可能になる。また、ピンチのときには励まし合い、勝ったときには共に喜ぶようになる。さらに、チームワークの精神があれば、選手一人一人が落ち着いて試合に臨むことができ、自信を持って、勇猛果敢に試合をはこび、名誉感が得られる。「我こそは林の中の木だ」ではなくて「一本の木だけでは林にならない」という責任感と協力意識が育てられる。

体育活動で培われた協力精神は、将来他の仕事に就いた時も、大きな力を発揮する。孫晋芳は、中国女子バレーボールチームのキャプテンを務めていたときに、団結協力の精神を発揮して「東洋の魔女」をはじめ世界列強に打ち勝って一躍注目を浴びた。それから十数年後、国家体育宝くじセンターの主任になった彼女は、次のように語った。「長期に渡る集団練習や試合の中で、チームワーク精神が培われました。共に学ぶ、互いに支える、言われたことはすぐ実行する、常に協力、小事にこだわらず大局を見る……、これらの選手時代に身につけた習慣が、宝くじ業務の中でも活きました。全国の体育宝くじコンピュータネットワークを統合する過程でも、大きな障害にぶつかることなく、仕事をやり遂げることができたのです。自前のコンピュータネットワークを築いていた地方の人達も、国家体育宝くじセンターの決定通り全国統一ネットワークに組み入れられることを了承し、国家体育宝くじセンターの統一支配や管理を自主的に受け入れてくれました。」

このように、体育教育の中で、教師は生徒に基本的体育技能を教え、オリンピック精神を探求するよう求めるだけでなく、協力の大切さも教えることが求められる。生徒達が自由にスポーツクラブや同好会を作り、多彩な課外体育活動を展開することを奨励しよう。生徒が団体試合に参加する時は、勇猛果敢に戦うとともに、チームメイトとの協力精神を持つように指導し、個人的な英雄主義に反対しよう。

地区対抗戦や国別対抗戦においては、選手達の協力精神やチームワークは、愛国主義や国際主義へと高まることがある。一九五〇年代にはレベルの低かった中国の女子バレーボールチームが、八〇年代には世界のトップに上り詰めることができたのは、「世界のトップをめざし、国威発揚のためにがんばろう」と彼女達が信念をもって精進した結果である。厳文井〔中国のアンデルセンといわれる中国児童文学界の大御所〕は中国女子バレーボールチームに捧げた詩の中で「我々の祖先は誇るべき多くの遺産を残してくれたが、我々もまた自らの手で誇りうるものを創り出していくことが求められている」と述べている。中国卓球チームは世界の卓球界で長く堂々たる成績を上げてきたが、これも選手達が国のために努力してきた結果である。国歌が流れ、国旗が揚がるたびに、選手やコーチの目から涙がしたたり落ちる。それは勝利の喜びだけでなく、祖国への誇り、幸福感の表れでもある。彼らも、たくさんの人々の愛国心を呼び起こした。

体育教育は、機会をとらえて生徒に愛国主義教育を行うべきである。中国オリンピック委員会がＩＯＣメンバーの心をつかんで二〇〇八年オリンピックの開催を射止めた時、中国サッカーチームが瀋陽でオマーンを破りワールドカップへの出場権を獲得した時、中国選手が競技場で勝利の凱歌をあげた時、体育教師達は体育的な知識を教えたほか、愛国心を育て、祖国に対する一体感や誇りを持たせる活動を行い、将来も勉強や仕事に精進して国のために栄光を勝ち取るよう生徒を激励したのだった。

理想の体育―四

生徒がルールを守り、公正・公平の観念を学び、嘘をつかず、誠実さを身につけることを重視する。

体育が一種の競技活動あるからには、ルール、チームワーク、システムが存在する。各運動種目には、一つ一つの動作にも試合にも厳格なルールがあり、「戒律」として秩序を保ち、競技をコントロールし、制限をかけるはたらきをする。ルールがあることで、体育の科学性と公平性が確保される。体育訓練は、ルールを教えることから始め、最終的にはルールを守ることを習慣化させなければならない。

特に今日、世界的に体育のレベルが上がっている中で、試合のルールもより厳しく、複雑になる傾向にある。選手やコーチは、各種競技や試合のルール、技能の発展動向をよく研究して、それに合わせた科学的訓練方法や対策を採る必要がある。ルールに従うことを生徒に教え、そうした制約の中で自発性と創造性を発揮できるように指導するべきである。

生徒や選手、コーチ、審判は試合の中でルールに従う意志、マナー意識を共有している。これは教養の表れであり、体育事業に対する強い責任感を示したしたもので、一種の道徳的義務である。わが国の優秀なサッカー選手であった容志行は一八年間マナーを守ってボールを蹴り続けた。敵意を持って相手選手を傷つけたことは一度もなく、相手選手から意図的な反則行為を受けた場合でも、報復したことは一度もなかった。人々は彼の態度を敬意を持って「志行スタイル」と呼び、後代の選手を教育する時に使った。中国女子バレーボールチームのキャプテン孫晋芳は、第三回世界選手権大会で、審判が判定ミスをした時、挙手をしてほほえんで服従の意を示した。彼女はその大会の最優秀セッター、最優秀選手に選ばれた。

科学技術の向上に伴い、人々の生活は物質的な豊かさを増し、消費レベルも急速に高まっている。また、物質的利益を追求する傾向も見られる。そうした影響を受けて、体育にも物質重視・精神軽視の現象が見られ、公正であるべき試合で体育精神が失われ、ふさわしくない行為が見られ、嫉妬、おごり、ごまかし等がはびこっている。江蘇省体育局長の孔慶鵬は選手達の身分や資格の「すり替え」を分析して、次のように述べている。「一部の人は売名行為に走り、成績や栄誉、利益をだまし取っている。出場資格のごまかしが横行して、試合が見る影もなく変わり果てている。昔からあった町内の試合が地区や学校の対抗試合になったり、青少年クラスの試合でひげのある者とない者、年長者と年少者の対戦が組まれたりしている。省大会のはずが、全国大会の看板を掲げていたり、学校対抗、会社対抗、農民対抗の試合にニセ学生、ニセ社員、ニセ農民が大量に紛れ込み、賞金やトロフィーをかすめ取ろうと手を尽くしている。」大きな試合では、目先の利益に目が眩んで、ドーピングによって成績を上げようとする選手、コーチがいたり、八百長試合を仕組んだりしている。また審判の中にも、物質的利益の誘惑に負けて偏った判定をする者がわずかだがいる。スポーツマンシップに相反するこうした見苦しい行為が青少年の心理に悪影響を及ぼしている。

体育運動は、心身の調和のとれた発達を目的としている。それぞれの種目のルールを選手や審判、コーチが守ることで、秩序が保たれ、人の行為がより高尚なものとなり、公正・公平さが体育運動に賦与される。ルールを前にして、個人、階級、国家、人種、財産の差はない。公正・公平は世界的に体育の倫理道徳となっている。運動競技を通じて人道主義を全世界に広げ、各国人民の共通の利益と平和的な交流を求めていく。これがオリンピック運動創始者の理想である。二〇〇一年、ＩＯＣ会長に就任したジャック・ロゲは次のように語った。新世紀には、体育に新しい標語が必要になるかもしれない。それは「よりクリーンに、より人間らしく、より協調的に」である。――我々は、こうした理想が学校や社会での体育活動、市民スポーツや競技活動での実践の中で現実のものとなることを切望している。

学校体育はいち早く、公衆道徳や体育競技の基本ルールを自らの意志で遵守するように指導していかなければならない。体育の本質的特徴の一つは競争だが、競争において公平さが失われれば、体育の本質的意義も失われ、体育の魅力や生命力が失われる。体育教育において、また生徒間、学校間、地区間で行われる試合において、ごまかしをできるかぎり排除し、体育競技でも或いはその後の人生でも、実力で栄誉と尊敬を獲得するよう、生徒を導いていくべきである。

理想の体育―五

生徒が平常心で競技に臨めるように、気持ちをコントロールする方法と科学的なトレーニング法を学ばせ、メンタルな強さを育成する。

英国の教育家ロックには「健全な精神は健全な身体に宿る」という名言がある。ＷＨＯが健康について定義した時も「精力や活力が旺盛で、思考が鋭敏で、心が広く、情緒が良好である」といった心理的状態を健康の構成要素の一つとした。現代社会では、健康な心を持っていることは、人の生存・発達に欠かせないものであり、勝敗を左右するカギとなっている。

現代は、労働のハイテク化、競争の激化、複雑化する人間関係など、心理的な負担が増しており、人々は落ち着きを失い、常に焦りを感じる社会となっている。しかも、こうした時代にあって、人は良好な心理状態を保ち、社会発展のニーズに対応する必要に迫られている。ひるがえって、青少年について考えてみれば、彼らは生理的・心理的に激しく変化しながら発達する時期にありながら、複雑な社会環境に置かれ、学習の負担も非常に重くなっている。心理的な問題を抱えやすく、病にまで至る子どもも少なくない。従って、生徒の心をケアし、さまざまな素質や人間性を育てる「心理素質教育」は、現代教育にとって差し迫った重要な任務であり、使命でもあると言える。

教育の中では、体育は生徒の心の健康を保つのに一役買っている。また、体育は一種の訓練であるので、肉体的な負担だけでなく、心理的な負担或いは試練にも耐えなくてはならない。もともとハイレベルの技能を有する選手であっても、メンタルな強さがないと、平常心を失って敗れることがある。逆に、メンタル面でも鍛えられている選手は、自分の持つ技能をフルに発揮して、勝利することができる。こうした例は、体育競技では決してまれなことではない。

心身ともに健康で、鍛えられた肉体を持ち、士気が高い。こうした状態に導いてくれるというのが競技スポーツの効用であり、価値である。二〇～三〇年前から、各国は技能や身体能力をあげる肉体的な訓練のほか、メンタルトレーニングにも力を入れており、心理的にも強くなった選手が成績をあげている。また、メンタル面にも配慮したトレーニングは、身体を強健にして、生徒の心身の発達を調和の取れたものにすることができる。

メンタルな素質を向上させること、これが自分の能力を充分に発揮することにつながり、ひいては勝負にも影響を与える。「勝っても驕らない、負けてもがっかりしない」の精神が優秀な選手となるのに必須と言え、学校体育でも生徒のメンタルトレーニングから始めるべきである。第二二回世界体操選手権の男子団体総合において、中国チームは五種目が終わった時点で一位となったが、最終種目の鉄棒で李寧が落下するというアクシデントが起こった。続いて登場する童非は、優勝するために九・八五以上をマークしなければならなくなった。この極限の緊張状態の中で、童非は冷静沈着に演技し、九・九〇という高得点をマークして、中国体操チームは初めて世界チャンピオンとなったのだった。二〇〇〇年のシドニーオリンピックでは、体操の女子個人総合において、ロシアのホルキナ選手が段違い平行棒で落下したが、すぐ落ち着いて、演技を再開し、そのすばらしい演技に、観衆は惜しみない拍手を送った。卓球界の英雄ワルドナーはいつでも落ちついたプレースタイルで対戦相手に畏れられ、世界中の人々から慕われている。

学校の中では、生徒同士を競争させるだけでなく、順位や成績についても正しい認識を持たせなければならない。本番前に充分なウォーミングアップを行い、実力を発揮できるようにするとともに、試合の結果を平然と受け入れ、運動や競技を一つの「プロセス」だと見るようにさせるべきで、この事は体育教育に課せられた課題である。現在、国内の大きな大会では、多くの観衆が地元チームを熱狂的に応援するあまり、節度を失っている。地元チームが負けると、怒りと興奮から、瓶を投げたり、自動車を壊したりするなどマナーに反する行為を行ったりする。将来の観衆を育成するという観点からも、わが国の学校体育はまだやるべきことがたくさんある。二〇〇二年のサッカーの西安地区のリーグ戦で騒ぎを起こしたサポーターの中には高校生もいた。まずは体育教師が考え方を改め、自身のメンタルな素質を磨き、人間的に成長しなければならない。

理想の体育──六

身体能力の向上だけでなく、世界の体育に関心を持たせることにも努め、力と美の調和を感じさせる。

古代ギリシアでは、オリンピックの開催に際し、開催地オリンピアで神聖な儀式が行われた。彼らは祭壇で点火したたいまつを高く掲げてギリシア各地のポリスに駆けていった。沿道で「全ての戦闘を停止して運動会に参加しよう！」と叫びながら、懸命に走った。たいまつが到着したポリスでは、戦火が止み、血みどろの戦いを繰り広げていたポリス同士が「神聖な休戦」に至った。人々はしばし恨みを忘れ、戦いを忘れて、オリンピック競技会に全身全霊を投じた。オリンピックは平和の使者となった。

現代社会では、体育は各国人民の友好往来のため重要な貢献をしている。著名な「ピンポン外交」は「小球が大球を動かす」という歴史的使命を果たし、米中関係の雪解けに大きく貢献した。競争という要素が強調されがちだが、競技スポーツも、生徒達が世界を認識する窓になる。競技スポーツは、各国・各民族の政治、経済、文化、科学技術等の総合力を示すショーウインドーなのだ。生徒はこうした様々なものを内包する競技スポーツを通して、各国・地域の多彩な文化を体験することが可能になる。いろいろな角度から、またいろいろな方式で多彩な文化に触れることで、真善美の追求に目覚め、自ずと精神的に成長していく。これこそ、現代スポーツの持つヒューマニズムの精神の現れである。

近代オリンピックでは体育と文化が融合し一体化している。それは各民族、国、地域が互いを理解し尊重しあうこと、努力を尊び英雄を称えることなど、全人類が認める道徳規範をさらに広げることにつながる。「オリンピック憲章」には次のように書かれている。「オリンピック・ムーブメントの活動は、結び合う五つの輪に象徴されるとおり普遍且つ恒久であり、五大陸にまたがるものである。その頂点に立つのが世界中の競技者を一堂にあつめて開催される偉大なスポーツの祭典、オリンピック競技大会である。」オリンピック・ムーブメントとは、世界中の人々が一堂に会してスポーツを楽しむオリンピックという場を通じて、時代の息吹に満ちた人文精神を世界のすみずみまで伝播させることである。

グローバリゼーションの流れが強まっている現代社会においては、肌の色や言語の違いを越えて、世界中で人や情報、文化の交流がより密接になっており、互いに影響しあい、依存しあうようになっている。スポーツにおいても、たとえ競技が国別対抗であったとしても、競技それ自体や、競技の観戦は、国境を超えて行われている。ジョーダンの神業のようなバスケットボールテクニック、マラドーナの華麗な足さばき、ＮＢＡや、イタリア・セリエＡ、イングランド・プレミアリーグなどは、世界中の人々を魅了している。そうした背景の下で、生徒にグローバルな意識を持たせ、世界共通の利益への関心を呼び起こすことは、教育の責務であり、教育の一端を担う体育にとっても逃れられない責務である。複数の国や地域が参加して行われるスポーツ大会や競技会においては、「違いを尊重すること」を生徒に教え、各国のスポーツやスポーツ文化の優れた点とともに、その独特な点も評価するように指導すべきである。

現在の体育競技、特にオリンピック競技には、全世界が普遍的な真善美を見いだしている。五大陸の団結を象徴する五輪マーク、人類の英知と理想を象徴する聖火、開催都市と開催年を記した歴代オリンピックのシンボルマーク、マスコット、これらはいずれも全世界の体育文化の象徴となり、一種の「世界共通語」にもなって、全世界の人々の心に鮮明に、特別なものとして焼き付けられている。オリンピックをはじめ、複数の国々が参加する体育大会は、言語や人種、肌の色が異なる世界各国・各地域の人々が一堂に会して一つの歌を合唱する貴重なイベントになっている。

人は体の各器官を充分に動かすことで、様々なことを感じ取れるようになる。それは、美意識を発達させる出発点となることもある。体育活動の中で、走ったり、跳んだりはねたり、滑ったり、回転したり、揺れ動いたりして、身体の各種系統や感覚器官を刺激すると、筋肉のなめらかさ、リズムの心地よさ、時間、空間の広がりなどを感じるようになる。それはやがて、生みだされるエネルギーに対する感動、速さへの驚き、勇気への称讃といった、精神的なものの美しさへの共感につながっていく。

現代スポーツには、そうした美を極限にまで追求していく競技も多い。たとえば新体操、マスゲーム、フィギュアスケート、シンクロナイズド・スイミング等は、我々に無数の美の瞬間を見せてくれ、美というものが永久不滅であることを感じさせてくれる。

学校体育においても、美に対する感受性や鑑賞力、表現力や創造力を育てるべきである。体育教師はルーズで荒っぽいことが多いが、自ら言動を改め、質素な生活、清潔な衣服、物事に積極的で真摯に取り組む姿勢、進歩的な考え方などを示すことにより、生徒を美へと誘うべきである。模範演技は、鍛え抜かれた技や優美なイメージ、熟達したテクニックにより、生徒に美を感じさせるものでなければならない。体育は美育の役割を持っている。それを充分に意識し、示すよう努める必要がある。

理想の体育―七

生徒の個性や特長を尊重し、体育を懲罰の手段とせず、体育活動を自分を見つめ直す機会とする。

学校では、体育の授業は生徒に最も好かれる科目の一つである。体育では楽しいゲームや運動ができ、勉強の負担から解放され、清々しい空気を吸って、まばゆい日の光を浴び、自然の息吹を感じることができる。しかし、一部の学校では、体育は生徒に最も嫌われる科目になっている。というのは、体育を懲罰の手段とし、生徒が苦手とする運動、嫌いな運動を無理やりやらせるからである。特に体力がない生徒や肥満気味の生徒は、自分の身体素質に適さない運動を無理やりやらされたり、統一体力テストを受けるように強いられたり、運動での失敗を責められたりして、体育が嫌いになる。

生徒はそれぞれ異なる存在である。生徒の違いを尊重し、それぞれのニーズを満たすことが、現代の学校体育の基本的な特徴である。社会の発展に伴い、時代は個性尊重の方向へ進んでいる。個人のライフスタイル、仕事や消費スタイルなども個性尊重の方向へと進みつつある。人文精神と緊密に結びついた現代体育も、身体能力の発達・訓練と個性育成をうまく両立させ、体育を個人が享有する権利と見なし、個人のニーズに合わせて自己実現をはかる手段や方式とすべきである。

米国の小学校では、体育は運動遊戯を主とし、中学校から、本格的な体育の授業を始める。生徒は数多くのスポーツ種目の中から、自分の興味に合わせて、自分のためになるものを選ぶ。レベルの高い各種スポーツチームが中高あわせて約二万もあり、これは、私に言わせれば、やや分散しすぎるきらいがあるが、そうした自由な体育活動を通じて、生き生きとした個性のある人間が育っている。大学に入った後は、基本的には体育の授業はなくなり、学生達は自分が興味のあるスポーツを選んで、クラブ活動に参加する。各大学は毎年、一万人にのぼる高校生に体育特待生として奨学金を提供しており、有名大学では一校平均二〇〇人前後になる。高校生やその家庭にとって、それは大変魅力的である。こうした試みは、生徒の体力増強にも役立ち、生徒の個性や、自主性や創造性を発達させる上でも役立っている。

近代体育がわが国に入ってきた時、西洋各国はちょうど戦争や侵略の時代であった。当時、衰弱した中国は日本から軍国主義色の濃い体育を導入し、兵式体操が学校の中に取り入れられた。それは個性を抑圧し、服従を求めるもので、個人の自由や欲望は押さえつけられ、軽視された。こうした人文精神を欠いた体育運動が、今なお学校体育の中に存在している。一部の学校は、規律やルールを守らせるための訓練の場として、体育活動を位置づけていて、体育教師が補導員のような役割を果たしている。一部の学校では、体育の時間の三分の一から二分の一が、ルールや規律を遵守させるための教練で占められている。ひどい時は、〇〇メートル走れとか、〇〇時間立っていろとかいうように、懲罰手段として、強制的訓練が用いられたりすることもある。こんなことをすれば、体育の魅力は失われ、生徒にとって恐るべき「悪魔」となってしまい、体を鍛えるどころか、逆に人間性を破壊する手段に堕落してしまう。遠慮なく言わせてもらえば、誤った理解で体育を台無しにする者は、体育という神聖な殿堂から去ってもらわなければならない。

ここで体育評価を行うための体力テストについて、分析してみよう。体力テストで用いられる基準とは、生徒の運動能力や運動レベルに関する国の基準であり、生徒に対する期待を表したものである。しかし、一部の学校では、基準到達と体育を同一視し、基準に到達するための訓練に限定して、体育を行っている。基準に到達できない生徒は自分の興味を押し殺し、得意な運動を放棄して、基準に到達するために全力を挙げるようになる。実際には、体質と身体能力の個人差は大きく、全く努力しなくても基準に達する生徒もいれば、いくら練習しても基準に達しない生徒もいる。体育は、本来は生徒に力を発揮させ、精神をリラックスさせ、生気と活力をみなぎらせるものだが、そうした生徒が体育を嫌いになり、恐怖心を感じるようになるのは当然である。従って、学校体育で体力テストを実施することは必要だが、基準到達だけを金科玉条としてはならない。基準に到達しない生徒については、体育に取り組む姿勢や体質、ほかの部分での体育的才能などにより、現実的に評価すべきである。そうして、基準到達を教育評価の根本目標としないようにすべきである。

あらゆる運動に、構造や形式上の規範基準があるが、それらの規範の構造は画一的なものではない。それは、各種運動の特徴や、特徴が生みだす独特の美を示したものである。たとえば、体操は形や動作の美、陸上競技は速度や力の美を体現したものである。学校体育は、その教学目標や内容、構成、教学方法などが多様性を持ち、各個人に対応できるものでなくてはならない。生徒は多彩な体育活動の中で自分の特性や個性を伸ばし、そうした活動から自分を見いだし、受け入れるようになる。わが国でも、生徒の興味や好みを重視して、体育の授業内容を多彩なものにしている学校や、専門分野に応じて選択科目や特別科目を開設している学校がある。たとえば、地質学院で登山や荷物を背負っての行軍などを実施したり、商業大学でボーリングやビリヤード等も選択できるようにしたりしている。これは、健康や楽しみのためだけでなく、個性化教育という点でも効果があり、また卒業後の生活や仕事への適応という点からも意義がある。

初等中等学校では、生徒の個性に合わせて体育の授業を行い、生徒が自分の得意分野を認識して潜在能力を発展させ、自己の個性を高めるのに役立てるべきである。成績評価をもっと柔軟で多様なものとし、生徒一人一人が体育の授業で自分の居場所を確保し、楽しみを見いだせるようにすべきである。面白くない体育の授業は、生徒から歓迎されず、実効性もない。同様に、楽しくない体育訓練や競技は、選手の潜在能力を充分に発揮させることができない。中国サッカーチームが二〇〇二年のワールドカップ予選を勝ち抜いたのは、ミルティノビッチ監督の「楽しいサッカー」という理念の下で、選手みんなが努力したからである。彼は次のように語った。「今から、私の経験した楽しさを追体験してもらいます。合宿トレーニングに参加している皆さん、目をつぶって考えてみましょう。我々はワールドカップの競技場にいます。全世界からやってきたサポーターが発する怒涛のような歓声が聞こえてきましたね。その時、皆さんの体内で烈火の如く闘志がみなぎり極めて強烈な興奮がわき上がってきましたね。この楽しさを感じたいと思わない人はいないでしょう。こうした楽しさを実現するために、球を蹴るのです。」

首都体育学院の毛振明教授は、体育教学の改革方向について「子ども達の心の中で体育をよりすばらしいものと感じさせ未来の生活の中で体育をより有用なものとする」と語った。こうした考え方で体育指導をすれば、体育本来の魅力により、もっと多くの教師や生徒から受け入れられるようになるであろう。

理想の体育―八

学校体育と地域体育を有機的に結合させ、地域や民間の体育資源を有効利用するとともに、学校の体育施設を社会に開放する。

体育活動の習慣化や社会化は、学校体育改革の重要な内容の一つである。学校体育で優秀であった生徒が、卒業した後、身体の鍛錬をしなくなるというおかしな現象が起きている。大多数の生徒にとっては、体育のための体育であり、基準到達それ自体が目的になっているということだ。このことは、学校体育の過度の「学校化」や「教育課程化」と非常に大きな関係がある。体育活動を長く続けることこそ、現代人の心身の健康にとって不可欠であるはずなのに。

現代社会においては、生産のオートメーション化が進み、労働で消費する体力が次第に減少し、余暇時間が増加している。また、製造プロセスが次第にパッケージ化し、労働者の頭脳緊張度や心理的負担度が高まってきている。特に科学技術の発展は、人類に福音をもたらす一方で、環境汚染の深刻化、体力の低下傾向、肥満、高血圧などの「現代文明病」の増加といった、悪影響も与えている。こうしたことから、体を鍛え、心身のバランスを整えようという、余暇を利用した体育活動の需要が高まっている。また、若者や中高年の間では肉体美を追求する傾向が強まっており、高齢者にとっては健康が一大関心事である。体育の重要性は増している。体育は少数の専有物、少数のための趣味や娯楽ではない。もはや、現代人の生活に欠かせないもの、生涯必要な習慣となっている。

体育の本質という視点から言うと、体育には健康な体をつくるという役割のほかに、見て楽しい、やって楽しいという娯楽的な要素がある。優秀なスポーツ選手が見せる力と美の結合、勇気と智恵の対抗、卓越したテクニック、優美な姿、頑強な意志や戦いぶりは、模範・成功例として、多くの人を引きつける。それが刺激になって、各種の競技会やレジャースポーツの普及が進み、競技スポーツと学校体育、地域スポーツの結合を促進し、体育活動の裾野が広がっていく。

これまでは、学校で行われる体育を社会や家庭と切り離し、学校の中に閉じこめて考えがちであった。その結果、十数年も体育の授業を受けて、体育の課外活動にも何度も参加しているのに、卒業後の生徒達は、体育鍛錬を行わなくなっていた。上海体育学院の沈建華教授は次のように語っている。「高い塀で囲まれた閉鎖的な学校体育活動を、よりオープンなものへと変えるべきだ。レジャースポーツや保健体育、生活体育や競技スポーツを課外活動の中に組み込むようにし、学校体育と社会体育の垣根を取り払おう。学区に体育クラブを創設するなどして、学区体育という新しい体育活動モデルを構築しよう。そうしたことが、体育教学改革の主要な方向の一つとなるであろう。」

体育の生涯化や地域化、生活化に適応するため、学校体育は現代社会における体育の位置づけを充分に把握して、教学目標や内容を定める必要がある。「生涯体育」の原則に基づいて学校体育のあり方を見直し、学校体育と社会体育を有機的に結合させ、地域や民間の体育施設を有効利用するとともに、学校の体育施設を地域に開放して、学校内に多彩な体育文化や体育生活を創り上げ、肉体的、精神的にバランスのとれた生活への手助けとするべきである。

最近、国家体育総局と教育部は共同で『青少年児童体育健康活動の展開に関する通知』(《関於開展「億万青少年児童体育健身活動」的通知》)を発し、子ども達に多様な野外・屋外体育活動を提供するよう通達した。各地の実情に合わせ、冬休みや夏休みを利用して、冬には長距離走、春には遠足、夏には水泳、秋には登山といった具合に、様々な課外体育活動を行い、またキャンプやその他の体育健康活動を通して、大自然の中で子ども達の心と体を鍛錬し、人間性を高めることを求めた。

この方面については、上海の初等中等学校が成功モデルといえる。これらの学校では、体育の授業に、伝統的ないわゆる学校体育の項目のほか、地域や民族に伝わる運動、新しいタイプの運動を取り入れた。体育の基礎性、娯楽性、多様性を高め、より人間的な体育を実現しようと試みたのである。新しいタイプの体育とはマラソン、ボーリング、ビリヤード、ゴルフ、バスケットボールなどで、地域や民族に伝わる運動というのは、剣術、縄梯子乗り、鉄輪回し、山登りなどである。都市部の学校では、運動場や体育館、プールなどを定期的に地域に開放しているので、近隣住民が老若男女を問わず、一家を挙げて集まって、歓声や笑い声の中で滝のように汗をかきながら運動をする光景が見られる。これは、現在ではこの地域独特の風景になっている。

学校体育施設を社会に開放するには、学校の安全確保や施設整備などの問題が出てくる場合があるが、科学的に管理し、合理的に計画を立てれば、それほど大きな問題は起こらないであろう。実際、外国では多くの学校に「塀」がなく、体育施設は無償で近隣住民に開放されている。これにより、体育施設の利用率が高くなり、学校と地域の繋がりも強まり、自ずと生徒にもよい影響を与えるなど、効果は歴然としている。

古代ギリシア・オリンピアのアルフェイオス川の河岸の岸壁上には次のような標語が残されている。

聡明になりたければ、走ろう！
丈夫になりたければ、走ろう！
健康になりたければ走ろう！

私はこの標語を若干修正し、皆さんに捧げることにしたい。

健康な精神を望むのならば、体育活動に参加しよう！
丈夫な体を望むのならば、体育活動に参加しよう！
成功した人生を望むのならば、体育活動に参加しよう！
体育活動の習慣を望むのならば、学生時代から始めよう！

第四章　理想の美育

親愛なる友人の皆さん、あなたは初春の深緑に歓喜するだろうか？　明け方に水平線から顔を出す陽光に喜びを感じるだろうか？　シェークスピアやユーゴー、トルストイ、ロマン・ロランに心躍るであろうか？　ベートーベンやショパン、チャイコフスキーや冼星海、阿炳に感動するだろうか？　寛容で純粋な心を持っているだろうか？　人生という旅路での様々な出来事に笑いおどけることができるだろうか？　美しく善良な精神をお持ちだろうか？　人助けをしたことがおありだろうか？

自然や社会、人生によりもたらされるこうした楽しみや体験こそ、我々の生命の美しさを構成している。理想の美育なくして、こうした美しさは想像もできない。

理想の美育―一

「自然教育」即ち、自然を愛する心を育て、自然と調和し、共存することを重視する。

二〇世紀は、人類が自然を征服した最も輝かしい世紀であった。科学技術の進展という面から見れば、それまでの歴史で挙げてきた成果と同じくらいのものをこの一世紀のうちに成し遂げたといえるだろう。しかし、二〇世紀は自然破壊の「成果」も「最も輝かしい」世紀であった。河川や空気の汚染、森林破壊、酸性雨による被害、オゾン層の破壊なども、二〇世紀でピークに達した。これは、我々に自然に対するやさしさや美意識が欠けていたことと関係している。

エンゲルスは自然美を鑑賞する時、「身震いするほどの幸せ」を感じると言った。「船に乗り、船首でマストのロープを握りながら、船のキールに当たって二つに引き裂かれる波を一望してみよう。白いしぶきを上げる海面、逆巻く波濤がいつまでも続く。陽光が無数のきらめく鏡の中で反射してあなたの目に入る。エメラルドグリーンの海水が紺色の鏡のような大空や金色に輝く太陽と融け合って、何とも言えない絶妙な色合いを醸し出す――そこであなたの全ての憂い、周囲の敵やその狡猾な陰謀についての思いなどは雲散霧消し、自由で無限の精神、誇り高き意識の中にあなたは融け込む。」

こうした自然美に対する鋭敏な感受性、それにより生み出された「身震いするほどの幸せ」、それこそ、エンゲルスが偉業を成し遂げた精神力の源の一つではなかろうか。一九三五年五月に南昌の国民党監獄で、死に直面した方志敏〔一九二三年共産党入党、一九二七年弋陽横峰蜂起を指導、一九三五年国民党軍に捕らえられ処刑される〕は、鉄格子の遙か彼方にある「雄大な峨嵋、美しい西湖、優雅な雁蕩、秀麗な桂林の山水」などの美しい景色の数々、傲然と世界を見下ろし、人々から称讃される中国の自然の素晴らしさを思い起こしていた。祖国への愛が益々高まり、自己の信念をより確固たるものにした彼は、『愛しい中国』（《可愛的中国》）を書き上げ、最後には、死すとも屈さずの精神で、悠然と処刑場に向かったのだった。

理想の美育とは、自然と一体化し、そのスピリットを感じ取ることだ。中国古代の山水画家王微は、俗世界から超越した精神を獲得し、心を解放するための、自然美の意義について、「秋雲を望み、飛揚を感じ、春風を臨み、雄大さを思う」と述べている。フランスの啓蒙思想家ルソーは自然を崇拝し、「自然は美の観念の源だ、美は自然の中に存在し、自然美は人工美よりすばらしい」と語り、更に「人生のあり方は自然と密接な関係があり、大自然を深く愛する人間は、大自然の美を感じ取るのが最もうまい鑑賞者である」とも述べている。確かにその通りである。自然界の一草一木、山水のいずこにも美はあり、鑑賞の対象である。それらは生活の煩わしさを忘れさせ、生命や愛に対する渇望を呼び起こす。理想の美育は、書物の「小さな世界」から跳びだして、大自然の中に融け込み、大自然の懐の中で、その温かさやスピリットを感じ取ることである。

そうだ、自然美は人の心を愉快にし、生命に潤いを与えてくれる。秀麗で、優雅で、柔和な景色、水の如き月光、緑の畑、ちょろちょろ流れる渓流、淡い黄色のしだれ柳の小枝などは、安らぎと心地よさをもたらす。怒涛の大海原、勢いよく流れる長江、険しい断崖などの壮麗で荒々しい景色は、伸びやかで愉快な心持ちにしてくれる。大自然の雄大さや壮麗さに、人々は賞賛を禁じ得ない。

しかし現在、我々の生徒は大自然から離れて久しい。我々が生徒を教室の中に閉じこめて「美育」を行う時、生徒は「両個黄鸝翠柳」（「両個の黄鸝《こうり》　翠柳に鳴き」唐・杜甫「絶句」の一節）も、「炊煙四五家」（「水曲山隈四五家、夕陽煙火隔蘆花。水の曲《くま》　山の隈《くま》　四、五の家　夕陽の煙火　蘆花を隔《へだ》つ」宋・徐積「漁歌子　漁父楽」の一節より）も、「驚涛拍岸」（「驚濤　岸を拍ち」宋・蘇軾「念奴嬌」の一節）も、「春風が野原に接吻するなごやかさ」も、「秋雨が木の葉をたたくもの悲しさ」も、どんなことか全く分からない。大自然こそ最高の「美育教材」であり、美育の源なのである。美学の大家である宗白華は「ロダンの彫刻を見て」（「看了羅丹彫刻以後」）と題した一文の中で、次のように感慨深げに書いている。「大自然の中には不思議な活力があり、その活力によって太古の昔に生物が生まれた。生物が生命倫理や情緒、感性をもつ存在へと進化したのも大自然の活力によるものである。こうした活力こそ生命の源泉であり、一切の美の源泉でもある。」スホムリンスキーは『まごころを子ども達に捧げる』と題した本の中で、次のように述べている。「私が全力で取り組んだことは、子ども達が本を開いて最初の一文字を読む前に、まず世界で最も美しい書物、大自然という書物を何ページか読ませることである。――田畑に行き、公園に行き、源泉の中から思想をくみ取れば、生命の活力がとけ込んだ水はあなたの生徒を聡明な探索者、真の知を探し求めてよく勉強する人、詩人にしてくれるだろう。何度でも口を酸っぱくして言わせてもらうと、詩心や美への関心が薄い子どもに、充分な知的発達は望めない。子どもは、本能的に詩作への欲求を持っている。美と活発な思考は、陽光と花びらの如く、有機的に結びついている。詩の創作は美を見ることから始まる。大自然の美は知覚をとぎすまし、創造的思考を刺激して発達させる。」そこで、私は次のことを強く訴えたい。生徒を大自然の中に踏み入らせ、全身全霊で大自然という書物を読み解かせよう。大自然に対する自発的な親近感がなく、大自然に融け込もうという気持ちがなければ、理想の美育はありえない。

現在、自然美育に対して、誤った考え方が二つある。一つは、生徒が自然の中に入っていくことを心配しすぎることである。一部の学校は、安全性が確保されないとして、遠足をはじめとする自然に親しむ行事をやめている。地方によっては、教育行政部門が禁じたりしている。第二は、全ての野外活動に「教育的意義」を求める考え方である。「郷里の大きな変化を理解しよう」「祖国の山河の美しさを感じ取ろう」「環境保護の重要性を認識しよう」といった具合である。そうした遠足は、義務として生徒に感想文を書かせたりする。こんなことをしていたのでは、自然美を感じ取ることが重い負担になってしまう。実際には、自然に近づくこと、自然美自身を感じ取ることこそが、即ち教育なのである。

小さな橋の下を水が流れる幽雅な情緒も、大河が東に向かう雄大で迫力ある景色も、また朝日が昇る時の小さな草の上の一個の露の玉も、或いは夕暮れ時の原野の一筋の炊煙も、いずれも自然や宇宙に対する親しみや崇高さを我々にわき起こさせてくれる。「我々は自然の子どもであり、宇宙の揺りかごの中で寝そべっている。」（冰心『無数の星』（《繁星》））

理想の美育―二

「生命美育」即ち、あらゆる生命を慈しみ、輝かせることである。

顧城の詩「闇夜は私に真っ黒な目を与えたが、私はそれで光を探した」は大変有名だ。復旦大学の弁論部員は、シンガポール大学生弁論コンテストにおいて、この詩で話を締めくくり、優勝した。この詩は、生活に自信を失った多くの青年に勇気と力を与えてくれた。しかし、この命を詠った詩人は斧で自分の妻を殺害し、自らも首を吊って死んだ。美しい詩を作る人が、貴い命を奪ってしまったのは、真の生命意識の欠如のせいであろう。

科学の進歩に伴い、現代人は自身の生命を非常に重視するようになった。クローン羊「ドリー」の誕生は、自然科学としての生命科学の急速な発展を促したが、社会科学者の間でも強い反響を引き起こし、生命論理学、生命法学、生命美学などの新しい学問分野が次々と生まれた。そのうち生命美学は審美教育、素質教育と結合して、新しい美育――生命美育を切り開いた。その創始者の一人姚全興〔上海社会科学院哲学研究所研究員、上海市作家協会会員、小説家〕は生命美育を次のように説明している。「生命について関心を持つこと、命の力強さや美しさを思うこと、生命を芸術的、哲学的レベルで考えることで、つまりは我々は新たな次元に到達したのだ。」

生命美育を通して、生命こそ美であり、自己の生命こそ美の傑作であり、自分の生命を誇りに思うべきだということを、生徒に分からせる必要がある。我々の容姿や体格はみな異なり、生まれも育ちも違っているが、みんな「人」である。我々はその事を誇りに思うべきである。各人の生命が作り上げる個性は、絶対に唯一無二のものである。しかも、それぞれの命は絶対に代替がきかない、神聖なものなのである。個性豊かな命が無数に存在するからこそ、この世界は生き生きとし、まばゆく輝いているのである。

我々は更に、命の成長していく過程を生徒に感じ取らせ、その時々に表れる美しさを楽しむことを教えるべきである。二〇年余り前の小説『晩霞が消失する時』（《晩霞消失的時候》礼平著）で、主人公は次のように語っていた。「人は、人生のそれぞれの段階で、様々なものに出会う。その時々で幸せの形は異なるが、いつだって大切で大きなものであることに変わりはない。幼い頃に受けた両親の愛情、好奇心が満たされた満足感、成長してからのプライドの芽生え、熱い恋、大人になってからの必死の努力と成功の喜び、老年に至っては、後輩から尊敬を得ているという自負、人生を振り返ったときの、後悔や恥じるところなしという安心感、充足感それら全てが人生の幸福を構成する。それらは、いずれも我々に大きな喜びをもたらし、人生の大切な思い出になる。」これは、人生の様々な段階における幸福を示しているのと同時に、生命の輝きもあらわしているのだ。

ここ数年、子どもの自殺や殺人の報道が驚くほど増えている。大人にとってはささいな事であっても、子どもにとっては大切な生命を自ら断ったり、他人の貴重な生命を奪ったりすることにつながるのである。こうした現象に対して、教育者や専門家はしばしば教育体制、思想教育、メンタル部分の教育といった方面から分析する。そのこと自体は正しいのだが、それだけでは不充分である。我々は更に生命美育の不足という観点からこの問題を分析する必要がある。生命を全く大切だと思わない人がいたとしたら、非常に恐ろしいことだ。我々の教育は現在、あまりにも現実を直視しすぎ、社会の闇をそのまま「実況中継」したものを見せたり、苛酷な進学競争の中で子どもの「生存能力」を訓練したりしている。「苦しみをたくさん味わうほど人の上に立つ人になれる、それが理想の教育だ」と考えたり、大金を儲けて美女を娶るために勉強するのだといった「身近な利益」で子どもを誘導したり、暴力や殺人シーンを映画やドラマ、アニメでたくさん見せたりすれば、子どもの心の中に鳥を追いかける雲も、原野の風に舞う花びらもなくなる。子どもの意識の中で、純真さや純情さはなくなり、童話も夢想もなくなり、生命を大切にしようという深い気持ちもなくなり、人生への憧憬や前向きに生きようとする気持ちもなくなってしまう。その結果、小学生が同級生の心臓に刃物を突き刺したり、中高生が母親の頭や首に木槌を振りおろしたりといった事件が発生している。

刃物で殺人を犯す子どもは、もちろん少数派である。しかし、小さい頃から世の中に嫌気がさして、冷酷な感情を抱くようになった子どもは、めずらしくはない。本来は、生きることを楽しむべき年齢でありながら、生命に対する驚くべきマヒ、或いは蔑視の感情をむき出しにする。そうした子どもに、自分や家族、周囲の人々に対する最低限の責任感を期待できるだろうか？

生命を大切にするとは、人間の生命だけでなく、地球上のあらゆる生き物を大切にすることでもある。子ども達が無邪気な様子で昆虫同士を戦わせて楽しんだり、ミミズを踏みつけてもがき苦しんでいるのを見て楽しんだり、傷ついたコウモリがぶるぶる震えるのを見て楽しんだりしている光景を目にすることがある。そうした子ども達は、学校でどんなに成績がよく、ふるまいが立派であっても、人格に欠陥がある。生命を大切に思わない子が、我々が期待するような真に美しい心を形成するとは考えられない。台湾の野良犬保護センターのホームページには次のような言葉がある。「撲殺、生き埋め、電気ショックなどという残酷な方法で行われてきた野良犬の処理は、悪い手本の極めつけのようなものだ。弱い命をもてあそび、傷つける。目障りだから殺す。我々の生活に邪魔だから殺す。価値が無いから殺す。そうしたことを見てきた人々は、血も肉もある生命が傷つき泣き叫んでいるのを悲しく思うどころか、当然だとすら思うようになった。」生命の美を真に愛でる人は、動物虐待などしない。彼らは、人間中心の環境保護観念すら乗り越えて、全ての生命を美の対象と見なすようになるのである。

生命美育の目的は、生命がこの上なく大切なものだという美的価値を生徒に理解させることにある。成長することの喜びを感じ、他人や人類以外の生命も尊重するようにさせる。そうしてはじめて、我々の生徒はどのような挫折を味わおうと、命を粗末にしなくなるだろうし、どのような状況にあろうと、自ら生きることの楽しさを感じ取ることができる。これこそ、我々の生命美育が到達すべき最高の境地である。

理想の美育―三

「生活美育」即ち、生徒に、情熱を持って生活を築き、生活の主人公となるよう指導する。

ベートーベンの交響曲は、今なお人の魂を揺さぶる力を持っている。壮麗な旋律を作り上げたベートーベンは、生活の中から美を感じ、それを楽しんだ人物である。「生活はかくもすばらしい、一〇〇〇回でも生きたいものだ！」この言葉を発した時、ベートーベンは既に両耳の聴力を失っていた。生活美に対する愛着がなければ、「運命」や「英雄」などを作曲することはできなかったであろう。

生活とはそれほどすばらしいものだ。生活を愛さなければ、生活の美に感動して興奮することもないであろう。フランスの文学者カミュは『異邦人』という小説の中で、ムルソーという会社員を描いている。彼は生活の全てに冷淡で、恋愛にも、自分自身の死についても関心を持たなかった。そうした感覚器官のマヒや心理的「不感症」に陥ると、人の生活は異常に貧しく、単調で乾ききったものになり、次第に周囲の人や社会、自然から遠ざかるようになり、最後には世界全体から遠ざかる。我々の教育は、新たな「ムルソー」を生み出さないようにすべきである。

私が理解する「生活美育」とは、生徒に自分の生活に目を向けさせ、平凡な生活の中に美を感じ取り、生活を愛し、よりよい生活を創造したいという欲望をかき立てることである。しかし、現在の美育は生活美育を軽視している。子ども達の多くは、小さい頃から生活に自信を失い、何事に対してもやる気がなく、一旦挫折すると力なく「面白くない、生きていくのは疲れる」などとつぶやいたりする。彼らは人生のスタート時点で既に精神的に萎縮している。こうした生徒に対して、我々は理想を教える教育だけでなく、「挫折教育」といったものも行うべきである。更に言えば、「生活美育」という方向から、生活における楽しさとつらさ、成功と失敗、何をやってもうまくいく上り調子な時期と、すべてがうまくいかない時期などとそれぞれうまく付き合っていけるように指導すべきなのである。

フランスの芸術家ロダンは「生活の中に美が欠けているのではない。欠けているのは美を見出す目である」と言った。生活の美を味わうのに長けている人は、逆境の中でも、決して打ち負かされることはない。第二次大戦中のドイツの強制収容所では、ひたすら女性の麦わら帽を編むといった単調な生活が囚人に課せられた。囚人達は独房の中で毎日こうした労働を繰り返しやらされ、苦悶や憂いの中で病気になって、死んでいった。しかし、多くの人が早くその日の仕事が終わればいいのにと思いながら、毎日のノルマをこなしている中で、それを苦しみと感じず、むしろ喜びを見出して、編み物を積極的にやる活動家もいた。彼は、編み物はそれ自体が味わい深い生活の一部分であると思うようにした。その結果、彼は孤独や単調さに打ち勝ち、気力に満ちたままで牢から出ることができ、またレジスタンス活動に復帰した。

同じ境遇にあっても、生活に対する感受性が異なれば、到達する境地も異なる。

我々の生徒に、生活の美は生活それ自体の中にあるのであって、生活の外にあるのではないということを理解させるべきだ。魏巍〔現代詩人、小説家。朝鮮戦争の戦場レポート『誰が最も愛すべき人か』は大きな反響を呼び、「最も愛すべき人」はポピュラーな兵士への呼びかけとなった〕の散文『誰が最も愛すべき人か』（《誰是最可愛的人》）の最後の段落に次のような言葉がある。「親愛なる友人の皆さん、あなたが始発列車に乗って工場に出勤する時、鋤や鍬を手に田畑へ行く時、一杯の豆乳を飲み干して、カバンを持って学校に向かう時、机に向かって今日の仕事を始めようとする時、子どもの口にリンゴを押し込む時、妻や夫と一緒に散歩する時――友人の皆さん、あなたはそうした時に幸せだとお感じになりませんか？」これこそ生活の美である。また、生活の美と、よい生活とはイコールではないことを教えなければならない。生活の陰影や曲折、苦境といったものも、生活を構成する部分であり、生活の彩りである。しかも、我々は自己の行動を通じて、生活の美を創造しさえしている。イタリアの作家アミーチスの『クオレ～愛の学校～』では、寒い朝に登校しようとしない子エンリーコに対して、父親は次のように語りかける。

毎朝、学校へ行く時、こう思ってごらん。この時、この市内で、自分と同じように三万人もの子どもが学校に行こうとしている。世界各国で数千万もの子どもが学校に行こうとしている。ある子ども達は数人ずつグループになって清々しい田畑を歩き、ある子ども達は賑やかな町中を歩いていく。川辺や湖畔に沿って歩いていく子、ぎらぎらした太陽の下を歩く子もいれば、寒々とした川を小舟で渡る子もおり、雪上をそりに乗って通う子もいれば、渓谷を渡る子、山を越える子、森林を抜ける子、急流を渡る子、寂しい山道をとぼとぼ歩く子、馬に乗って広々とした原野を駆ける子もいる。一人で歩く子もいれば、二人で歩く子、列を作って並んで歩く子もいる。服装も人それぞれ、話す言葉もそれぞれに異なる。氷で閉ざされたロシアから椰子の木が茂るアラビアに至るまで、数千万の子ども達が本を脇に抱えて、同じような事を学び、学校で同じように授業を受けている。こうした子ども達が全部集まればどのくらい大きな集団なるか、想像してごらん。こんなに大きな集団がどのくらい大きな活動をしているのか、想像してごらん。こうした大きな活動がなくなれば、人類は野蛮な状態に戻ってしまう。この活動こそ、世界の進歩であり、希望であり、光栄なのだよ。だから、しっかりしなさい。君は大軍隊の兵士であり、書物は君の武器だ。君のクラスは分隊のひとつで、戦場は全世界だ。勝利は人類の文明だ。エンリーコ、卑怯な兵士にならないでおくれ！

朝、学校へ行くという見慣れたささいなことでも、父親は気力がみなぎる美を感じさせ、人類の進歩という美を創造することができた。生活の中で知らず知らずのうちに子どもに美を感じさせ、発奮する勇気を与える。これこそ「生活美育」なのである。

従って、美を生活の中に見いだす教育を通じて、我々の生活を永遠に陽光が満ちたものにするよう、私は主張する。私はかつて蘇州市聾唖学校の「共に陽光を浴び、共に愛の心を捧げる」という催し物に参加した。その中の「夢紅」というダンスに私は大変感動した。そのダンスは、たくさんの聴覚障害児と三人の視覚障害児が赤色に対するあこがれ、よい生活への真摯な思いとあこがれを表現したものであった。よい生活の象徴である赤色は今も、私の目の前に浮かび上がり、生活を大切にし、愛するよう、私を鼓舞する。

北京師範大学教の李范らは『美育の現代的使命』（《美育的現代使命》）という本の中で、生活の質の向上における「生活美育」の意義を高く評価している。生活が最もよい芸術品になる日こそ、生活が人生で最もよい楽しみになる時だ。生活はもはや苦役ではなくなる。たとえ苦痛や試練があったとしても、災難に見舞われたとしても、人々は勇気と確固たる信念を持って、正面から立ち向かうことができる。この時、「苦痛や災難は人間性の尊厳をアピールし、人間本来の力量を実証・発展させる最良の舞台になり、その積極的な一面を明らかにし、人生は芸術的人生となる。こうした人生こそ、生活の最高の境地である。」

理想の美育―四

「芸術美育」即ち、芸術を愛し、鑑賞するとともに、一定の技能をも身につけるようにする。

理想の美育には、芸術の助けが必要だ。全面発達という面から見れば、生徒は教科書から豊富な知識を身につけ、健康な心身を作っていく以外に、芸術に関する技能をある程度身につけることも必要である。というのは、芸術は、心を豊かにし、健全な生活へ導くものだからだ。学校教育の視点から見れば、生徒に美術や音楽に関する基礎的知識を教えるだけでなく、彼らが実際に芸術的な活動をし、単なる美の傍観者ではなく、美の体験者となるようにしなければならない。従って、理想の美育は、物事をわきまえるようになるのを待たず、赤ちゃんの時からやるべきものである。社会は環境を整え、芸術教育を後押ししていくべきである。余裕のある家庭では、情操教育として、子どもにピアノやバイオリン、書道、絵画などを学ばせ、才能を花開かせようと努力している。初等中等学校では、主に素質教育として生徒が芸術に関するレッスンを受けられるようにしている。課外時間をフルに利用して、読書、書画、ブラスバンド、新体操、合唱、器楽、ダンス等、様々なクラブ活動を行っている学校もある。こうした活動を通じて、生徒の情操を陶冶し、ピアノ、囲碁、書道、図画等の才能を育成している。それが、生徒の余暇生活を充実させ、自らの美的感覚を養うことにつながっていく。

しかし、私が憧れる芸術美育は、これらにとどまらない。子どもに楽器を教えることは必ずしも芸術美育だとは言えない。中国音楽協会副主席の王立平は次のように語っている。「美育の主要目的は、笛を吹いたり太鼓を叩いたりといった技能を養成することではなく、文化的な生活習慣を身につけさせることにある。楽しみのない日が一日でもあってほしくないと言う人もいれば、おいしいものを食べない日が一日でもあってほしくないと言う人もおり、表現は様々だが、ともかくそうした習慣の育成には、保護者や学校、環境などが関わっている。そこに、ある種の功利的な不純物が混じり込んでくることがあるかもしれない。」

子どもにひたすら楽器の練習をさせるとしたら、それは芸術美育ではなく「技能訓練」だというほかない。「芸術美育」とは何か？　「技能訓練」とは何か？　余秋雨教授〔芸術理論家、中国文化史研究者、散文家。上海戯劇学院の院長であったが、中国をはじめ世界各地の文明の跡を自分の足でまわるという壮大な計画のために辞職、散文作家へ転身した〕が芸術系大学院の入学試験で経験したささやかな出来事から説明してみたい。ある年の試験に、ヨーロッパのモダンアートを載せて、感想文を書かせてみた。ある受験生はその絵が描かれた年代や所属流派、画家の生い立ちを記したが、絵画自体の感想としては「筆づかいがきびきびとし、色彩が鮮やかだ」程度のことしか書かなかった。別の受験生は、その絵がどの国のどんな画家の手によるものかといったことには全く触れず、画家の内面を充分に感じ取り、自分の子ども時代の出来事にまで触れて、感想を書いた。余秋雨はこの受験生を合格にした。余秋雨は「私はこの受験生の芸術に対する深い感受性を賞賛する」（『文明のかけら』《文明的砕片》）と述べた。余教授が言う「芸術に対する深い感受性」こそ、我々が「芸術美育」で生徒に教えるべきものなのである。

現在、我々の生徒の中には、芸術科目は得意でも、芸術を分かっていない者がかなりいる。その原因は、例えば、芸術科目が入試の加点要素になるなど、「芸術訓練」が多少なりとも功利的性格を有するからである。芸術系の特別クラスを設けている学校もあるが、保護者や教師はそれを功利的視点から見ている。芸術を追求する動機が不純な人は多い。彼らは芸術の勉強や技能習得を生活の手段と考え、芸術に秀でることが名を成すための近道だと考えている。だから子どもが大成する可能性があると見れば投資を惜しまないが、大器になりそうもないと分かれば、すぐやめさせる。このような目先の利益だけを追う行為が目に余る。中には、自分のできなかったことを全て子どもにやらせようという、独りよがりな保護者もいる。ピアノや書道などを無理やり子どもにやらせる保護者は、口では情操教育のためだと言いながら、実際には子どもを苦しめながら自分の「芸術への夢」を満たそうとしているにすぎない。芸術の門をくぐったばかりで、殿堂へ向かう道筋さえ見つけられていないのに、子どもにやたらと検定試験を受けるよう求めて、間違った方角へと導いてしまう保護者もいる。こうした功利的行為は、子どもの創造意欲を押しとどめ、創造力の発揮を阻害する。私は、子どもが芸術的技能を身につけることに反対しているのではなく、そうした技能をあからさまに功利化と結びつけることに反対しているのである。これらは芸術のあるべき姿、美を愛でる気持ちからかけ離れている。私は、子ども達が足取りも軽やかに、純粋な童心を抱いて芸術の殿堂に踏み入れるようにと願っている。

功利の呪縛から解き放つことを前提とした上でなら、子ども達が楽器や書道、ダンス、絵画等に親しむのはよい事である。しかしそれだけでなく、流行に流されやすい時代にあって、李白、杜甫、タゴール、ユーゴー、シェークスピアを読み、徐悲鴻（現代画家、美術教育家。日本、フランスに留学し、中華人民共和国成立後は、中華全国美術工作者協会（現・中国美術家協会）主席、中央美術学院院長などを歴任した）、斉白石（画家、書家、篆刻家。現代中国画の巨匠と評される）、ピカソ、ルノアール、ロダンにも親しみ、「春江花月夜」（張若虚作。初唐の自然を詠った名作と評される）、「二泉映月」（中国の伝統楽器二胡の曲。阿炳作）、「梁山泊と祝英台」（中国の四大民間説話の一つとされる恋物語。京劇をはじめ、ドラマ化、映画化されているほかバイオリン協奏曲、ピアノ協奏曲なども作られており中国の大衆に根強い人気がある）、「美しく青きドナウ」「田園交響曲」等に心酔するようになってほしい。特に、中国の古典劇、伝統劇を楽しむようになってほしい。昆曲、越劇、京劇などは国宝級の芸術で、何百年も経て形成された珠玉の芸術である。それらの中にわが民族の文化の精華が詰まっており、我々の芸術美育は子ども達を演劇ファン、「劵友」になるように育てるべきである。

芸術の美とは、真を基礎とし、善を前提とするものである。従って、芸術美育の目的は、芸術の美を通じて生徒を真善美の境地へと導くことにある。

理想の美育―五

「立体美育」即ち、大局的な視野を持ち、広がりを持った美育のモデルを形成し、社会全体に美育養成の雰囲気を構築する。

伝統的な美育モデルとは、美術や音楽の授業で行われてきたような、単純で平面的なものであった。私は、それでは全く不充分だと考える。美は我々の生活空間のどこにでも存在する。美育が行えない場所というものはない。

学校の教育プロセスのあらゆる段階に、社会、家庭、学校のあらゆる空間に、どこにでも美育の成分は詰まっている。従って、理想の美育は全方位的で立体的なものにしなければならない。スホムリンスキーは語っている。「我々は、そうした美を愛し美を大切にする考え方を生徒の精神生活の全領域に、頭脳労働や肉体労働の中に、創造活動、社会活動、道徳的観念、友情や愛情に浸透させるべきである」（『教師への提案』）。私の考えでは、この「全領域」中には生徒のあらゆる生活空間と時間が含まれる。

「立体美育」とは、まず美育と徳育、知育、体育、労働教育の融和を意味する。専門の美育はやはり必要だが、徳育、知育、体育、労働教育の中にも美育を融け込ませるべきである。徳育においては、抽象的な道徳観念のお説教を改めて、生き生きとした形ある美にふれさせるようにする。生徒は美を楽しみながら、次第に真や善の追求に目を向けるようになる。知育に美育を融合させるとは、知識育成能力を形成していくなかで、科学の美、智恵の美、創造の美を感じ取らせ、発見の喜びや論理的なものの美しさを体験させることを指している。体育に美育を取り入れたならば、動作の型や競技のルールを習得すると同時に、健康の美、肉体の美、力の美といった体育特有の魅力が体験できる。労働教育とともに美育を行えば、マルクスが言うところの「労働が美を生み出す」ことが実践の中で感じられ、理解できる。これには、自分の手を使った労働によって美を創造することも含まれる。

「立体美育」にはまた「隠れた美育」という面もある。「隠れた美育」とは、教育者が教育過程の中で美を追求し、教育課程の中に美をちりばめることを指す。そうした美を生徒は楽しみ、知らず知らずのうちに感化されていく。たとえば、教師の整った身なり、優美な言葉使い、和やかでくつろいだ人間関係、生き生きとして活発な授業などといった美的雰囲気に包まれていれば、生徒達はそれらを吸収し、知力の向上とともに品位も育成される。音楽や美術などの専門の芸術教育においても、基礎知識を教えるだけでなく、授業そのもの（実技レッスンを含む）が生徒を引きつける美しさを持つようにしなければならない。

「立体美育」には、更に校庭、教室といった環境の美しさが持つ影響力も含まれる。美しい環境は、「声なき美育」として、知らず知らずのうちに生徒を導いていく。残念に思うのは、一部の学校が、ホテルやショッピングセンターのように、テラゾーの床、大理石の柱などを用いた豪華な施設を作っているが、本物の蔦を排除していたり、明るい廊下の壁に指導者が学校を視察した時の写真や題辞ばかりを掛け、雅やかな中国画や油絵がないということである。スホムリンスキーは、彼のパヴルィシ中学を自慢して次のように述べている。「我々は、子ども達が美の具体的イメージを蓄えていくことを大変重視している――我々が環境美に関心を持つのは、この点に着眼してのことである。子ども達が校門を入ってから目にするもの全て、触るもの全てが美である。木々が青々としている学校の全景が美である。緑の葉に映える琥珀色の葡萄の房も、通路両側に植えられたバラも、美である。学校果樹園のよく繁った果樹は、四季を通して美しい。野ブドウの蔓がからまった学校の正門玄関も美である……」（『パヴルィシ中学』）。蘇州平江実験学校も、環境美育に力を入れているモデル校である。学校全体が木に囲まれており、構内のあちらこちらに花壇や築山、池などが配置されている。古色蒼然とした本殿があり、樹齢二〇〇年を越える一八本の銀杏の木が趣を添える。すべての道が格調高い優雅な名前を持ち、建物には詩趣溢れるマークが付けられ、各教室に風格のある表札を掛けている。「銀杏娃（いちょう人形）」をマスコットとする芸術集団を組織して、「銀杏娃の歌」や「銀杏娃の舞」などをつくっている。このように濃厚な文化芸術的な雰囲気の中で、学校美育が進展しており、それと同時に教育レベルも高まっていて、評判になっている。

こうした人を陶酔させる環境の中で生活し、学習する子ども達は、美しい精神世界を持つことができる。中国でこのようなきれいな学校が増えることを願っている。

更に言えば、「立体美育」には、学校、家庭、社会が足並みをそろえることも重要である。学校が孤立した状態で美育を行ってもあまり効果は期待できない。学校は、家庭や社会の力を借りて、初めて成功を収めることが可能になる。保護者は美育の啓蒙者として、子どものピアノのレッスンに付き添うだけでなく、家庭の中でもクラシックの名曲を流したり、文学の名著を揃えたり、世界の名画を飾ったりして美育の環境を整えるべきである。社会も、美のエッセンスをなるべく多く提供する方法を考えなければならない。たとえば、美術館や博物館を子ども達に無料で開放できないか？　芸術家に、子ども達のための美学講座をボランティアでやってもらえないか？　子ども達も都市建築の設計に参加させてもらえないか？　芸術をテーマとする公園を作れないか？　芸術的特色や雰囲気を有する街並みを作ってもらえないか？　といったようなことである。

「立体美育」は、美育の対象である生徒達が、美を担う者、美を体現する者になっていくという点でも重要である。つまり、生徒は美育を受けるとともに、身なりに気を遣うなどという面では美育の環境の一部分ともなり、美育の素材となるのだ。

理想の美育──六

「模範美育」即ち、教師をモデル、導き手として、生徒を美しい人生へ向かわせる。

「立体美育」には更に、内容の充実、ネットワーク化、多様性といったものを持たせたい。そうしてはじめて、我々の美育は空気や日光、水と同様の、どこにでもある存在となる。

ヘーゲルはかつて「教師は子どもの理想である」と語った。最も効果的な美育は、教育者が生徒に自然な形で影響を与え、感化し、範を示すことである。「美」から遠く離れた教師に、効果的な真の美育ができるはずがない。

私の思う理想の美育教師とは、尊敬に値する人格と外見を持ち、芸術的な教授法を体得していると同時に、芸術の鑑賞眼も持ち合わせている人物である。

優れた美育教師を目指すならば、まず「正しい人格」を自ら育むべきである。外面的な容姿の美しさは一時的なものにすぎず、正しい人格を有して、はじめて教育者は永遠に美しくあることができる。正しい人格には様々な側面があるが、毎日子どもと接する初等中等学校の教師としては、童心を持つことが大切である。純朴、誠意、自然、率直な童心である。経験を積んで人は成熟し、世事に長けていく。知識は教養を与え、挫折が臨機応変な智恵をもたらす。しかし、そういったことを身につけてきた大人であっても、教師であるからには、真善美を真摯に追求し、「偽」「悪」「醜」と決して妥協せず、燃えるような情熱と真っ直ぐな心を持つ必要がある。教師となって初めて生徒達の前に立ち、数十の目で見つめられたら、わざとらしい振る舞い、如才のなさ、要領のよさ、いいかげんな気持ち、鈍感さ、世をすねた態度……そういったものは、純粋無垢な生徒達にすぐ見破られる。と同時に、教師の存在が、彼らの心に暗い影を落とすことになる。誠意は誠意によってしか呼び起こせず、善良さは善良さによってしか培えず、美も美によってしか育まれない。そのため、ルソーが『エミール』で「天真爛漫な子ども達に善悪を教える時、自分自身が子どもを誘惑する魔物にならないでほしい」と教育者を諫めた。

優れた美育教師を目指すならば、更に「様《さま》になる風貌」を持たなくてはならない。「様になる風貌」とは何か？それは、教育者の身なりが様になっていること、教育内容が様になっていること、教育環境が様になっていることである。マカレンコ（帝政ロシアからソビエト社会主義連邦共和国に変わっていく時代のロシアの教育者。ソビエトの集団主義教育を体系化した）は次のように語っている。「外見は非常に大きな意味を持っている。不潔でいいかげんな人が自分の行いに気を配れるとは思えない。」以前は、身なりはどうでもいいと思っている教師が多く、不潔感を漂わせるものもいた。現在の教育者は、真（知識）を教えるだけでなく、善（道徳）への引率者であり、美の体現者でもあるので、身なりには充分に注意すべきである。職業柄、教師の身なりは「わたくしごと」ですまされるものではない。ある意味で、教師の身なりも美育の環境の一部であり、素材の一種なのである。たとえば女性教師が厚化粧をし、まばゆいネックレスを掛けていたり、男性教師がみっともない格好をしたりしていたのでは、教育に悪影響を及ぼす。教師は、元気はつらつとし、質素かつ清潔で、きちんとした身なりを心がけるべきである。

優れた美育教師ならば、更に芸術的な教授法を有すべきである。教師は、豊富な専門学識と熟練した教育技術を有していれば、芸術的に美しい教授法まで有していなくてもいいかもしれない。しかし「教育職人」であることに甘んじたくないのであれば、芸術的に美しい教授法を追求すべきである。芸術的に美しい教授法とは、教えるときの言葉遣いの美しさ、教え方の巧みさ、教授に対する情熱、雰囲気のよさなどである。ある教師の授業を聞くことが楽しみだと生徒が言う時、それは、その教師が知識を分かりやすく教えているだけでなく、春風のような美を生徒に運んでいるのである。李政道〔中国系アメリカ人物理学者。一九五七年度ノーベル物理学賞受賞〕が中国の大学で「現代科学の趨勢と最新動向」と題する講演をしたとき、古今東西を縦横無尽にかけめぐる彼の話は、聴衆を遥かな過去に誘い、また太平洋の向こう側へも連れて行った。聴衆は教室にいることを忘れ、彼の話とともに心を飛ばした。講演後、ある学生は次のように話した。「彼の話は、あたかも船の如くで、聴衆はエネルギッシュな知識の奔流に乗せられたのだ。彼は颯爽としているとともに、優雅で、教養の高さが感じられた。よく笑い、口角の上がったところがユーモラスだった。彼は終始動き回り、あちこちを見ながら語りかけていた。ただ黙って立っている瞬間もあったが、みんな何を話したいのか理解していたので、彼の表情だけで大笑いした。本当に満足した。」

更に、優れた鑑賞眼があるとよい。教師にあらゆる芸術的技能を求めるのは、現実的ではない。しかし、一つでも身につけていれば、教育に役立つことは請け合いである。しかも、それは一種の潜在的な美育となる。一九八〇年代、四川省にある若い学級担任がいた。彼の学級作りは、特に文化娯楽活動に特色があった。自身はたいした芸術的才能を持っていなかったのだが、ハーモニカができ、世界の名曲や合唱曲を聴くのが好きな音楽愛好家であった。それで、彼は生徒にハーモニカを買わせ、放課後に吹き方を教えた。クラスの生徒はみなハーモニカができるようになり、ハーモニカ楽団を結成した。それを基礎として、彼は生徒に世界の名曲を鑑賞させ、生徒達を合唱コンテストに参加させ、彼自身が指揮を務めた。更には有名な作曲家谷建芬の指導の下、学級歌を創作した。音楽は集団主義教育の助けとなり、生徒の諸方面での発達に役立った。このクラスこそ、後に全国的に有名になった「未来学級」であり、この学級担任こそ、『愛と教育』(《愛心与教育》)『魂に向かって』(《歩進心霊》)等の教育論著で全国精神文明建設「五つの一」工程賞、冰心文学大賞を受賞した青年教育家李鎮西博士である。ここで、スホムリンスキーの言葉をあらためて引用したい。「美や芸術を欠いた教育など、想像もつかない。なにか楽器が演奏ができれば、教育者としてのあなたに非常に役立つ。音楽の素質が多少でもあれば、教育者としては国王、支配者のようなものだ。というのは、音楽は教師と生徒の親近感を増加させ、生徒の心の中の最も奥深いところまで教育者の目の前に出現させることができるからである。」(『教師への提案』)

理想の美育―七

「精神美育」即ち、美育を通じて生徒の人格を形成し、「美しい心」を育てる。

朱光潜(美学者、文芸理論家、翻訳家)に次のような名言がある。「心を清らかにするためには、まず人生を美しくしなければならない。」我々の美育は、生徒に芸術の鑑賞を教えることにとどまるものではない。「ピアノが弾ける子どもは堕落しない」と言う人もいるが、私はそうした見方は一面的だと思う。芸術の美しさが心の美しさとして根付かないかぎり、人間性が堕落することはあり得る。聞くところによると、第二次大戦の時、ドイツの職業軍人の多くがベートーベンのピアノ作品を演奏できたという。映画「レッドチェリー」の中では、人間味を失ったドイツ軍将校が極めて高度な芸術的素養を持っている人として描かれている。彼は芸術に耽溺し、中国人女性の楚々とした肌を創作の材料とし、その背中にヒットラーのマークを描いた。単に芸術鑑賞力を有するだけでは、人間性を高めるとは言えない。

美育の最終目標は人間性の向上にある。今日の基準で見れば、中国古代の教育は徳育が主であったが、孔子を創始者とする中国の徳育は、主に美育を通じて実現された。その時代の徳育は、ほとんど美育と同じであったと言えよう。孔子は「詩に興り、礼に立ち、楽に成る」と述べた。それは、詩歌は人の志気を高め、礼節は人の豊かな心を育み、音楽は人の気だてをよくするという意味である。孔子以来、中国古代の教育は、芸術の役割を非常に重視してきた。宋代の程朱学派〔朱子学と同義。程は程顥と程頤、朱は朱熹のこと〕の代表人物程頤も、次のように述べている。「古人は八歳で小学に入り、一五歳で大学に入る。名文で目を養い、美声で耳を養い、礼儀によって四肢を養い、歌舞で血気を養い、道理で心を養う。」中国古代の聖賢達には、美育を離れた教育などありえなかったが、近代に入ると、美育は徳育から分離された。このため、中国近代美育の先駆者である蔡元培先生〔教育家、哲学者。中華民国初代の教育総長として近代教育の基礎を作る。北京大学学長就任後は改革を行い、学術と自由の校風を確立した〕は次のように説明した。「最近、美育が非常に軽視されている。わが国の古代の礼と楽には、厳粛にして優美という長所ある。西洋の教育においても、美に対する感覚は重視されている。社会に警鐘を鳴らすため、特に美育を取り出し、体育・知育・徳育と並べて、四育とした」（『普通教育と職業教育』《普通教育和職業教育》）。李嵐清副総理〔朱鎔基内閣（一九九八年三月～二〇〇三年三月）〕は、美育の意義を次のように強調した。「美育は、教育方針の重要な構成部分であり、青少年に対する全面教育の重要項目である。というのは、美育は、人類が世界を認識し、改革していく重要な手段であると同時に、文化と人格を形成する重要な手段でもあるからだ。」人間性の美しさ、人の心の美しさ、精神の美しさこそ、美育が追求すべきものであり、目指すべき理想の境地と言える。

私が言う「精神美育」とは、美育を通じて「美の心」を形成することを指す。日常生活の中で、そうした心が外に表れたものが、美しい言葉、美しい行動である。

「美の心」には、善良さ、正直さ、精神的な強さなどが含まれるが、同時に理想主義、愛国主義、英雄主義とも関係する。「交響曲運命」にみなぎる不屈の精神、「黄河大合唱」〔光未然が作詞、冼星海が作曲した抗日戦争時代の愛国的なカンタータ〕にほとばしり出ている民族精神、「梁山泊と祝英台」の純真で崇高な愛情、『クオレ〜愛の学校〜』の水晶のように透き通った童心や慈愛の心、『レ・ミゼラブル』の美しい人間性、「モナリザ」の永遠の微笑、『迷い鳥たち』〔タゴール〕の味わい深い詩歌——これらはいずれも、単に生徒に客観的に「理解させる」だけでは不充分で、彼らの心の中に真善美の種を蒔き、精神の原野に最も美しい人類文明の花を咲かせるようにすべきである。

「美の心」は、言語を通じて表現される。美しい言葉というのは心の芳香だ。古人は『易経』の中で「辞を修め其の誠を立つ」と言ったが、『礼記』中では「情は信なるを欲し、辞は巧なるを欲す」と、その要求が更に高まった。辞〔言葉〕において、内には「誠」を求め、発露に「巧」を求めるというのが、中国古代の美学原則の一つである。ここにいう「巧」とは、純粋な言語テクニックのことではなく、その内実は「誠」なのである。孔子になると、「詩を学ばざれば、以て言う無し」と、言語に対する要求は更に高くなり、美しくあることにとどまらず、詩化することまで要求する。しかし、我々の今日の教育は、こうした優れた伝統を失い、よく意味の分からない流行歌を口ずさみ、ちゃんとした話ができない子どもが増えている。みんなの前で意見を言わせてみても作文の暗唱のようなことしか言えず、電話をかけるにも最低限のマナーすらわきまえていない。美育を通じて子ども達に和やかで、上品で、謙虚で、その場に合った言葉遣いを身につけさせてほしい。いかなる時も、粗野で下品な話をしない子になってほしい。言葉遣いの美しさには、語気や口調も含まれる。人と話をする時はまじめでていねいに、明瞭でおおらかに、もったいをつけたり、恥ずかしがったりせずに、自然な態度で、話ができるようになってほしい。人の話を聞く時も、真面目に誠意を持って聞き、あたりをきょろきょろ見回したり、話をすぐ遮ったりしないでほしい。違う意見を言う時は妥当な意見を言うようにし、議論する時は論拠をもって話をするようにし、人の悪口を言わないでほしい。相手が無礼な言い方をしても、やはりマナーを守って応対し、上品で、機知に富み、ユーモアがあり、はっきりした言葉遣いで自身の教養と内面の深さを表現してほしい。

美しい言葉と関連して、美しい行動がある。美しい行動とは、言葉、人との付き合い方や物事への接し方、歩き方、立ち居振る舞い等、非常に広範である。中国の古人は「座ること鐘の如く、立つこと松の如く、行くこと風の如し」ということを強調してきたが、更に、美育を通じて他人との交流を学び、その交流の中で調和がとれた真実の情感美というものを体験できるようにすべきである。人は社会の中で生活しており、人と関わりあうことなしに生きていく事はできない。他人と関わりを持つ時は、一定の行為規範に則ることが求められる。行為規範にあったものが即ち美であり、あわないものは即ち醜となる。「自分に対しては身なりを重視し、他人に対しては礼儀正しさを重視し、社会に対しては公徳を重視し、家に帰っては孝行を重視する」と一部の学校は生徒に求めているが、私もそれに賛成である。これは、生徒個人に対する美的要求であるほか、社会の中で、或いは家庭の中での、人との付き合いにおける規範である。中国は礼儀の国であり、中華民族には「礼を行うこと儀の如く、礼を知って性を成す」という伝統的美徳がある。小中学生には、それぞれ日常における行為規範があり、それを身につけることが美しい行動につながる。日常の行為規範と教育を結合し、美しい行動を指導していくことが、学校における美育の実用性や有効性を強調することになるのだ。

文学は「精神教育」の重要な手段である。児童文学作家の秦文君は次のように述べている。「文学は長く子ども達の美しい心の中にある窓のようなもので、それを開けば、心が晴れやかになる。花にほほをなでられ、ふりそそぐ日差しの中に立つような心持ちで、凡庸さを離れ、崇高なものへと向かっていく。」しかし子ども達は、めくるめくアニメや、バラエティに富んだコマーシャル、騒々しいゲームにのめり込みやすい。簡単な暇つぶしにすぐ誘惑される、これこそ人間の弱点である。子どもの心の中の窓は、開かれないまま年月が経ち、埃が積もれば、益々開けにくくなる。そこで秦文君は「最良の素質教育は子ども達に『鑑賞』のすばらしさを教えることである」とした。人を見極めること、芸術や生活を味わうこと、世界を理解すること、そういった「鑑賞」のすばらしさが分かって、はじめて愛すること、創造すること、追求することなどが可能になるのであるが、それらは文学と切り離すことはできない。文学こそ人を進歩させ、幸福にし、よりよい世界へと導くものである。スホムリンスキーは『パヴルィシ中学』の中で、教育者に警鐘を鳴らしている。「美は道徳の清らかさ、精神の豊かさ、健康な肉体の源泉である。美育の最も重要な任務は、子ども達に周囲の世界（大自然、芸術、人間関係）の美の中から精神の気高さ、善良さ、真面目さを感じ取らせ、それを基礎として自らの美を確立させることにある。」これもまた、当然我々の「精神教育」の目的である。

理想の美育―八

「創造美育」即ち、美育によって想像力や創造力を育成し、創造の衝動と欲望を刺激し、創造の喜びを感じさせる。

シラーは『美育書簡』の中で、次のように述べている。「力の王国では、人と人が力で相まみえるので、人の活動は制約を受ける。倫理の王国では、人と人は法律で対峙するので、人々はやはり制約を受ける。美意識の王国だけは、人は自由を与え合っているので、調和の取れた社会とバランスの取れた人間が存在できる。」これは、美意識と創造の関係の一端を説明している。即ち、美を理解することで人の感性は解放され、精神は刺激を受ける。想像の空間が押し広げられ、創造性が生みだされるのだ。

新たな基礎教育課程改革では、「創造」が「体験と鑑賞」や「表現」等と並ぶ、主要な教学内容となっている。たとえば、音楽科には二種類の「創造」がある。第一は、音楽に関する生徒の能力を発掘する即興創造活動、第二は、音楽素材を用いた創作である。前者は、歌曲の情感に合わせたリズムやダンス、音楽に合わせたストーリーを即興で作ったり、生活標語や詩などを歌にしてみたりするといったことである。後者は、段階がある。一〜二年生のときは、線や色、図形を使って音やメロディを記録する。三〜六年生は、短い旋律を創作してみる。七〜九年生は、前奏や間奏を編曲してみる、といった具合である。私は、「創造」を主要な教学内容に加えたことが、今回の基礎教育課程改革の最大のポイントだと考えている。生徒の創造力の育成に、相当の役割を果たすであろう。芸術教育の中で、創造性を培う活動を強化することによって、美育は模倣やテクニックを超越し、人の感性や創造性を解放するという美育本来の役割をより体現できるようになるであろう。

創造性は、科学と芸術に共通する特徴である。李政道は長年、両者の融合に努めてこられた。一九八七年以来、彼は何度も国際科学学術会議を開催している。そこでは、詩画家が科学をテーマに絵を描き、水墨画家の李可染、呉作人、画家の黄冑、漫画家の華君武、画家・教育家の呉冠中らが芸術的な文章で、科学に対する理解を述べた。深く感じ入った李政道は、次のように語った。「科学と芸術の根底にはともに人類の創造力がある。それらが追求する目標は、いずれも真理の普遍性で、それらはコインの表と裏のように、分割不可である。」ドイツは文化や芸術が盛んで、美育に熱心な国である。音楽を理解せず、楽器を使えない人はめずらしい。この事は、ドイツ人が創造力に富むのはなぜかという謎を解くカギかもしれない。

創造美育は、ゆったりとした雰囲気が必要である。生徒がいつもくつろいだ気持ちで、楽しい体験ができることが求められる。教師は新しいものの見方をつぶさないよう努力すべきだ。ひとつのエピソードを紹介しよう。低学年の生徒が教師のモデル画のとおりに少年を描いた後、そばに黒色の塊を付け加えた。教師が「そのもじゃもじゃしたのは何なの?」と聞くと、生徒は「少年の影」と答えた。「誰がめちゃくちゃな絵を描けと言った? 私の絵には少年しか描かれていないでしょう」と教師が言うと、生徒はモデル画と教師の厳しい顔を見て、ぽかんとしてうなずき、「少年の影」を消した。同様のことが、日本でもあった。日本の教師は、リンゴの描き方を生徒に教えている時、ある生徒が四角形のリンゴを描いたのを見つけた。そこで「リンゴは丸いものでしょう、なぜ四角いリンゴを描くの?」と聞くと、生徒は「家で、父がリンゴをテーブルに置いたら、床に転がってつぶれてしまったので、リンゴが四角だったらよかったのにと思って」と答えた。すると教師は「君は賢いね、四角いリンゴが早く栽培できるようになるといいのにね」と答えた。ここで、教師の一人は創造性を損ない、もう一人は創造性を伸ばすという、正反対の役割を演じている。二人の生徒が行った創造的行為は同じようなものであったが、異なる運命にあった。

現在の生徒は実に大変である。彼らは「最も苦しいのは私だ、最も疲れているのは私だ、最も早く起きるのは私だ、最も遅く寝るのもやっぱり私だ」と愚痴をこぼす。受験の重圧の下で、彼らは学習の喜びや創造の衝動を体験するすべがなく、成功の喜びを感じ取ることもできないでいる。一連の「標準化」されたプログラムの下で、彼らは全く個性のない「標準的人間」になっている。これは、美育の悲哀であり、教育の悲哀でもある。

美を探求し、発見し、創造することは、文明の進歩の足跡であり、人間の生命が勢いよく生長する過程でもある。美は我々が真を求めることを激励し、善に案内する。美は一種の形式、一種の価値であるとともに、一種の心の体験でもある。美は創造の源泉であり、人生の目指すべき到達点でもある。

様々な原因により、中国の教育は、美を軽視し、冷淡に扱い、投げ捨ててきた。新世紀の教育の理想を実現すべく、美を探求し、見い出し、創造するのは、今をおいてほかにない。

親愛なる友人の皆さん、初春の深緑に歓喜しよう。明け方に水平線から顔を出す陽光に喜びを感じよう。シェークスピアやユーゴー、トルストイ、ロマン・ロランに心を躍らせよう。ベートーベンやショパン、チャイコフスキーや冼星海、阿炳に感動しよう。寛容で純粋な心を持とう。人生という旅路での様々な出来事に笑いおどけよう。美しく善良な精神を持とう。人助けをしよう。

第五章　理想の労働技術教育

労働、それは空まで響く凱歌である。
労働、それは輝かしい過去を有する言葉である。
労働、それは人と猿を峻別し、人間を人間たらしめるものである。
労働、それは堕落から抜け出させ、歴史を前進させたものである。

教育史において、労働の扱い方には、二つの考え方があった。一つは、労働を、偉大なもの、プロフェッショナルとして生きていくための、また、全人格的な発達の基礎としてとらえ、教育は生産労働と結びつけなければならないとする考え方である。もう一つは、労働を卑しいものとし、肉体を使う「労働者」ではなく、頭脳を使う「労心者」を養成することこそが教育の使命であるとの考え方である。現在、受験教育が盛んな中で、後者の考え方が広まっている。多くの学校では労働技術科がなくなり、「よく勉強しないと、将来はゴミ掃除の仕事しかないよ」というのが、保護者が子どもに言い聞かせる決まり文句になっている。多くの生徒は、これまで労働の楽しさや辛さを体験したことがない。我々は労働技術教育を見直して、理想の労働技術教育を呼びかける必要がある。

理想の労働技術教育——一

実践を通して労働の辛さや喜びを感じ、労働を尊重し、愛し、労働を光栄に思う心や態度を養う。

人類の最も基本的な実践活動である労働は、人類自身を創造しただけでなく、巨大な物質的・精神的富をも創造し、そのおかげで人類社会は持続・発展してきた。労働技術は、古来より人々の生活や仕事に必須の素養であり、その重要性は生産や生活実践の長い歴史の中で充分に認識されてきた。旧ソ連の教育家マカレンコが言うように、労働は永遠に人類の生活の基礎であり、人類の幸福を創造する基礎である。労働教育は、未来のよき公民を作る教育であるとともに、生活水準の向上と、彼らの幸福を保障するための教育である。

初等中等学校における労働技術教育は、素質教育の確実な実施のためにも、また、「教育と生産労働の結合」のためにも重要である。ユネスコが一九八〇年代に出版した『二〇〇〇年までの教育内容の発展に関する世界的展望』という本には「未来の普通教育に関する方法論のパラダイムデザイン」として、労働態度、技能修養、就業訓練、産業界への適応という四つの労働技術教育の目標が掲げられている。ここでは、技能・労働教育と、各国のニーズや資源、将来性を関連づけ、社会生活の情報化とも協調させていく、生徒の技術革新に対する関心や批判的態度を育て、産業界の変化に適応できるよう訓練する、そして最終的には、労働技術教育により生徒を将来の仕事のニーズに適応させることを求めており、現代社会が労働技術の素養を一段と必要としていることを物語っている。

労働技術教育は、労働教育と技術教育を合わせた概念である。初等中等学校における労働技術教育は、生徒が労働を体験し、技術を身につけることを多方面への発達につなげることを基本目標とする。また、「作業を伴う調べ学習」を特徴とする教育でもある。労働技術教育の目標は三つの基本領域に関係する。即ち、労働や技術に対する意識、態度、気持ちといった感情の領域、労働や技術に対する知識や考え方、操作などの知識技能領域、それに技術の応用や革新を中心とする実践的領域の三つである。

国家教育部重大科学研究プロジェクト「労働技術教育課程改革研究」研究チームは労働技術教育の具体的目標を以下の七つの方面にまとめている。

(1)正しい労働観を形成し、労働、労働者、生活、故郷を愛する心を育てる。

(2)質素倹約に励む、責任感を持つ、規則を守る、団結し協力する、公共の物を大切にする、労働の成果の質にこだわる、良好な労働習慣を身につける。

(3)現代の生活や生産活動に求められる基本的な技術知識や技能の初歩を習得する。

(4)技術と関係する安全や品質、美しさなどに対する意識、収益、環境保護、就業及び創業、建設現場などへの関心を持たせる。

(5)技術に関係する経済学的視点を形成し、日常生活の中で金融、財産運用について考える。

(6)自分で生活する能力、一定の技術知識、技術に対する考え方や評価できる眼、技術を応用し、発展させる力、生涯に渡って技術を学び続ける心などを身につけ、技術を磨いて、来るべき未来からの挑戦に備える。

(7)情報技術に興味関心を持ち、その基本的知識や技能を理解、習得する。

これらの目標のうち、正しい労働観念を形成し、労働、労働者、生活、故郷を愛する心を育てることが、最重要の基礎目標である。それでは、それを達成するには、どうすればよいか？

正しい労働観念を形成し、労働を尊重し、愛する心を育てるためのカギは、労働実践である。小学生はみな「日中に禾《いね》を鋤く、汗は禾下の土に滴る、誰か知らん盤中の餐、粒粒皆辛苦なるを」という詩を暗記している。しかし、生徒はあらゆる所で浪費している。こうした現象が生まれた主な原因は、生徒が身を以て労働を体験していないので、感じ取れないことにある。それでは、この詩が表現する思想や感情は全く理解できない。子ども達は、詩を暗記するという学習課題を完成したにすぎない。もし土起こし、種まき、草取り、苗の間引き、肥料やり、害虫の駆除、水やり、そして最後の収穫までの全過程を経験し農業労働の辛さを体験させ、理解させれば、生徒は労働者を尊重するようになるだろう。また、もし生徒に街頭で清掃作業を行わせれば、生徒は清掃作業員の労働を尊重するようになり、あちこちで痰を吐いたり、果物の皮等をみだりに棄てたりする習慣はなくなるだろう。それは、教師が繰り返し指導したり、社会的に強制して制限したりするより、はるかに効果があるだろう。

実践的な労働技術教育において、生徒達が労働に従事しながら、同時に労働を呪っている光景もよく目にする。これでは、労働教育は本来の作用を失ってしまう。スホムリンスキーも、こうした現象を分析し、次のように述べている。「労働活動の初歩段階では、労働を魅力的なものとすべきで、そうすれば児童は次から労働を愛するようになるだろう。そうでなければ、本格的労働をやり始めてしばらくすると、児童は疲れを感じる前に失望を感じるようになる。自己の努力の創造性を意識し、労働の社会的意義を意識して、はじめて労働を愛する感情がわき上がってくるようになる。こうした自覚的要素なしに、教師が労働を強制すれば、生徒は激しく抵抗し、強制すればするほど生徒の頑強さが増すことになる。」（『全面発達教育に関する問題』）

生徒に労働を愛させるためには、口でお説教を垂れるだけではだめである。労働実践活動の中で、生徒に労働の楽しさを感じ取らせ、労働への熱意を高めるべきである。自分が心を込めて埋めた種が土の中からみずみずしい芽を出した時、自分が育てた花のつぼみがふくらんで咲きそうになった時、自分が苦労して収穫した果実を食べてみる時、その喜び、その感動が発する力は、教師や保護者のお説教とは比べものにならないほど大きく、結果として、生徒に労働に対する強い気持ちが生まれる。

生徒の労働に対する態度は、父母の言動と密接に関連する。労働により貴重な学習時間が犠牲になると心配し、子どもに全く家事をやらせず、子どもの様々な事を全てやってあげているという保護者もいる。七〜八歳にもなった子どもが大人にご飯を食べさせてもらい、中高生ばかりか大学生までもが自分の衣服を自分で洗わない有様だ。また、殻付きのゆで卵に手を付けない子どももいる。学校や地域の社会奉仕活動を、お金を出して免除してもらっている保護者もいる。こうしたばかげた行動の背後に、家庭における労働技術教育に欠陥があることを直視すべきである。

学校で模範的生徒の評定をする時は、主に試験の成績によっており、主要科目以外は参考程度、労働に対する態度や意欲に至ってはほとんど無視される。規律に違反した生徒に対する一種の懲罰として、教室や便所の掃除といった労働を課している学校もある。こうした処罰方式は悪影響が大きく、生徒は労働を面目ない事だと思うようになり、労働に対する認識を損なってしまっている。従って、正しい労働観念と労働態度を生徒に持たせ、労働意識を強化することが喫緊の課題になっている。

理想の労働技術教育──二

セルフサービス（自分のことは自分でやる）を手始めに、各種の社会奉仕活動に生徒を積極的に参加させ、労働習慣を育成する。

教育家葉聖陶先生は「習慣形成教育」を特に重視した。彼は「教育」について、専門家達は精緻に研究して大部の著作を著しているが、簡単に言えば、「良好な習慣を育成する」ことが教育なのだと述べている。労働技術教育も例外ではない。生徒に労働の習慣を身につけさせることが、労働技術を伸ばす道であり、労働技術教育の目標でもある。

労働習慣の育成には長い年月をかけて、二方面から行う必要がある。一つは、自分のことは自分でやるというセルフサービスの習慣を身につけさせることである。スホムリンスキーは次のように述べている。「セルフサービスは最も簡単な日常の労働である。労働教育は、一般にセルフサービスから始まる。どのような生産労働に従事する人にとっても、セルフサービスは義務であり、習慣である。セルフサービスはまた、規則を守る精神や他人に対する責任感を育成する重要な手段である。小さい時から自分で自分の要求を満たすようにすることで、両親や兄弟姉妹、クラスメートの労働を尊重する習慣が育つ。セルフサービスにすることで、労働は各自が平等に負担する義務になる。小さい頃から自然な形で不潔さを嫌う習慣を養い、その習慣が、審美眼を持って周囲の環境に相対する態度へと変わったときに、自覚を持ってセルフサービスを行うことができる。」

現在、大多数の生徒は一人っ子なので、大人に可愛がられて育ち、衣服も人に取ってもらい、ご飯も口を開けるだけといった習慣がつきやすい。このような現状においては、セルフサービスという労働教育が、重要な現実的意義を有する。毎年、大学に新入生が入学手続きにやってくる時、学生の回りには必ずといっていいほど何人か「随行員」がいて、あれこれやってあげている。保護者と離ればなれになると、学生は自分では何もできない。各方面で長年に渡って両親に依存してきた学生の中には、両親の元を離れると、生きていくことすら難しくなり、最終的には退学せざるをえなくなる者もいる。汚れた衣服を定期的に送って洗濯をしてもらっている学生も多い。ほとんどの学生が労働を好まず、労働ができないのが現状である。保護者や教師は、労働の習慣を身につけさせることから始めるべきである。

「もし父親が子どもに生きていく手段を教えないのであれば、盗賊になることを教えているに等しい」とは、ユダヤ民族の間で永く受け継がれてきた子どもの自立に関する教えである。これは、我々の教育に対しても深い意味を持つ啓発ではなかろうか。子どもや生徒を深く愛する父母や教師なら、自分のことを自分でできるように子どもを導き、一定の労働作業を受け持たせるべきである。子どもから労働の機会を奪うことは、成長の機会を失わせることに等しい。労働に参加させ、自分で生活していくための最低限の能力を身につけさせ、他人を尊重し理解することを学び取らせ、労働の習慣を持たせることは、彼ら自身にとって、生涯役に立つのである。

労働習慣の育成に重要なもう一つの方面は、社会奉仕活動である。スホムリンスキーは次のように述べている。「我々は、社会に利益をもたらしたいという願望でもって子ども達を激励して、労働へと誘うべきである。そのために、まず生徒に民衆の富を創造させることから始める（たとえば肥料をまく、防風林や葡萄園や果樹園などの造成を手伝う、公共施設の建設に参加する、道路を作る、など）。社会のため、未来のためのこうした労働は、子ども達を陶冶する学校になる。社会の利益に目を向けるようになった子ども達は、一種の義務感と誇りを持つようになり、社会的財産に関係する事柄に遭遇する度に、良心に突き動かされるようになる。」社会奉仕活動は、無報酬で他人に奉仕する活動である。こうした労働の中で、生徒は社会や他人の要求を意識し、社会や他人の利益を優先的に考えるようになる。生徒の社会的責任感が増強され、「人は我のために、我は人のために」という精神を真に理解できるようになる。労働の社会に対する作用や意義を明確にすることで、自覚的に労働習慣を育成するよう、子ども達を励ましていくべきである。

理想の労働技術教育—三

労働に含まれる知力の割合を高め、手と頭を結合させることで、生徒の創造性を育成し、多方面の能力が充分に発揮できるようにする。

スホムリンスキーに「智恵は子どもの指先にある」との名言がある。これは、手を動かす実践能力が、知力の発達に大変役立つということを説明している。人類は、労働を通じて自然界や人類社会を改良するとともに、自分自身の改良も重ね、特に手と頭の調和的発達に力を入れてきた。陶行知先生も「手と頭を併用する」ことの意義を次のように詳しく論じている。「教育に当たっては、手と頭を併用しなくてはならない。頭を使いながら、同時に手を使って実験もする。手を用いる時、同時に頭で考える。こうしてはじめて、創造が可能となる。手と頭を一緒に使うことで、創造教育が始まる。手と頭を両方発達させることが、創造教育なのである。」いわゆる「五育（徳育・知育・体育・美育・労働技術教育）」のうち、手と頭を結合させる上で最も効果があるのは労働技術教育である。南京市教研室の陳平先生は『労働技術課程実施現状調査報告』（《労働与技術課程実施現状的調査報告》）の中で、労働技術科を面白いと思う理由について、小学生の五二・九パーセント、中学生の四八・九パーセント、高校生の四三・四パーセントが「手と頭を併用するから」と答えたと報告している。

「手と頭を併用する」労働技術教育は、実践性や自主性が強く表れる。即ち、教学活動の中で生徒が主体となって、自ら体験し、感じ取り、発見し、創造する。それらを通して生徒に興味関心や自信を持たせ、成功の喜びと創造の楽しさを感じ取らせることが重要である。二〇〇一年二月、無錫市錫山高校の三年生華巍が開発した「多機能レーザー水準器」が国家特許部門の特許証書を取得した。華巍君が「多機能レーザー水準器」に取り組もうと思ったきっかけは、自分の家の内装工事である。職人が花崗岩を敷いている時、水準器を繰り返し使いながら、直線を引いて水平を調整していて、不便に見えた。華巍君は、ビーム光を線を引く代わりに使えばいいのではないかと思いつき、労働技術科教師の指導の下で、「多機能レーザー水準器」を完成させた。製作の過程において、華巍君は様々な技能を習得したがそれは、作業のスキルが身についたということだけでなく、創造的思考力が充分に発達したことも意味している。

古今東西の科学史を見てみれば、大発見・大発明の多くは、科学者の人並み外れた知力に加え、作業スキルの高さもあって、生み出されたのだ。彼らは思考の成果を手作業を通じて見える形に変えていったのである。この事は、彼らが子どもの頃から労働技術を発達させてきたことと、関係するであろう。

労働実践と知力の発達の関係について、スホムリンスキーは次のようにはっきりと述べている。「生徒を『考える人』にしたいと思うのならば、厳密かつ明確で論理的な思考を、明瞭な説明と解釈を伴って表現できる人間にしたいと思うのならば、考えながら実行する労働へと彼らを導き、労働を通じて知識体系の様々な関係や相互関連を把握させよう。覚えておくがいい。労働とは、実行能力や技能を意味するばかりか、知力の発達、思考力、言語能力の修養をも意味するのである。」多くの研究によって、労働が複雑で、面白いものであればあるほど、その知的要素も強くなり、生徒の積極性も高くなることが分かった。複雑な技能を要する労働に生徒を参加させ、学んだ労働技能知識をフレキシブルに活用させ、想像力と創造力を充分に発揮させることができれば、生徒の知力は大いに発達する。つまり、労働を通じて知力を発達させるカギは、労働の中で考えることを教え、好奇心や知識欲、想像力を刺激し、生徒の知力を開発することにあるということだ。

また、労働技術教育の中で、肉体労働と頭脳労働を切り分け、単純労働を繰り返すことは避けるべきである。スホムリンスキーもパヴルィシ中学での実践を通して、次の点を繰り返し強調している。「肉体労働が精神力を鍛える手段にならないのであれば、肉体労働が人の精神に決定的役割を果たすことはない。それどころか、もし肉体労働が全時間や全精力を占めるようになれば、彼の精神生活は非常に貧しく萎縮したものに変わるであろう。」

また、実践に携わることで、生徒は最も優れた仕事のやり方を模索するようになり、思考の創造性が育成される。また、労働に対して、自発的に、絶えず研究しつづけるようになり、勇んで実践に挑むようになる。これを長く続ければ、問題を分析して解決する能力も高まり、生徒の創造意欲が刺激され、潜在能力も開発される。二〇〇一年、中国教育学会、中国教育学会初等中等学校労働技術教育専門委員会、中国発明協会、中央教育科学研究所の共催で「第一回全国初等中等学校労働技術教育創造作品コンクール」が開かれ、二六の省、自治区、直轄市の五〇〇校余りの初等中等学校がこれに参加した。三〇〇〇点余りが出品され、その内二四一点が入賞した。作品は、音、光、電気、熱などを利用したもの、環境保護、節水、防犯などに関するものなど多方面に及んだ。一部のものは国の特許を獲得したり、生産現場で使用されたりしている。

そのコンクールの実施団体の一つである全国初等中等学校労働技術教育発明創造専門委員会の事務局長竺豪楨は次のように語った。「かつての労働技術教育は、一例をあげると、生徒がそれぞれ木の板を渡されて、決まった手順で椅子を組み立てるようなものだと理解されていた。五〇人の生徒がいれば、五〇個の同じ椅子ができあがるのである。現在の労働技術科は、生徒に真の意味での機会を与え、労働観念を育成するほか、高い技術を導入して、創造の余地を拡大することに力を入れている。実践の過程における発明創造の余地を増やすことで、労働技術教育は生命力あふれるものに生まれ変わる。」これは、我々の労働技術教育の改革にも非常に参考になる。

理想の労働技術教育—四

土地柄や学校の特色に合わせて実施し、教室での授業を基礎としながらも、できるだけ生徒を社会に接触させて、労働に関する知識や技術を育成する。

わが国は国土が広く、地域間の差が大きい。現代的な工業都市もあれば、辺鄙な山村もあり、自然条件や経済発展の状況、学校の経営条件なども、地域によって大きく異なっている。従って、労働技術教育を実施するにあたっては、各地の実情をきちんと把握し、土地柄や学校の特色に合わせていかなければならない。労働技術教育の内容とやり方は、各学校の特徴に合わせて決定し、長所を生かし、短所を避けるようにしながら、各地域・各学校で特色のある労働技術教育を実施すれば、効果も上がる。たとえば、わが国で最初に労働技術科の特級教師になった張再昌は、農村の泥の中から歩みを始めた。彼は農村の実情を理解した上で二〇万字にも及ぶ郷土教材を書き上げ、労働技術科を「試験田」として農業技術の改良を行ったり、生徒の家庭まで含めて学校の試験基地にするなどして一群の技術者を養成した。彼は農村の実情に合った労働技術科の改革を実現したとして全国第一回中青年十傑教師の一人にも選ばれた。

労働技術教育は教室での授業が中心となる。教師は、生徒の日常の学習習慣に合わせて、労働技術知識を教え、簡単な操作指導を行う。従って、学校に労働技術教育関連施設を整備することが求められる。たとえば、ドイツの学校には通常、金工、木工、電子電気工、調理、プラスチック加工等が行える労働技術専用教室があり、物理・化学・生物実験室並みの設備を備えている。また、安全補助装置や技術補助装置も備えている。日本の小学校には、たいていどこの学校にも一〇〇平方メートル以上の家庭科専用教室があり、作業台やガスレンジ、電動ミシン、電子レンジ、洗濯機、炊事用具等が備わっている。中学校には着付け室、料理室、金工室、コンピュータ室などがある。オーストラリアでは、木工工場、金工工場、旋盤工場、組立工場を持っている学校があり、そこまでできない学校でも総合工場を整備している。また、オーストラリアでは各州に標準化された移動式の工場があり、州内を巡回して、各労働技術センターに四週間ずつ滞在することになっている。移動式工場が到着する前に、生徒は操作を学び、ビデオやスライドを見て、工具や設備の性能を理解し、安全に活動できるよう準備しておく。移動式工場が到着すると、直ちに実地教学に入り、生徒の作品が完成し、評価をつけたのち、工場はまた次の学校へ移動していく。移動式工場は、特に農村部の学校が労働技術教育を行う上での困難を解消するものとして大変歓迎された。こうした移動式工場を使った指導は、わが国でも試みる価値がある。

もちろん、学校は労働の場ではないので、労働に触れる範囲は限られている。労働技術教育を強化するには、学校での授業を基礎として、地域の中に広範な教育基地を作り上げ、社会というるつぼの中で生徒ができるだけ多くの鍛錬を受けることが望ましい。学校は、労働技術科が生産や生活と緊密に結びついているという特徴を利用して、生徒を町工場や田畑に連れて行き、生徒に社会と接触させ、社会を認識させ、積極的に社会に参加する気持ちを持たせるようにしなければならない。そうすることで、自身の進歩と社会の発展を緊密に結びつけて考えるようになり、将来は自分で生活を支え、生活を創造する重責を担えるような能力が鍛えられていく。

各級政府も、生徒が地域で実践的に学べるように条件を積極的に整えるべきである。労働技術教育は現在、総合実践活動課程の方向へと発展している。生徒に、娯楽、労働、創造、探検等が一体化した体験ができる活動基地を提供することは、非常に有益である。蘇州市実験小学校が作った生徒社会活動基地は、その一つの試みである。上海市政府が作った「東方緑舟」は、それよりもっと大がかりだ。東方緑舟と名付けられた上海市青少年校外活動基地は上海淀山湖の畔にあり、敷地面積は約三七〇ヘクタール（水域面積を含む）である。基地内は知識大道区、勇敢智恵区、国防教育区、生存挑戦区、科学探索区、水上運動区、運動訓練区、生活実践区の八つのゾーンに分かれていて、知識大道区は世界の文明発展史上の有名人一六二名の彫像が設置された世界最大の彫刻公園となっている。東方緑舟では、自然回帰、自己実践、体感に重点を置き、活動を通して青少年に成功や喜びを体験させる。基地内の八つのゾーンの活動プロジェクトはもとより、彫刻、樹木、橋梁、民家、道路、河流なども、様々な科学知識を教えてくれる。基地は野趣にあふれ、メルヘンチックで、情緒に富む。一樹一木、一花一草に至るまで、身近に大自然があるということを青少年に感じさせる。大自然に近づき、大自然を感じ取る。基地は教室での授業の延長で活用でき、各教科の教育とも関連し合っている。基地では、豊富な環境資源を利用して、社会や自然、生活に関する調べ学習を行うこともできる。基地での各種活動は、いずれも生徒の心身の健全な成長に役立つものである。基地では、青少年が主体性や自発性を充分に発揮することができ、生徒に自主管理、自主選択、自己教育を促し、自分のことは自分でやる能力を育成する。

先日、南京市南湖街道に江蘇省で初めての少年先鋒隊体験教育実践基地ができた。生徒の積極的な生産労働への参加を促す新たな試みである。南湖街道内にある小学校六校の少年先鋒隊員が課外時間を利用して地域の商店や銀行、旅館、写真館、新聞販売店など、一五社の百近い職場で働かせてもらい、仕事の辛さや楽しさを体験してもらおうというのが、その主旨である。生徒を社会に触れさせることで、各種労働技術や、人との付き合い方を学び、総合能力を高めようという試みである。

学校内であろうと、学校外であろうと、労働技術教育は一面性や偶然性を減らすべきである。労働教育は行われているが、労働そのものの教育的価値を低く見なしている学校も多い。スホムリンスキーは、そうした学校は「予め決めた労働教育を最初から最後まできちんとやり遂げていない」ことが問題なのだと指摘した。そうした学校では、生徒は人手が足りない時にだけ招集され、働かされる。生徒はあたかも消防士のように、急いで出陣するよう求められるのだ。そこで、スホムリンスキーはパヴルィシ中学で、事前に計画されていない偶然かつ応急の労働を極力減らそうと努力し、「既定の仕事を予定通り最初から最後まできちんとやり終え、労働の全ての段階を体験させ、労働の目的を理解させ、成果をあげた満足感を与えるべきだ」と主張した。

労働技術科は、労働に関する知識と技能を伝授するための基礎教育課程である。そこでは、労働と職業の関係性を考えなければならない。言い換えれば、学校は労働技術教育において、職業指導教育（キャリア・エデュケーション）を重視しなければならない。職業指導教育は、生徒と社会を結ぶ架け橋として、職業分析や就職活動のやり方などを教え、生徒一人一人が自分に合った進路を見つけるのを手助けするものである。職業指導は、必ずしも労働技術科の教師が担当する必要はなく、社会の様々な人々に教えを請えばよい。学校に講義に来てもらうことも可能であろうし、生徒が学校を出て、話を聞きに行くのもいいだろう。たとえば、職業紹介所（人材市場）を見学したり、企業などで実習させてもらうといった方法が考えられる。

理想の労働技術教育―五

徳育、知育、体育、美育との関連に留意し、労働技術教育の中で徳を育て、知識を増やし、体力を強化し、審美眼を養い、生徒の内面的な成長にも目を向けた、全人格的教育の基礎とする。

労働技術教育の教育目標は、労働技術の発達にとどまらない。品性、知識、能力、意志、感性、体力、審美眼なども、労働実践の中で発達させるべきものである。労働においては、身を以て操作し、認識し、習得する。労働技術は、自分の行いを常に評価し、フィードバックして調整し、作業を何度もやって覚え込むということを繰り返して徐々に形成される。その過程において、生徒の体力や意志力、感性も磨かれ、より高い次元に向かう。また、個性や創造性を伸ばす機会にもなっている。このように、労働技術の学習と習得は、体力、知力、創造力の総合的な発展につながっている。しっかりした労働技術教育を行うことは、「素質教育」の求める「心身がともに健康で、道徳心、知識、体力がバランスよく発達した生徒」の育成に大いに貢献できるのである。

たとえば、高校生に工芸品の設計および制作をさせることによって、彼らの立体的にものを考え、空間を把握する能力を強化でき、手作業の「わざ」が鍛えられ、感情がコントロールできるようになり、学習効率が高まる。設計・制作も芸術のひとつであるので、生徒は想像力を自由に発揮することができ、審美眼を養い、美の創造への情熱を深めていく。しかも、設計・制作という活動を通して、生徒は細かくきちんと物事を処理するという習慣を身につけることができる。従って、教師は、労働技術教育と徳育、知育、体育、美育との結びつきに留意し、労働技術教育の中に徳育、知育、体育、美育の要素を取り込み、労働技術教育を素質教育の一環として、生徒の全人格的な発達のために活用すべきである。

労働技術課程では、教授することと人を育てることを共に重視すべきである。ある労働技術科の教師が感慨深げに語っている。「私は長年電工科を受け持っている。ある年、中三の生徒が夜自宅で勉強している時に、たびたび停電事故が起きるということがあった。しかし、周辺は停電していない——実はこの生徒が夜勉強するのがいやで、意図的に停電を起こしていたのだ。この事件によって、生徒は電工技術をかなり習得しており、教育が非常に成果をあげているということが分かった。しかし一方で、道徳観念の欠如という問題も浮かび上がらせており、教師は教科内容を教えるとともに、人を育てることにも留意すべきだということが分かった。」私は、労働技術教育と他の教育との間に立体交差橋を架けるよう提唱する。労働技術教育は一教科という狭い枠に押し込めるものではなく、生活のあらゆる場面において行われるべきものだ。労働技術教育の実践性や創造性に富むという特徴を生産や生活と緊密に結びつけるべきだ。徳を育て、知識を増やし、体力を強化し、審美眼を養うという機能においては、労働技術教育に勝る教育方法なはい。

また、労働技術教育を人格形成に役立てることも大切である。労働によって意志を鍛えることは、「困難を畏れず、勇気をもって前進し、根気よく物事に取り組み、目的を達成するまで努力し続ける」といった精神や気概を育てるのにも役立つ。また、労働において、困難を克服して最終的には成功へ導くように指導できれば、生徒は自信がつき、労働や生活を愛する気持ちが強まる。集団労働で分担し協力しながら活動すれば、集団に従うことの重要性が分かる。集団のイメージがしっかりすると、団結協力、奉仕の精神が育ち、生徒は団結・協力し、苦楽を共にするという体験ができる。また、技術的な指導を厳しく行えば、生徒は、実践中に自分自身を調整し、制限を設け、管理することを学び取り、品質や規律に対する意識が磨かれる。肉体と頭脳を有機的に結びつけて実践にむかうよう指導できれば、より優れたもの、より創造的なものを追求する気持ちが刺激され、絶えず自己を乗り越えていこうという心構えを持たせることができる。実践を通じて労働者への理解が深まれば、祖国や人民、労働に対し確たる感情が育つだろう。また、労働技術教育は、物質的富を手に入れるのは容易ではないことを体感できるので、質素倹約というすぐれた徳性を育てることができる。
そのほか、様々な研究によれば、労働技術教育は生徒の情緒面を改善する上でも、役立つ。たとえば、天津師範大学発達心理学研究所の呂教授は、落ち着きがなく、注意力散漫で、自制心に欠ける男子に対しては、刺繍のような工芸が、注意力や自制心の育成に大変役立つということを発見した。

理想の労働技術教育―六

生徒の個性や年齢に留意し、生徒中心の理念の下、プロジェクト法やアクション・ガイド法を採用して、計画し、実行し、交流するという「キーコンピテンシー」を育成する。

教育を受ける生徒の個性は千差万別である。労働技術教育の実施に際しては、生徒の個性の違いを認識・尊重し、学習意欲や興味、特技などが生徒によって異なることに留意すべきである。これが労働技術教育の質を確保するためのキーポイントである。スホムリンスキーは次のように考えた。「学習指導要領で、多種多様な生徒の個性にいちいち配慮するのは無理がある。学齢初期の子ども達には、クラス全体で取り組む作業のほかに、個人の作業というものも与えるべきである。彼らはクラスで達成すべきとされる技能や技巧の習熟度に満足せず、もっと上を目指したいと思っており、しかもそうした願いは年齢が増すに従って強くなる。」従って、教師は生徒の個性を充分に理解し、労働技術教育の内容をできるだけ多様化して、生徒達が自分の好みにあった労働・作業を見つけられるようにすべきである。日本の労働技術教育は、生徒の個性や興味、好みの違いを大変重視している。中学一~三年生に開設される技術家庭科には、木工、電気、金工、機械、栽培、情報基礎、家庭生活、食物、被服、住居、保育の一一の学習項目がある。中学三年では、自分の興味や好みに基づいて、そのうち七つの項目を選んで学習することになっている。

労働技術教育の質を高めるためには、生徒の年齢上の特徴も充分考慮すべきである。年齢ごとの特徴を把握した上で、やさしいところから難しいところへ、単純なものから複雑なものへ、段階を踏んで厳格に教学内容を確定すべきである。日本の初等中等学校の労働技術教育では、学年にあわせた教学レベルの設定を非常に重視している。小学校では、生徒の直覚を磨き感覚を発達させる。中学校では、ものごとを抽象化する力や創造力を発達させる。高校では、判断力や応用力を発達させる。小学校一～二年生に生活科を開設し、体験学習を通して、自分と社会や自然との関係に興味を持たせ、生活に必要な習慣や技能を習得させる。小学校五～六年生には家庭科を開設し、主に被服、食物、家族の生活と居住という三方面の実践活動を通じて、日常生活の中で必要な基礎知識や技能を習得させる。ロシアでも、労働技術科の教学内容は、やはり生徒の年齢上の特徴に基づき、厳格に分けられている。小学生の学習内容は、材料加工技術、食品作り、掃除、花への水やり、コンピュータ使用法などである。中学生の学習内容は、設備・材料と機器部品加工、インテリア、裁縫、食品、手工芸、修理、コンピュータ応用、個人プランの設計などである。高校生の学習内容は、家庭経済学、企業管理基礎知識、生産と環境保護、労働及び職業の選択、芸術デザイン入門、個人プラン設計の完成などである。生徒の生理、心理、社会的適応力の違いに応じて、それぞれの教育目標を確立し、教学内容や教学方式を変更している。ドイツ、日本などでは、このようにして労働技術教育が成功を収めた。

現在、ドイツをはじめとする先進国では、プロジェクト法やアクション・ガイド法が広がりはじめている。これは、プロジェクト、即ち何らかの作品製作を通じて教育を行い、知識、技能、習慣を身につけるという方法である。こうした教学方法は、教学活動を活性化し、生徒の創造精神や実践能力を育成し、知識や能力、素質を総合的に高める。伝統的な労働技術教育は、教えることを重んじ、学ぶことが軽んじられる、模倣が多く、創造が不足するといった問題点を抱えていたが、この教学法はそうした状況を変えようとするものである。プロジェクトで製作する作品は、具体的なモノ（木工工具箱、衣服、総菜など）であってもいいし、知的労働の成果（テーマ報告、ビデオ番組、図画など）であってもよい。教学過程は意志決定、計画準備、実施、評価の四段階に分かれる。全ての過程において、生徒自身が中心となって、製作する作品を決定し、実現可能性を分析しながら実施計画を策定し、工具や材料を調達し、具体的作業を一人で、或いは分担協力して行い、情報を速やかにフィードバックして調整を重ね、絶えずチェックして品質を確保する。整理して文章にし、完成した作品は、展示した後、売ったり、親戚や友人にプレゼントしたり、自分で使用したりする。教師は司会者、相談役となり、命令を発するのではなく、きめ細かく指導し、必要に応じて注意を喚起したり、支援を提供したりする。この教学法によって、学習への関心が育ち、学習過程全体が「私に学習させる」ではなく「私が学習する」へと変わっていく。

プロジェクト法やアクション・ガイド法は、科目同士、あるいは、学校と社会が密接に結びつくことを重視する。生活や現実との深いつながりが求められる労働技術教育は、できるだけ社会に出て、マネージメント業やサービス業なども含めた様々な職業領域で実施することが望ましい。しかも、こうした教学方式は、手と頭を併用することを強調して、学習や生活、創造の方法を学ばせるものである。これは、生徒の実行力、専門能力及びコミュニケーション能力を育成し、また、計画し、実行し、交流するというキーコンピテンシーを育成する上で、重要な役割を果たす。わが国の初等中等学校の労働技術教育にとっても、学ぶに値する教学方式である。

理想の労働技術教育―七

学校と家庭、社会が一緒になって、「大労働教育体系」を構築する。

マカレンコは、労働技術教育における家庭の役割を大変重視した。彼はある保護者を諌めて、「父母たる者は、自分の子どもを教える中で、決して労働の原則を忘れてはならない」と語った。家庭の中で正しい労働教育を受けてきた子どもは、専門教育を受けてもきちんと自分のものにできる。家庭での労働の経験がまったくない子どもは、国がいくら教育を施しても、しっかりした技能は身につかず、失敗を繰り返し、仕事に就いてもうまくいかないことが多い。

現在、労働技術教育に対して、無理解、不支持、非協力という家庭が多い。たとえば、上海では家庭での作業を子どもに課したところ、家庭から反発を受けて挫折した。上海静安区教育学院附属学校は、フランスの協力の下で、「手を動かしてやってみよう」という科目を開設した。これは、自然の摂理と生産労働を組み合わせて学ぶ理科の一種で、火山の噴火から緑豆の発芽まで、色々な実験が行われた。教室で完成させることができなかった実験項目については、家に持ち帰ってやるように教師は求めた。しかし、生徒が興味深げに持ち帰った実験は、保護者の反対にあった。トマトピューレとポテトサラダを混ぜ合わせて火山を作ったり、お盆に緑豆を栽培したりしていては、勉強の時間が奪われるし、家の中がめちゃくちゃになると、一部の保護者は考えた。また、問題を解くことが学習なのだから、手を動かす実践など学習には当たらないと唱える保護者もいた。

労働技術教育の強化には、社会の積極的支持と協力を得る必要がある。社会の支持と協力とは、政策の決定や世論の誘導などである。政府や教育行政部門は、教育政策や法規の制定によって労働技術教育の地位を確定し、世の中に正しい考え方が広まるよう、積極的に宣伝していくべきである。たとえば、受験教育から、素質教育への転換、知識を偏重し道徳を軽んじる風潮を改め、全面発達の考え方を打ち出すこと、点数第一主義を廃して、全面的で科学的な学力観を提唱すること、「頭を使う者は人を治め、体を使う者は人に治められる」という陳腐な考えを、正しい労働観に変えていくこと、などである。

労働技術教育の実施には、一定の設備や材料、場所などの物質的条件を満たさなければならない。他の科目と比べて、経費がかかるが、こうした物質的準備がなければ、労働技術科は単なるお飾りになってしまう。たとえば、既述のプロジェクト法やアクション・ガイド法は、色々な教科にまたがって作業をしていくので、実施場所も一つの教室に限られず、学校の実験室やコンピュータ室、地域の「大教室」（商店、管理機関、工場、研究所など）を利用する必要が生じるかもしれない。従って、労働技術教育を実施するには、政府や教育行政部門、学校が経費を確保し、社会各界の協力も仰いで、社会全体で労働技術教育のネットワークを構築する必要がある。たとえば、地域社会、工場や商店、企業、各種事業所を、多様な労働技術実践基地にするといった事である。学校は、社会の全構成員が労働技術教育の発展に関心を持ち、支持してくれるよう、宣伝や働きかけをしていかなければならない。

「大労働教育」を構築する上で、中核的役割を果たすのは学校である。学校は専門の教育機関であり、労働技術教育を重視し、絶えず改革創造していくべきである。労働技術教育の内容の見直し、労働技術科の教学規範の制定、各学科間の連携態勢の確立などを通じて、学校における労働技術教育の実効性を高めるべきである。学校は優位にあることを自覚して、社会や家庭との意思疎通をはかり、緊密に連携させ、社会や家庭の協力を得て、質の高い労働技術教育を実施する支援システムを構築すべきである。たとえば、保護者学校、家庭訪問、保護者会等の場で、労働技術教育の重要性を説き、家庭内での労働技術教育に積極的な協力を求める、保護者との交流を強化し、学校教育と家庭教育の間に矛盾や衝突が生じるのを回避する、などである。

理想の労働技術教育―八

優秀な教師陣と、実用的で特色のある教材が労働技術教育の必須条件である。

多くの初等中等学校で、労働技術教育は忘れられた存在になっている。それによって、教師と教材の両面で問題が現れている。徳育、知育、体育、美育、労働技術教育という「五育」において、徳育には政治科の専任教員がおり、学級担任や各種団体、組織機構も協力してくれる。知育には国語、数学、外国語など、各教科に専任の教師がいる。体育にも専任の体育教師がいる。美育にも美術や音楽の専任教師がいる。しかし、労働技術科の専任教師は非常に少ない。長年の努力の末、ドイツの協力の下で、我々はようやく蘇州教育学院に全国唯一の労働技術教育専攻を開設したが、そこで養成する人材は全く社会のニーズを満たせていない。我々は、日本やドイツの労働技術関連科目の教員養成方法を見習うべきだろう。日本の初等中等学校の労働技術関連科目の教員は、四年制大学卒業者で占められている。こうした教師は大学卒業後、教育行政部門が実施する採用試験に合格すると、一定の見習期間を経て、専門の研修を受けた後、はじめて正式に教壇に立つことができる。彼らはいずれも専任教師である。ドイツでは、労働技術関係科目の教員の多くは、大学を卒業して、国の実施する教師資格試験に合格した者である。教師の仕事量は週平均二六～二八時間である。規模の大きい学校には電気の専門家と、機械の専門家の二名が派遣される。彼らは分担協力し、専門の教室や設備の管理点検を日常的に行っている。労働技術関係教師の待遇や地位は、数学やドイツ語などの教師と同様で、社会全体で見ても「中の上」くらいであり、尊敬され羨ましがられる職業の一つである。

わが国では、国語、数学、外国語、政治、歴史、地理、物理、化学、生物、体育、美術などの教科はどれも系統的な学習指導要領や教材を有しているが、労働技術科には詳しい教学計画がなく、学習指導要領や教材も系統性や実用性に乏しく、学習指導要領や教材そのものを持ち合わせていない学校も多い。客観的に見て、労働技術教育は「五育」の中で最下位に位置づけられている。教師と教材という最も大事な要素を欠いた労働技術教育が、うまく実施できるはずがない。

労働技術科は専門性が高い教科なので、一人の教師で担うのはとても無理だ。教師には通常の教授法を身につけていること以外に、特定の技能に習熟していることが求められる。従って、優秀な教師を採用できるかどうかが、労働技術教育の成否のカギを握っている。一部の学校が行っている「一改、二派、三兼、四聘」という採用方法が参考になる。一改とは、他の教科の教師を労働技術科担当に「改める」ことで、たとえば中等学校の物理や化学、生物の教師に工作や製作、家電修理、自転車修理等を専任で教えてもらうことである。二派とは、高等職業学校の卒業生から優秀な者を「派遣」してもらい、専任教師になってもらうことである。三兼とは、特技を持つ教師に労働技術科の兼任教員になってもらうことである。四聘とは、特技を持つ人を社会から招聘して教えてもらうことである。様々なやり方で教師を採用すれば、教師不足という問題は解決できる。

課程内容がよければ、教師も教えやすいし、生徒の能力も伸びる。労働技術科は「実践」に特徴があるので、実用性の高さがはっきりわかる内容——たとえば園芸、栽培、養殖、木工、簡単な機械修理、家電の使用や点検、調理、ワープロ、運転シミュレーションなど——にするとよい。このような内容であれば、生徒は学ぶ中で用い、用いる中で学んで、労働知識や技能を獲得できるほか、学習や労働に対する関心を高めることもできる。これは、労働技術教育が追い求める重要目標である。

労働技術科は、実用性を重視するほか、特色を持たせることも必要である。労働技術科の教材作成に当たっては、地域や学校、生徒の特徴をよく考え、生徒の多様な労働技能を発達させるようにするべきだ。それを基礎として、特定方面の技能をさらに伸ばすようにする。地域の特色を活かした教材であれば、生徒は身近で面白いと感じ、学びやすくなり、学習への積極性や創造性が刺激される。たとえば、蘇州は全国的に名の知れた庭園都市なので、盆栽や花卉の製作を取り入れるのは容易である。無錫宜興は陶磁器で有名な町なので、そこの生徒には、陶磁器の製作を学ばせればよい。つまり、学校は現地の教学資源を充分に活用するべきなのだ。それにより生徒に特色のある技能を学ばせることができ、伝統工芸・技術の継承にもつながる。

英国の中国科学史専門家であるニーダム博士は「中国古代には輝かしい科学の成果はあるが、技術の成果がない」と語った。その主な原因は、労働技術教育が軽視されてきたことにある。我々が生きる二一世紀は、科学技術や生産力が急激に発展している時代である。我々は、ニーダム博士の話を冷静に深く考えてみるべきだ。まずは生徒を一人前の労働者に育てあげる。優秀な人材になるように磨くのはその後だ。新世紀の教育は、時代と共に歩んでいく。「五育」によって生徒がバランスよく発達した人間になるように、我々は労働技術教育に関心を持たなければならない。この教育を発展させて、新しい青空を支えさせるべきである。

第六章　理想の学校

優れた学校は人材のゆりかごであり、質の低い学校は知能の墓場である。優れた学校は子ども達の天国であり、彼らはそこで楽しみ、驚き、積極的に活動し、健やかに成長する。質の低い学校は子ども達の地獄であり、彼らはそこで悲しみ、おびえ、常に受身で、人格が萎縮する。

こうした優れた学校こそ、私の心にある理想の学校である。欧州学生保護者協会幹事長は、欧州議会の下に設置された文化教育委員会が開催した「初等中等学校教育の質と効率」に関する公聴会で、小学校が備えるべき条件として、以下の点を示した。

(1)児童一人一人が、自分は大事にされていると感じられる。
(2)教育の質を高めることを最終目標とする教育革新活動に参加している。
(3)幼稚園と小学校、小学校と中学校、学校と家庭の間に「垣根」がない。
(4)生徒の個体差に留意して、できる限り個別に対応し、学習困難児に特別の支援を提供する。
(5)さまざまな文化的背景を有する児童に関心を持つ。
(6)充分な発達の機会を提供する。頭だけでなく、手と心にも関心を持つ。即ち、知育だけでなく、情操教育、社会教育、体育、芸術教育にも関心を持つ。
(7)門戸を開き、周囲の事物を探求させる。
(8)「孤島」にならず、自ら協力網を構築し、チームで教学を行う。保護者、カウンセラー、医療従事者、社会的組織、教学補助員、学区指導員等と協力する。自校の活動計画に基づき、自らその行動を立案する。

台湾の学者である游乾桂先生は『田園小学校を求めて』（《尋找田園小学》）と題する書物の中で、子どものための心の田園小学校、社会のための理想の田園学苑が彼の「桃源郷」だと述べた。私も、自分の「桃源郷」はどのようなもので、そうした理想の学校を作るにはどうすればよいのか、以下で述べてみたい。

理想の学校―一

特色のある学校。

学校を評価する基準は多種多様であり、また評価自体も常に変化するが、私が思うに、最も重要なのは学校の特色である。アメリカの『ニューズウイーク』誌はかつて、全世界の学校から最もよい一〇校というのを選出した。この一〇校は、ニュージーランドのレイクテカポ学校、イタリアのダイアナ学校、オランダのグレダモス学校、東京の四谷第六小学校、オランダのエクナトン学校、アメリカ・ピッツバーグ市ウェスティンホス中学、ドイツのアンコクトンカオラ中学、アメリカ・カリフォルニア理工学院、スウェーデンのストックホルム職業訓練センター、ドイツ・ケルン地区教育部である。

ニュージーランドのレイクテカポ学校の特色は、生徒の読解力の育成に力をいれていることにある。国際調査によると、同校の読解力と作文能力は最上位である。同校は創造的なカリキュラムの作成、暗唱の重視、自分の学習ペースを身につける、習熟度別クラスの導入などを通じて、読解と作文を結合させ、生徒の能力を伸ばしている。

イタリアのダイアナ学校は、就学前教育が特に評価された。四面が全てガラス張りの校舎は、幼稚園というよりも、賑やかな温室と言ったほうがいいかもしれない。教室の壁に掛かっているもの、窓に画かれているもの、天井からぶら下がっているもの、机に広げられているもの、それらは全て児童の作品である。同校では、教師が自ら教育内容を決定する。子ども達が様々な技術を身につけ、世界を認識するのに役立つテーマに関連づけて、算数、芸術、科学等を学べるようにしている。クラスは年齢に応じて、乳児から三歳までの「巣」と、三歳から六歳までの「母親学校」に分かれており、それぞれに合わせた活動をしている。最も重要な特徴の一つは、生徒の個性を伸ばすことを重視する点にあり、生徒は小さい時から自分の興味に基づいて、自由に各種の活動ができる。

オランダのグレダモス学校の特色は、数学教育である。同校は革新的な数学教育体系、即ち「実用数学」と呼ぶ方法を取り入れている。その特徴は、単元毎に、現実問題と結びつけて討論を行い、日常生活と関連させて数学を教えている点にある。

東京の四谷第六小学校は、科学教育に創造性を取り入れている。学校の教育目標は、生徒が自分で問題を見つけ出し、自分で解決策を考えて、創造的知力を発達させることにある。また、実践を重視している。例えば、四年生で電気や回路図、エンジンの基本知識について学ぶ時、部品に触れてみたり、トースターを修理したりする。一〇歳の子どもが太陽電池やおもちゃの車を使って、ソーラーカーの模型を組み立てたりしているのだ。

オランダのエクナトン学校の特色は、外国語教育で成功したという点にある。生徒はイギリスにもアメリカにも行ったことがないが、英語の語彙の豊富さや流暢さ、堂々とした様子は、アメリカの同年代の子どもに匹敵するか、上回ってさえいる。生徒達は英語でアメリカの社会問題を議論し、表現力を高めている。英語学習の成功は反復練習によるものだ。

アメリカ・ピッツバーグ市ウェスティンホス中学校は「芸術推進計画」で成功した。同校は、軽視されがちな芸術科を教育の重要構成部分とした。芸術科には音楽、視覚芸術、文芸創作などが含まれる。生徒達は芸術により自己の感情を表現し、問題を解決する。こうした教育モデルは、生徒の精神生活を大いに豊かにする。

ドイツ・アンコクトンカオラ中学校の特色は、工芸教育を重視したという点にある。ドイツでは、多くの生徒が職業技術学校に入るので、同校は工芸教育を特に重視し、教育課程の中に専門のカリキュラムを作り、月、火、金には生徒を町工場の徒弟としてマイスターに指導してもらっている。また、卒業試験にも工芸が含まれる。生徒は徒弟として学ぶ間は、給料がもらえる。

アメリカ・カリフォルニア大学バークレー分校は、多くの科学者を育てた。決して大きな学校ではないが、学生に自分なりの方法を考えて研究することを奨励し、様々な研究モデルを生みだすことに成功した。ここからは二〇名余りのノーベル賞受賞者を輩出している。実験室では陽電子やクォークが発見されたほか、地震学、地球化学、分子生物学、天体物理学等、多くの新しい学問領域を開拓した。

スウェーデンのストックホルム職業訓練センターは、就職に有利な条件を整えるカリキュラム、たとえば、会計業務やコンピュータ操作等の教授内容が素晴らしく、卒業後の就職率が非常に高い。

ドイツ・ケルン地区教育部は、教師の厳格な選考や研修を重視し、また教師の待遇を改善することにより、優秀な人材を教育界に招き入れることに成功した。

この一〇校が世界教育の成功モデルとして認定されたのは、こうした学校が全ての面で秀でていたからでも、総合力が高かったからでもない。一つの方面で成功を収めたことで、特色ある学校となり、その特色により教育上の成果をあげたからである。

我々の長年の努力により、蘇州には個性的な学校がいくつか生まれている。たとえば、蘇州城東中心小学の生徒は、二種類以上の民族楽器が演奏できる。同校の生徒は、国家一級芸術家の二胡奏者、閔恵芬も出演したテレビ番組に出たことで、地域活動の誉れを高めたとして保護者や社会から賞賛された。呉江屯村中心小学は、校舎はきれいではないが、子ども達はみなきれいな字を書く。民族楽器と書道は、ともに我が民族文化の重要な構成要素であり、小さい時から書の練習をすることは、人文素養を形成する上で、また将来精神生活を豊かにする上で、大きな影響を及ぼすことができる。また呉江の青雲中学は、情操教育を特色としており、生徒は教師のことを「ママ」と呼ぶ。桃園中学は、学校の経営管理に秀でている。この両校の特色ある学校作りは経営面にもよい効果をもたらした。

特色ある学校作りは非常に重要であり、学校のイメージを変える突破口になる。蘇州市第六中等学校は、ややレベルの低い古い学校であったが、肖徳生校長が就任してから、調査検討の末、特色ある学校作りを推進することを決めた。大学の芸術学科や体育学科の教授を招聘して、芸術体育特別クラスを設置し、学校全体で芸術体育教育を強化した。この特色ある学校作りの試みは短期間で成功を収め、現在、同校は国家重点モデル中等学校になっている。

最良というものはなく、最善があるのみで、最善が即ち最良であるといえる。優れた学校には必ず特色や強み、風格というものがある。特色のない学校は、強靱な生命力がなく、強みも生まれない。なお、都市も学校と同様に特色が求められる。大連の特色は都市建設にあり、深圳はハイテク、温州は民営経済、蘇州は外向型経済にある。これらは、いずれも有名都市となった。学校の特色は校長自身が持つ教育理念の産物であり、これは学校の長期に渡る発展過程で徐々に形成・確立されるものであるが、もちろん、その前提は、教師が特色を持つことである。

理想の学校―二

品位のある学校。

品位とは、もともとは鉱石或いは鉱体中に含まれる成分のパーセンテージを示す言葉であったが、後に人間や事物に対する価値や基準の高さを示す時にも使われるようになった。ここに言う品位とは、主に学校が精神的な意味で豊かであるかどうか、教育的な価値や基準を満たしているかどうかを指している。

私は、学校の品位とは、まずそのキャンパスの品位であると考える。それには、細かいところまでよく考えて校舎を建てたり、緑化を進めたりしていくことが重要である。細部は、品位をより大きく反映することがある。キャンパスは、生徒が活動をしやすいような、便利な配置にすべきである。たとえば図書については、よい図書館を作るだけでなく、廊下などにも書棚を置いて、生徒がいつでもどこでも好きな本を持って行けるようにすべきである。またコンピュータは、生徒が必要とする場所に置くようにして、いつでもインターネットを見ることができるようにすべきである。こうした事は、管理上は不便かもしれないが、それを克服するために努力して、生徒に最大限の便宜をはかることを考えるべきである。また、学校の品位は生徒の品格を反映する。学校は知識伝達ばかりでなく、人格形成にも力を入れるべきである。スホムリンスキーは「我々の生徒が学校を離れる時、持って出るのは知識だけではいけない。より重要なのは理想を追求する心だ」と語っている。絶えず進取の精神でもって理想を追求する生徒については、心配要らない。しかし、学校や学習に対する嫌悪感や恨みを持って学校を後にする生徒もいるのだ。

従って我々の学校は、学習や生活を愛し、社会や人類、生命に関心を向けるよう、生徒を教え導いていかなければならない。学校は生徒の人格や徳性の発達に力を入れ、生徒が立ち止まったり、あきらめたりせずに理想を追求し、民族の命運に関心を寄せるよう教え導くべきで、それが生徒にとっての真の財産となる。人格を磨くことで、社会から好かれる品位のある人になれるのである。

理想の学校―三

魅力的で、遠大な理想を持つ校長がいる。

校長は学校の魂である。学校に魂がなければ、活力もなにも生まれない。校長は、まず人格的魅力で、全教師の力量と智恵を結集し、各教師が自己を発見し、自己の潜在能力を発掘できるようにすることが望まれる。気概のない校長は、いつも教師に愚痴ばかりこぼしている。すばらしい校長であれば、教師の優れた点や特長を見出し、彼らの創造性や積極性を最大限発揮させることができる。校長は、教師が何を求めているかをよく理解した上で、さらなる要求を引き出し、よい雰囲気を作り、最も優秀な教師が最も報われるようにする。校長は、自身が「名教師」ではないことをよくわきまえ、絶えず研鑽を積んで、自らを向上させるべきである。校長は、各教師と心の交流を行い、胸襟を開いて誠実に接し、教師から尊重される人間になるべきである。校長は、自分の研究や教育の成果でもって、教師に影響を与えるべきである。

更に、校長は遠大な理想を持つべきで、この点は非常に重要である。遠大な理想がなければ、成果も上がらない。学校は、校長が達成したいと望む目標を超える成果を上げることはできない。「元帥になろうと思わない下士官はよい下士官とは言えない」のと同様に、全国で、全世界で最も優秀な校長になろうと思わない校長は、よい校長だとは言えない。もちろん、一人だけでは理想の学校を作ることはできない。理想の学校は、大勢の人々により完成されるもので、場合によっては、数代の人の努力が必要かもしれない。しかし偉大な人に肩車をしてもらえば、我々は新たな品位、新たな境地、新たな基準に到達することができるかもしれない。校長や教師一人一人が常に上を目指し続ければ、必ずやよい学校になるであろう。

理想の学校―四

創造性豊かで活力のある教師がいる。

学校経営の主体は教師である。よい学校にするためには、教師が奉仕の精神を持って、力を合わせることが求められる。よい学校かどうかは、きれいな建物がどれだけあるかではなく、よい教師がどれだけいるかで決まる。

多くの学校は、教師が非常に若い。こうした学校の校長はしばしば、学校に教育経験豊かな教師が少ないことを嘆く。実際には、経験は重要ではあるが、若い人の情熱や創造力も同様に重要である。若い人は、経験以外に足りないものは何もない。また、経験を有することが必ずしもよい事だとは限らない。経験がなければ、因習やしきたりに束縛されることもなく、より豊かな創造性を発揮することができる。たとえば、東北の竇桂梅や四川の李鎮西という教員は、若いが突出した成果を上げたではないか。若さは悪いことではない。毎日新しいことに挑み続ければ、毎日新たな太陽に出会える。私がよく知る張家港高級中学は、全国から教師を招聘している。しかし、五年、一〇年と経てば、張家港高級中学から全国十傑に入るような有名教師が現れるであろう。有名教師といっても、何ということはなく、些細なことからこつこつと毎日努力し続ければ、なれるものである。

成功は智恵にだけでなく、努力にも依存する。衝動や情熱のない人は、永遠に成功しない。成功は情熱と弛まぬ努力によりもたらされる。我々はこの世界に何を残せるか、どのような人生観を持つべきかを、もっと考えるべきである。ある人が「人生の最後は、みな同じである。それなのに、あなたはなぜそんなに努力し、苦労をするのか」と質問したが、私は「最後がみな同じであるからこそ、プロセスが他人と異なってもいいのではないか」と答えた。我々は、全教師に優秀であることを求めることはできないが、それでも、優秀さを目標とするよう、求めることはできる。

偉大さは決して遙か遠くにあるものではない。心がけを持って努力を惜しまなければ、誰でも偉大な人になれる。細かい努力を積み上げた結果が、教育という仕事に多くの精力を傾けたことになればよい。教師にとって、最も忌むべきは、他人が既にやったことを何度もただ繰り返すことである（もちろん、他人の経験を学ぶことを否定するものではない）。超越するには、創造的革新が必要である。学校は、社会の各種教育資源を利用し、使えるものは全て使って、有名教師や専門家を可能な限り招聘し、彼らの講演を聞いたり対話したりする機会を、教師や生徒にできるだけ多く与えるべきである。そうすれば、彼らに憧れ、自分もそういう存在になりたいという強い願望を持つであろう。身近に有名教師や専門家がいれば、道のりは決して遠いものではないと感じるようになるであろう。昔から、優れた学校には、名教師、大家が集まるものだと決まっている。

理想の学校—五

探求心に富み、良好な習慣を持つ生徒を育てている。

生徒は学校の主体であり、学習の主体でもある。「今日、私は学校を誇りに思い、明日、学校は私を誇りに思う」という言葉は、多くの学校で生徒に学習を奨励する際の決まり文句になっている。実際、どの時代においても、学校の栄誉や恥辱は生徒の喜びや悲しみと深い関係があった。生徒がいてこそ、学校も活気が出る。緑の芝生で本を読む生徒がいない学校、赤いトラックに生徒の青春の足跡が見えない学校は、たとえ施設がどんなに先進的であっても、よどんだ水たまりのような所にすぎない。生徒にとって、最も大事なことは、探求心と、良好な習慣を持つことである。

探求心を育てるためには、学校を子ども達が自主的に知識を探索する場所にしなければならない。ある生徒が世界に対する好奇心を失い、疑問を持ったり、深く調べたりすることをしなくなるとすれば、それは学校にとっても、教師にとっても、生徒にとっても、悲しむべきことである。生徒にレポートや学術報告を書かせたり、高校卒業時には卒業論文を書かせたりするのもよい。アメリカでは、小学校二～三年生にレポートを書かせることがある。探索の方法が身につけば生活は非常に充実したものになる。わが国の大学生は遊ぶことで忙しいが、それは彼らの探求心が乏しいからである。我々は生徒に各種各様の問題を与えることを試みてよい。たとえば、国語教育では慣習を打破して、一定量の名著を読破しなければ卒業できないようにする。名著を読まずして、細やかな感情やコミュニケーション能力を育てることができようか？　また、生活の中で感じた事などを日記に書くよう、生徒に求めてもよい。現在、蘇州では、高校の入学試験のうち、政治科には本などの持ち込みが許可されている。私は、全ての試験を持ち込み許可にすべきだと主張する。というのは、生活そのものが「持ち込み許可」で行われているからだ。我々の教育の成否は、子ども達がいかに探索の方法を身につけるかにかかっている。我々は、旧来の教学方法を変更しても、成績に影響することはないと考えている。優秀な生徒は大学入試を恐れたりしないものだ。

良好な習慣についても記しておこう。品位は習慣に源を発する。葉聖陶はかつて「教育の真諦は生徒の良好な習慣を育てることにある」と語った。我々は人と仲良くつき合い、正しいマナーで行動する習慣を身につけるべきである。子どもは、教師やお客様に自分から挨拶し、教師は生徒に会釈する。学校は家のようなもので、来る人はお客様である。生徒にこうした心、感覚を持たせるべきだ。これは、表面を取り繕うということではなく、自然な習慣にするということである。社会に関心を持ち、環境に気を配るという習慣を生徒に身につけさせよう。所構わず果物の皮や紙屑を捨てないこと、また生きものや環境を大切にすることを生徒に求めるべきだ。勤勉かつ楽しんで学習する習慣を身につけるよう、生徒に求めるべきだ。自分に適した学習方法を身につけ、自己を完成させるために自発的に学習し、いつでも、どこでも、どんな事でも、よく学ぶよう、生徒に求めるべきだ。良好な習慣は、生徒の一生の財産になる。

理想の学校―六

全ての生徒のことを考えた教育課程体系を有する。

特色ある学校には、特色ある教育課程体系が必要だ。重要なのは、全ての生徒のことを考えた課程にすることだ。生徒はみな違うので、教育課程は選択の幅がなくてはならない。スーパーマーケットのランクやレベルが商品の豊富さによって決まるのと同様に、教育課程の豊富さも、学校の品位やレベルを測る重要な基準になる。全ての生徒に画一的な教育課程を学習させるのでは、生徒の選択権が奪われ、色々な方面に興味をもったり、それを伸ばしていったりする機会が失われる。従って、我々は、選択科目を開設し、学者や著名人を呼んで講演してもらったり講座を受け持ってもらったりすることを勧めている。

単位制を取り入れて、生徒が繰り上げて、或いは繰り下げて卒業することを認めてもよい。我々は重点学級や、進度別学級の設置には反対する。どのような人にも等しく教育を提供すべきだという言葉がある。教育は人をランク付けするものではない。子ども達に、小さい時から自分は落ちこぼれだなどと感じさせてはならない。教科ごとに、自分に適した学習内容や学習方式を生徒自身に選ばせ、学習の主導権を生徒に引き渡すべきだ。我々は特に調べ学習を重視している。人の気付く力、調べる能力は計り知れない。小さい頃から検討し調べる力を養い、知識の獲得、情報の再構成や発明の方法を、実際の作業を通じて学ばせるべきである。

理想の学校—七

常に開放された図書館やコンピュータ室がある。

図書館とコンピュータ室は、学校の施設の中でも核となるものである。スホムリンスキーは「学校には、何はなくとも図書館だけはほしい、そうでないと学校と呼べない」と語っている。読書は、生徒の精神世界を豊かにするための重要な手段である。我々の学校教育や国語教育は迷走している。多くの学校で、書籍は玄関の飾りにすぎなくなっており、子ども達の精神的な糧になっていない。そこで我々は、初等中等学校の生徒のために古今東西の名著一〇〇冊を精選した『新世紀教育文庫』を作った。その中でも特に二〇冊前後を必読書として推薦する。それらが読まれるようになれば、新世紀の中国の生徒は、より豊かな人文的素養とより高潔な人格を備えた人間になるであろう。

我々は既に新しい時代に入っている。即ち、情報化の極端に進んだ知識経済時代である。生徒の学習は教室や学校に限られない。インターネット上の様々な情報が教学資源となる。生徒の情報意識と情報処理能力を高めることが、教育界で差し迫った任務になっている。

そのために、旧来の学校のあり方を徹底的に見直し、学校の図書館を教室や廊下に持ってきてはどうか。そうすれば、生徒はいつでも自分が読みたい本や調べたい資料を見つけ出すことができる。また、学校のコンピュータ室も、教室や廊下に持ってきてはどうか。そうすれば、生徒はいつでもインターネットを見て、専門家と連絡を取ることができる。こうした場所に休日を設けてはならない。学校に来さえすれば使えるようにするための努力を惜しんではならない。

第七章　理想の教師

歳月の中で最も真摯なもの、それは教師の眼差しで、千古を臨み、宇宙を洞察する。

大地で最も広々としたもの、それは教師の眼差しで、上は天を察し、下は地を察する。

世間で最も無私なもの、それは教師の眼差しで、魚が躍るのに驚き、鳥が飛ぶのを喜ぶ。

教師の眼差しは軽い軽い風、軽いのはその幼苗への挨拶。

教師の眼差しは長い長い線、長いのはその教え子に対する気がかり。

教師の眼差しは深い深い海、深いのはその世界への愛。


これは『教師の眼差し』（《老師的目光》）と題する散文で、教師を讃える歌である。それでは、一体どのような教師がよい教師なのか？　どのような教師が理想の教師と言えるのか？

アメリカの学者ツァスナーとジョイスは、教師論を次の五種類に分類している。第一は教師を「よい従業員」（the good employee）と見なす考え方である。この理論モデルでは、教師は、教室で規範に則って教えるべきであると強調される。このタイプの教師は技術型、経験型である。第二は教師を「若手教授」（the junior professor）と見なす考え方である。この理論モデルは、豊富な学術的知識と良識を備えていることを教師に望んでいる。第三は教師を「充分に機能する個人」（the fully functioning person）と見なす考え方である。この理論モデルは、成熟した個人こそ最も優秀な教師であり、個人の発達を促進する教育こそ最もよい教育だとする。これは教師個人の価値観を肯定し、教師が人生を理解し、教師としての個性やスタイルを持つことを強調し、人格の育成に気を配ることを求める。第四は教師を「革新者」（the innovator）と見なす考え方である。この理論モデルは、教師は生気や活力に満ちた存在であるべきだと考える。教師は教育や社会を改革する源泉である。教師は生徒や学校教育の改革を通じて社会を改造する。第五は教師を「内省的専門家」（the reflective professional）であると考える。この理論モデルは、教師は思想家であるべきだとする。教師は教学過程において、生徒の認識能力の育成のみならず、思考力を高めることにも留意すべきで、こちらの方がより重要だと考える。私は、上記の五つの教師モデルのどれも、単独では支持しないし、推奨もしない。「こうした教師モデルを統合したところに優秀な教師というものが存在する」と考える。

理想の教師―一

理想を持ち、情熱や詩趣に溢れた教師である。

いかなる教師も、高い成果を上げ、高い水準に達したければ、まず高い理想を持たなければならない。ある研究によると、志が高いほど成果も大きくなるという結論が得られた。教職に就いたならば、自分が生涯をかけて取り組むべき目標を持たなければならない。その目標に向かって行動し、自己意識や使命感を高め、自己に挑戦すべきである。さもなければ、回り道をすることになり、時間や労力を無駄にする。

教育の仕事には、他の職業と共通する部分もあるが、相違する部分も多い。特に仕事の複雑さや豊富さは、他にはないもので、教師にはより高い知性と理解力が求められる。教育とは詩であると言う人がいる。詩には、田園詩、古体詩、叙情詩などさまざまあって、それぞれに特有の情緒と味わいがある。教育者は、それを読み解きたいという目標を持って詩と向きあわなければならない。そうした詩に含まれる願望や衝動に気付かないようでは、永遠に詩を理解できず、優れた詩を作ることもできないだろう。マカレンコは自分の著作を「教育詩」と称したが、これは大いに道理にかなっている。

理想の教師は、生まれついたものに甘んじることなく、夢見ることのできる教師である。教育の仕事は、毎日が新鮮なもので、内容や主題が日々変わっていく。強烈な衝動や願望、使命感、責任感を持って、はじめて問題を見つけ、自ら「面倒事」を探し出すことができ、詩趣を有する教育生活を送ることができる。詩作には知性と理解力、衝動が必要であり、真の教育者はそれらを備えて、よりよい明日へのあこがれを持ち続けるべきである。衝動がなくなれば、教育も終わる。

優秀な教師は、遠大な理想を持ち、追求すべき目標を自らに課し、情熱を持たねばならない。成長途上にある教師には、落ちついた思考と同時に、あふれる情熱も必要である。アメリカの学者ビュウは『情熱――教師の完成』の中で述べている。「優れた教師になりたければ、いつでもさらなる高みを目指して、ほとばしる情熱を持つことだ。偉大さのうち、天賦の才能が占めるのはごく一部分であり、それは伝達できないものだ。しかし、偉大な教師は必ずや情熱を有している。」

人は夢見る必要がある。優れた教師は永遠に夢を持ち続ける。人生に夢が持てなければ、生命の意義も、教育の意義もなくなってしまう。

理想の教師――二

自信を持ち、自ら研鑽し、絶えず自分に挑戦する教師である。

理想の教師とは、己をよく知るものである。なぜ生活に情熱を持てない人がいるのであろうか。それは、自分の愛すべき所や偉大な所を見出せないからである。自己の認識は、人類が古より直面し続けている深遠な命題である。「自己認識」に関して、我々は長期に渡って誤りを犯してきた。メディアや教師が、己を正しく処するよう求め続けてきたため、我々は評論や総括、交流の場において、自らを貶めがちである。もちろん、人とつき合う上で、多少へりくだることも必要ではあるが、心の奥底では、決して自らを貶めてはならない。

人は、自分が立てた目標を超える成果をあげることはできないし、自らに対する評価を超えることもできない。自分に対する評価は、その人が事業に成功するかどうかを左右する。自信は人を強くし、適度の「傲慢さ」が人を成功へと導く。自信があってこそ、人は潜在能力を極限まで発揮することが可能となり、自信こそが「頂上体験」を可能にする。人間を養成することはその人の自信を養成することであり、人間を壊すことはその人の自信を壊すことである。

日本の坂本保之介という学者は、自伝の中で次のように述べている。彼は成績が非常に悪く、一学年五〇〇人中、四七〇位前後であった。しかし、父親は決して失望せず、彼のよいところを引き出そうと、いろいろ試した。将棋を指して素早く考える訓練をしたり、山に狩に行ったときには観察眼の鋭さをほめたりした。そうして自分に誇りがもてるようになった子どもは、多くの物事を自然に吸収できるようになっていった。

校長は教師の自信を守り、傲慢とも言えるほどの自信を持たせるべきである。教師自身もこうした自信を大切にし、一時の挫折で失ってはならない。自信を持つ人は、必ず成功できる。人は、この世に生まれたからには、価値ある存在であり、自分の立つべき舞台、自分が演ずべき役割、自分が到達すべき境地を必ず持っている。しかし我々は、自分の存在価値を見いだせなかったり、人生の信念を持てなかったりすることがある。『五体不満足』の作者、乙武洋匡は、生まれつき手も足もなかったが、それゆえに、弛まず努力し、早稲田大学に入学して、ベストセラー作家になった。このように、人が成功するには重要な前提が二つある。一つは自ら成功を追い求めること、もう一つは自分が成功できると信じることである。

いかなる人も、大成功をおさめることができる。いかなる教師も、大成功をおさめることができる。まだ成功への道を探し出せていないだけだ。

理想の教師は、成功を絶えず追い求め、成功への道筋を企図し、体当たりで向かっていかなければならない。人はこの世に生まれたときには、自分がどんな人になるかを知らない。未知の世界へとぶつかっていって、はじめて成功の導火線に点火することができる。教師がいろいろなことにぶつかっていくのは、とても大切なことである。教師がぶつかっていくことをやめれば、彼の生活の意義は失われ、自己の存在に対する自信も失われる。

理想の教師——三

協力関係を築くのがうまく、人格的魅力のある教師である。

競争を土台にした協力、協力を土台にした競争は、現代社会の顕著な特徴である。協力関係を築くのが下手な教師は、歩みも遅い。現代社会は協力を必要とする社会であり、教師という職業も例外ではない。

我々の教育対象である生徒は、非常に複雑な社会環境の中で、多方面からさまざまなレベルの影響を時時刻刻と受けている。教師がどのような影響を及ぼすべきかは、バランスを考えなければならない。教師がどのようなレベルで他人と協力するかによって、生徒にいい影響を与えられるかどうかが決まってくる。仕事ができる教師は、千軍万馬を動員して自己の教育目標を実現できる。しかし、素質はあるが、協力精神に欠ける教師も大勢いる。彼らは、あまり大きな成果を上げられない。ここで言う協力とは、教師と教師、教師と生徒、教師と保護者、教師と校長、教師と社会など、多方面に渡るものである。

協力と競争は「WIN-WIN」の関係で考えるべきである。これまで、我々は「競争の勝者は一人しかいない」と考えがちで、そのため協力関係を築くのに困難がつきまとっていた。しかし実際には、「WIN-WIN」の関係こそ真の意味での競争と言えるのである。真に聡明な教師というものは、自分の同僚や上司を尊重し、各教師の特徴を引き出すのが上手である。人気のある教師になるにはどうすればよいか？　私はこれまで一貫して、三つの要素を挙げてきた。第一が相手の立場になって考えること、第二が尊重すること、第三が互恵の精神を持つことである。

第一は「相手の立場になって考えること」である。「己の欲せざるところ、人に施すことなかれ」と言うが、「相手の立場になって考えること」は、言うは易く行うは難しい。「相手の立場になって考えること」は、心理学命題の哲学的命題への挑戦である。哲学者は、「この存在」には「この意識」しかないと言う。心理学者は、「この存在」に「その意識」があるはずだと考える。これは大変難しい事で、注意しないと自分本位の自己中心主義に陥ってしまう。我々は、生活の中で自分本位・自己中心の行動が多すぎると、衝突を引き起こすことを知っている。こうした衝突は、「相手の立場になって考える」ことで、うまく解決できる。教師ももっと相手の立場に立って物事を考えるべきで、そうすれば自ずと他人を理解し、共感することができる。こうした教師は、他人の気持ちを善意に解釈できる教師だと見なされる。「他人の気持ちを善意に解釈する」ことが、相手の立場になって考えることである。相手の立場になって考えるとは、自分を押し殺すことではなく、人が何を必要としているかを理解し、人が苦しんでいるのを見て見ぬふりせずに、必要な時に友好の手を差し出すことである。

第二は「尊重すること」である。「尊重」という感情は大変重要かつ高次元のもので、人間の生存や生理に関する要求が満たされた後、生じる感情である。スホムリンスキーは「自尊心は最も敏感な部分である」と述べている。自尊心が傷つけられた人は、十倍も荒れ狂い、百倍の力でもってあなたに立ち向かおうとするかもしれない。「士は殺すべし、辱めるべからず」と言うとおりで、教師は人の、特に生徒の人格を尊重すべきである。

第三は「互恵の精神を持つこと」である。教師は人との付き合いの中で、「与えること」を学ばなければならない。活動した人みんなで成果を共有し、報酬を分け合うべきである。西欧に社会交流論という考え方がある。それによると、交流や関係性のバランスを保つにあたっては、心理的な評価が重要な決め手になる。交流の過程では、それぞれがなにがしかを提供することになる。これがいわゆる「コスト」に当たる。同時に、交流の中でそれぞれが、なにがしかを受け取る。これが「利潤」である。交流によって収穫が得られたと考える人は継続しようとする。そうした交流が非常に多くの時間や精力を浪費するもので、割に合わないと考える人は中止する。ただし、損得だけで物事を考える人は、自分が得られたものに目がいかず、その結果、交流のバランスが失われることが多い。

交流に長けた人、理想の教師は、奉仕精神を大切にする。我々が奉仕の精神を強調するのは、そうした精神によって報われるものがあるからだ。何かを提供すれば、なにかが得られる。交流とは、実際には利益をならしていく過程である。目先の損得に目がいってしまう人は、多少の物が得られたように見えても、長い目で見れば、利益を失っており、得る物より失う物の方が大きい。以上の三点を実行できる教師は、教師仲間や校長、生徒や保護者から尊敬されるようになるであろう。

理想の教師―四

愛情に満ち、生徒から尊敬される教師である。

愛の教育は、教育力の源泉であり、教育成功の基礎である。夏丏尊〔中華民国期に活躍した教育家、文学者、出版事業者〕は次のように語る。「教育に情感や愛がないのは、池に水がないのと同じである。水がなければ、池とは呼べない。情感や愛がなければ、教育ではない。」毎日、毎年教え続けているが、教える過程に楽しみを見つけられず、心の中に愛の熱い血潮がわき上がることもない教師も多い。そうした教師は永遠に教育上の成功を得ることはなく、永遠に教育の真諦を理解することもない。

私が大学で教えていた頃、学生がよく卒業時にメッセージをもらいにきた。私が最も多く書いた言葉は「生活や仕事に内在する魅力を発掘しよう」であった。我々一人一人の生活や成長の基本になるのは、仕事である。その職業を好きか嫌いかは、精神的な成長や幸福感、達成感の獲得にとって、極めて重要である。あなたがその職業を好きでなければ、その職業もあなたを好まない。教師という職業が好きでなければ、教師という職業の中から楽しみを獲得することはできない。

我々はしばしば「家に二斗の米があれば、『子どもの王』（教師をさす）にはならない」と自嘲して言う。子どもとつき合うのは、確かに非常に煩わしい事で、毎日あれこれと面倒なことが起きて、頭を悩ませる。しかし、悩みが大きければ大きいほど楽しみも大きくなり、問題が大きければ大きいほど達成感も大きい。教師という職業をよく検討してみると、実際にはすばらしい職業だということが分かる。世界に、教師ほどすばらしい職業はない。

教師は教育の楽しみを見つけることにたくみにならなくてはいけない。我々が毎日抱擁しているのは新たな太陽であり、我々が毎日向きあっているのは、それぞれ違った個性と無限の可能性を持つ子ども達なのだ。彼らの中には、将来の政治指導者やノーベル賞受賞者がいるかもしれず、様々な可能性を秘めている。心を込めて彼らの世話をし、育て上げ、彼らが自分に自信を持てるように、また、彼らが自分の潜在能力を発掘できるように手助けすべきである。彼らは無限の可能性を持っている。それは想像をはるかに超えるものだ。教師の努力は、何倍にもなって教師に返ってくるであろう。

教師という職業は、人の創造力や想像力、あらゆる能力や知恵を極限にまで発揮させるもので、終わりのない仕事である。これでも、教師という職業を愛さずにいられようか。これからの教育者は全身全霊を傾けて生徒を愛し、教育を愛すべきである。自ら愛さなければ、愛されることもない。あなたが教育事業を愛さなければ、あなたが教育事業から愛されることもなく、仕事上の楽しみを得ることもない。あなたが生徒を愛して、はじめて生徒もあなたを愛するようになり、彼らとの付き合いの中で俗世間を忘れ、生活の煩わしさを忘れることもできるようになる。

教師という職業には、たくさんの美点がある。たとえば一年に数ヶ月の休みがあり、その時に自分がやりたい事ができる。エンゲルスは「一人の人間がどれだけ成長できるかは、自分がやりたい事に従事できる時間がどれだけあるかにかかっている」と語った。教師は仕事で成功を収めながら人生を楽しむことができる。この点で、教師を凌ぐ職業は他にない。教育という職業の中に満ちているそうした美点を見出すことができさえすれば、あなたの心に毎日のように衝動がわき上がり、生徒一人一人がこれからきれいな花を咲かせる蕾のように見えてくるであろう。そうだ、教師という職業は、職業番付の最上位にくることはないかもしれないが、優秀な教師、私の理想の教師であれば、必ずや自分の中で教師という職業を最上位に持ってくるであろう。教師は、教師という職業に内在する美を見いだす努力をすべきである。自分が従事するのは人の一生に影響を与える職業で、一生奮闘するに値する事業だと堅く信じよう。そうすれば、教師という職業を愛するようになり、全身全霊を傾けて頑張れるようになる。

教師が生徒を愛するとは、子どもを信じることであり、これは非常に重要だ。子ども達は、みな大きな潜在能力を有しており、しかもその潜在能力は、一人一人異なっている。慧眼をもって子どもの潜在能力を見出し、子どもが絶えず自主的にそれを追求するよう激励して、はじめて彼らの才能が余すことなく発揮されるのである。

教師が生徒を愛するということは、教育の民主性にも現れる。我々教育界では、民主精神がまだ充分でない。教師が話して生徒が聞き、教師が命令して生徒が服従するといった具合に、教師と生徒の平等な対話が少なすぎる。我々はしばしば社会に民主性が欠けていると不満を漏らすが、社会の民主性の基礎は学校の民主性であり、学校に民主性がなければ、社会の民主性なぞ求むべくもない。民主精神の育成は小さい時から開始すべきである。民主性は至る所に現れる。たとえば、教師と生徒の会話や交流の方法で、これは些細な事のように見えるが、一種の民主性を体現している。中国の生徒は、襟を正して授業に臨み、教師の質問に声を揃えて答える。外国の教育者には、質問に対してどうして声を揃えて答えられるのか、大変不思議に見える。

我々の周囲には、愛する心がなく、人を教え育てるという役割ではなく、「教育警察」の任務を担っているような教師も少なくない。彼らは、成果を褒めるのではなく、欠点を見出すことに努力する。子ども達が間違いも犯さず、優秀な成績を収めた時でも、彼らを褒めて激励してやるのではなく、問題点を拡大して指摘しようとする。非常に多くの教師が「死刑執行人」の役割を演じている。そうした教師に教えを受けることで、ノーベル賞を受賞したかもしれない者、魯迅や郭沫若のような作家や優秀な人材がどれだけ失われたことか。教育の重要な前提は愛の心である。愛を基礎として、教師ははじめて全精力を投じて、自分の青春や智恵を子ども達に捧げ、何の恨みや後悔の念もなく、教育事業に生涯を捧げることができるようになるのである。『愛で文をつくる』(《用愛造句》)の作者は、教師を次のように描写している。

私は古い童謡の中からやってきた。味わい豊かな童謡には愛の音符が染み込んでいる。
私は青春の歩みからやってきた。歩きながら吟じる足跡に愛の陽光が降り注ぐ。
私は生命の花園やってきた。色とりどりの花びらの上に愛の露玉が乗っている。
命は、愛のために忙しい。春先の軒下にかけられた、燕の巣のようなものだ。
愛のために忙しくし、愛で文をつくろう!

理想の教師―五

卓越性を追求し、創造精神に富む教師である。

教育者と「教育職人」の最大の違いは、教育者は卓越性を追求する精神や創造精神を有するという点にある。多くの保護者は、子どものために年配の経験豊かな教師を望む。しかし、そうする必要はない。教育者には年齢は関係ないのである。ここ数年の「全国十大傑出教師」候補者の多くは五〇〜六〇年代に生まれた、若い教師である。大事なことは、何年教えたかではなくて、心を込めて教えたかである。最初の一年に教えたことを五年も一〇年も繰り返し、中には生涯反復し続ける教師もいる。一方で、五年間、毎年工夫を重ねて授業をする教師もいる。両者の成果の違いは明らかだ。

優秀な教育者は、絶えず追求し、創造する人、心を込めて教育する人でなくてはならない。成功できるかどうかは、その人が心を込めて仕事をするかどうかにかかっている。心を込めれば成功する。我々は思い通りにならないことを喩えて、「心有りて花を栽《う》うるに花開かず、心無く柳を挿せば柳蔭を成す」といった言い方をするが、実際には多くの場合、心を込めて花を植えれば花は自ずと開くものであるし、心無く柳を挿しても柳が蔭をなすことはない。この基本原理を忘れてはならない。我々は、とらえどころのない幸運や偶然の上に成功があると考えてはならない。

信じられないのであれば、今日から教育日記を書き、心ある人として、教育上の成功と失敗を総括するとよい。ある事に今日成功したなら、どうやったのか？　どんなことを会得したのか？　どんなことを感じたのか？　今日矛盾が生じたなら、どのように解決したのか？　今日挫折したなら、どのように感じたのか？　こうしたことを率直に書き留めていこう。五年後に「火花」がきらめく本になり、読者の心を強く揺さぶるであろう。

我々の多くが、感激したり興奮したりしたことを文章にして残さないのが問題だ。文章にして残さないと、「火花」はすぐ雲散霧消してしまう。心を込めて仕事をする人であれば、あらゆることから得るものがあるはずだ。そうして、はじめて端布を美しい衣服にすることができる。端布には何の価値もないように見えるが、実際は価値が見出されておらず、利用されていないだけなのである。それらをうまく組み合わせられれば、目を奪うようなすばらしい衣服になる。従って、理想の教師とは、心を込めて仕事をする人だと言える。初等中等学校の教育研究は、教育現象を記録し、感想や考えを書くことから始める。そうした「真珠玉」に糸を通せば、非常に美しいネックレスになる。このような教育研究が奨励されるべきである。もちろんそれは、教師が専門家の協力を仰いで理論的研究を行うといったスタイルの教育研究を排除するものではない。しかし、初等中等学校の教育研究は、大学教員の研究とは同じではない。教師が教育日記を書いて、自分が体得したことを本にするのはよいことだ。いつの日か、そうした本を集めて『中国教師日記叢書』がつくれるかもしれない。

また、教師は自分の「ブランド」を創造し、立場を明らかにするべきである。優秀教師や特級教師に認定された教師も含めて、特色のある教師がほとんどいないのが現状である。現在、優秀教師や特級教師の認定には、発表論著の多寡が判断材料になることが多く、その人のユニークさはほとんど注目されない。教育者たる者は、自分なりのスタイル、システムを確立すべきである。「風格即ち人なり」と言われるように、風格や体系を作り上げて、はじめて大家になれるのである。

理想の教師―六

学習熱心で、絶えず自分を充実させる教師である。

学習熱心で、自分を充実させること、これは優秀教師になるための基本である。理想の教師、みんなの教師、教育者になろうとする教師は、最も基礎から、即ち一冊でも多くの本を読むことから始めるべきである。蘇州で、我々は名教師・名校長の養成会を開催したことがある。「名教師との対話」等の各種研修だけでなく、読書も重視した。『論語』や、陶行知、デューイ、スホムリンスキーを読まない人が、教育者になることは難しい。目下選定中の『新世紀教育文庫』には、教師向けの必読書として、海外の古典的な教育学教材のほか、国内外の教育小説・エッセイ・格言、教育者の伝記、視野を広げるための人文、自然、社会科学関係の読物が大量に含まれている。我々は、それが中国最初の系統的教師必読書となり、優秀教師へと成長するための精神的糧となることを願っている。

教育者を神秘的な存在だと見なすべきではない。どの教師も、影響力のある教育者になれるし、外国で活躍することもできる。誰でもやれるのだ。そのカギは、心を込め、こだわって、根気強くできるかどうかである。もちろん、教育者として相応の知識や教育理念、文化的道徳的素養、工芸の基礎等が必要であることは、言うまでもない。

教師の最も重要な任務は学習である。教育者は、先輩達が築き上げてきた教育の財産から離れることはできない。ある意味で我々は、我々の時代の言葉や生活体験を用いて、過去の名教師と心の交流を行い、教育の営みを理解しようとしているのである。教育者の大半は、他人の財産を自分の教育実践で応用してみて、その理論に共感しているにすぎない。だから、あなたも、理論的に支えとなるもの、共感できるものを探し出せばよいのだ。今の教師は「北極星」のような分かりやすいものさえ、自分で見つけられないほど鈍感になっている。教師は、他の専門家と異なり、様々な方面の知識を必要とする。知識が浅い教師は、生徒を人格的に感化する力が弱い。子どもは、小さければ小さいほど、教師への期待が高くなり、教師を百科全書と見なす傾向が強くなる。彼らにとって、教師は何でも知っている存在であるので、何も知らない教師がいたら、がっかりしてしまう。従って、教師は自分の知識を豊かにすべきである。

また教師は、子どもの世界を理解するように努めるべきである。大人の世界と子どもの世界は異なっており、子ども達の世界には独特の色彩、旋律、味わいがある。教師は子ども達と一緒に喜怒哀楽を感じ、共に成長する仲間になるべきである。教師は若々しい心を有して、はじめて彼らと心が通い、彼らを理解でき、愛される。

しかし、中国はこれまでずっと師の尊厳を重んじてきたので、教師と生徒の間に距離感がある。中国の伝統教育にはよいものもたくさんあるが師の尊厳を強調しすぎるのはよくない。また、教師には「三歴」、即ち学歴、経歴、読書歴が求められる。この三歴は有機的に関連している。我々は名山大河を全て走破する必要はないのであって、万里の道を行くことと、万巻の書を読むことは、同じくらい価値がある。教師は自然を探索し、自然や生活や人類を深く愛すべきである。こうした心境に達して、はじめて子ども達によい教育を与えられる。

理想の教師―七

人類の命運に関心を持ち、社会的責任感のある教師である。

教育の役割は、子ども達に知識を与えることにとどまらない。より重要なのは、ある種の積極性を育み、生活に積極的に向きあうよう、生徒を指導することである。教育は、それ自体が生活である。我々はしばしば社会に対して、これもよくない、あれもよくないと不平を言い、腐敗や専制、独裁やコネなど、様々な物事に不満を抱く。しかし、不満を抱く物事の多くは、我々が自ら作り出したものなのである。教育は病的社会を生み出す根源であるとも言える。それに対して、教師は責任を逃れられない。

教育者、理想の教師たる者は、社会に関心を持ち、人類の命運に関心を持ち、生徒の社会的責任感を育むことを重視すべきである。教師自身が社会的責任感を持つことで、生徒の社会的責任感を育むことができる。環境問題や人口問題などについて、教室で議論して、はじめてそうした問題に対する子ども達の関心を呼び起こすことが可能となる。教師達が順位や点数にしか関心を寄せないなら、どうして子ども達の視野を広げることができようか？学校の内と外の世界は密接につながっているものなのに、現在は、すばらしい外の世界と、つまらない学校生活に分離している。従って、生徒の生活をよりよいものにし、より理想的でよりよい社会にするためには、まず学校を浄化して、生徒が広く人類社会と文化に関心を持つようにすべきである。スホムリンスキーは「我々の生徒が学校を離れる時、持って出るのは知識だけではいけない。より重要なのは理想を追求する心だ」と語っている。

我々の理想の教師は肝に銘じておかなければならない。即ち、我々の行っていることは全て、未来のための準備である。我々の教育は未来のための教育であり、子どもの生涯を見通した教育である。これを思うと、強烈な社会的責任感がわきあがるだろう。校長や教師の社会的責任感は、生徒の社会的責任感に影響を与える。校内の民主化や教育方式は、子ども達の生活様式に直接影響する。私は、教師が広く世界に関心を持つことを望む。

理想の教師—八

堅忍、剛健で、挫折してもくじけない教師である。

教師は様々な環境の中で生きている。重点学校〔モデルとなるように教師や施設等の教育環境が整えられた学校〕であったり、非重点学校であったり、都市であったり、農村であったり。子どももそれぞれ背景や基礎が異なる。「なぜこんなお粗末な学校で仕事をしないといけないのか、もっとよい環境の学校に代わりたい」と、いつも不満を漏らす教師もいる。そうした心情は理解できる。しかし、どんな環境からでも、教育者は生まれる。どんな苦難に置かれても、教育者になることはできる。学校をよい方向へ導き、子ども達をきちんと成長させること、それこそあなたの使命なのかもしれない。天があなたに大任を下した以上、労苦を厭わず、努力すべきである。

実際には、環境の良し悪しは相対的なものであり、絶対的なものではない。名高い重点学校では、規則が多く、自由度が低いかもしれない。無名の学校の方が、創造性をより発揮できるかもしれない。私はしばしば評価の高い学校の校長に次のような話をする。「得意になるのはいいが、有頂天になって我を忘れてはいけない。あなたの学校の教学レベルが特に高いわけではなく、あなたやあなたの学校、教師が今あるのは、生徒のおかげなのだから。」実際、そうした重点学校の子どもは、どこの学校でも能力を発揮できる。多年に渡る教育の中で、彼らは自分で学び、自分を教育し、成長させる習慣が身についているからだ。本当に評価すべきは、問題を抱えた生徒をきちんと導き、問題のある学校をしっかり管理できる人である。そこで私は、評価の高い学校に対して、立ち遅れた学校を支援するか、合併するよう求めた。そうしなければ評価の高い学校の校長や教師といえども、技量があるとはいえない。ある人は「私のような教師は、評価の高い学校に集まる優秀な生徒を教えることしかできないのです」と語った。彼の話が全く道理に反するとまでは言えないが、学ぶのが上手な生徒にしか教えられない教師はよい教師だとは言えず、また学ぶのが上手な生徒しか教えられない学校も、よい学校とは言えない。

もちろん、これは広く認められているものではなく、一個の教育行政官たる私の個人的価値観である。私が求めるのは平等な教育であり、どの子どもにも平等な教育機会を提供したいと考えている。それで、私は立ち遅れた学校を改造、支援することに精力を注いだ。江蘇省には重点学校が多いが、増加によって、逆に重点学校を消滅させることが目的の一つであった。立ち遅れた学校を発展させることを、各級教育行政部門は重視すべきである。子ども達は生まれながらにして平等であり、平等に教育を受ける機会を与えられるべきである。また、保護者にも、子どもにも自由に選択する権利を与えるべきである。政府がやるべきことは選択の禁止ではなく、子ども一人一人に公平な環境を与えるために、全力を尽くすことである。

一人の教師の成長という面から見ると、堅忍不抜の意志力が非常に重要である。「一〇〇里を行く者は九〇里を半ばとせよ」という諺があるが、それはなぜか？　多くの人が、最後の一〇里で息が切れて、立ち止まってしまうからである。真に成功する人は、最後の一〇里を歩き抜くことができる。根気と気力にかかっているのだ。成功を目前に退却して、努力が無駄に終わる人が非常に多い。もちろん、全ての教師が理想の教師になることを期待してはいない。それは永遠に不可能であろう。人はそれぞれ違っており、価値観も様々だ。生き生きとして元気がよく、精彩を放ち、人に尊敬される人間になりたい、教育者として成果を上げたいと考える教師もいれば、平々凡々と生きていきたいと考える教師もいる。全ての教師に理想を追求してほしいと無理強いするつもりはない。しかし、理想を持つ教師がいない社会、理想を持つ教師がいない学校には、悲哀を感じざるを得ない。それは社会の悲哀であり、教育の悲哀でもある。

教育には理想が必要である。理想の炎を燃やして、はじめて我が民族は強くなり、団結力が高まり、世界各国と対等に競争することが可能となるのである。我々は、いかなる時も理想を放棄しないよう、教師や学校を鼓舞すべきである。我々の成功は間近に迫っているのだから、このまま理想を追求すれば、成果が得られるはずだ。教育は長く続く事業であり、何世代もの、全ての教師が追い求め続ければ、学校で理想の火が燃え上がり、やがてわが民族にも理想の火が燃え広がっていくであろう。私は、中国の教育に理想が充満し、教師や校長に理想や情熱、詩趣が満ちあふれることを期待する。

第八章　理想の校長

　ある意味で、校長は学校そのものである。よい校長がいる所は、よい学校である。東北地区のある教育委員会主任は、校長に関して『聖園の魂』（《聖園之魂》）と題するルポルタージュを書いた。聖園とは学校、魂とは校長の精神や考えのことである。確かに、校長は学校の魂である。校長という魂があって、学校ははじめて生き生きとしてくる。各種各様の「校長学」本で、校長が有すべき素質は描き尽くされている。私には何を付け加えられるだろうか。私の思う理想の校長とはどのような人物か？

理想の校長──一

自分の存在意義や使命を認識し、奉仕の精神や人文的素養を有する。

　旧ソ連の教育家カリーニンは「教師は過去と未来の繋ぎ手であり、人類が無知と悪習を克服するための重要な社会構成員であり、崇高で偉大な歴史上の人物と現代人の仲介者である」と書いている。カリーニンが言っているのは教師についてであるが校長にも当てはまる。校長も教師であるが特殊な教師と言える。その特殊性は、校長が教師の教師だという点にある。大勢の教師が働く学校にあって、校長は学校の魂であり、教師のエネルギーを凝縮した一種の力の塊である。

　校長は任期が限られている。校長任期目標制を採っている地方もあり、そうした学校では、任期も多少長いかもしれないが、学校の長い歴史全体から見れば、一人の校長の任期は短く、大河の歴史の中の一コマにすぎない。しかし、現れては消える校長が、学校の名声を作り出し、中国基礎教育の希望を担っている。学校の栄枯盛衰や毀誉褒貶は、校長という魂にかかっている。学校の質やレベルは、ひとえに校長によって決せられると言ってもよい。戦闘を指揮するのと同様、校長は学校の最高指揮官であり、教師達は将兵である。彼らが勇猛果敢に活躍し、一歩も後に引かずに奮戦して敵を倒し、すばらしい戦果を挙げられるかどうかは、校長が彼らの能力を発揮させ、自分の学校経営理念に合わせて全教師と生徒に統一した目標を掲げさせることができるかどうかにかかっている。校長の使命、責任は非常に重い。

校長にふさわしい人間となり、その使命を達成するためには、二つの前提条件がある。第一は奉仕の精神、第二は人文的素養である。

まず奉仕の精神について述べてみる。「教育は事業であり、事業の意義は献身にある。教育は科学であり、科学の意義は真理の探究にある。教育は芸術であり、芸術の意義は創造革新にある」私はこうした言い方に全く賛成である。教育は科学、芸術である前に、一つの事業であると考えている。事業の意味は献身にある。現在、「教育という事業に身を捧げたい」とすべての教育関係者が思っているわけではない。民主促進会中央主席許嘉璐の教育問題に関する話には非常に感銘を受けた。彼は次のように語った。「世界は色とりどり、変幻自在で、つかみ所がないが、人生の選択肢は二つしかない。一つは自分のため、一つは人のためである。人が追い求めるものも二種類しかない。一つは物質、一つは精神である。古代ギリシアの哲学者が言うには、精神の追求とは、神聖なものを求めることで、物質の追求とは平凡さを求めることである。幾千幾万の教師達は、ロウソクとなることを選んできた。永遠に火が消えることのないロウソクである。彼らが求めているのは国家、民族、生徒、そして精神的なもの、神聖なものである。教師は、永遠に光輝く道となることを選んだ人であり、それゆえ尊敬に値する。教師は、百万長者にはなれないが、満ち足りている。色とりどりで変幻自在で、つかみ所がない世界にこうした一群の人々がいることは、大変有り難いことで、我々は深く頭を下げて敬意を表すべきである」教師の一員であり、指導者でもある校長は、一般の教師以上にこのような教育に身を捧げる気持ちを持つことが求められる。

校長という職を、生計の手段と見なすのも一つの方法ではある。しかし、事業ととらえられるかどうかで、校長の在り方は変わるのだ。勤務規則に則って淡々と、遅刻も早退もせず、職務を全うしていれば、それはそれで何ら責められるべきものではない。しかし、それでは自分が生きていくための手段となってしまう。一方、事業として校長職を務めるとはどういうことか。事業は終わりのないものである。自分の仕事を事業とみなして取り組めば、追い求めるもの、理想とするものが全く違ってきて、全身全霊をかけて仕事に打ち込むようになる。もちろんこれは、基本的生活条件が保障されていることを前提としての話である。教育に身を捧げる気持ちのない人は、校長になるべきではない。かつて「愛の心がない人は、教職に就くべきではない」と述べた教育家がいた。私の考えでは、校長に対する要求は、一般の教師に対する要求よりもっと高い。校長は学校の利益や発展、生徒や教師の成長を至高のものと考えるべきである。

次に人文的素養について述べてみる。私はしばしば、教育という枠から跳び出して、教育について考察する。これが、私と教育界の方々との違いである。教育という枠の外から考察することで、教育とは何かがより明瞭に分かってくる。我々は、学校の質により社会の質が左右されるということを知っている。我々の行為、我々の学校が子どもに与える物、子ども達が学校で感じ取る事、それらは、子ども達の未来の精神構造、道徳心、人生の目的を決定づけるものである。愚痴ばかりこぼしている校長もいて、「長い物には巻かれろ」とか、「学校で何年もかけて教えても、テレビを見ると水の泡になる」といった言い訳が流行している。なぜ学校で教えてきた内容は、テレビにかなわないのか？　学校で教えてきたのが、あまりにも空虚で役に立たないものだったからではないのか、私はそう問いたい。

愚痴ばかりこぼしている校長は、学校について、或いは自分の学校経営に関する考え方について、多少なりとも顧みたことがあるのだろうか。「長い物には巻かれろ」という風潮が広まった原因は、もちろん多方面に渡っている。しかし、校長の注意を促したい。皆さんは人文的素養をお持ちなのか？　生徒に人文的素養を育成することを重視されているのか？　学校での教育を生徒の人格形成に実りあるものとし、生徒の信念に転化するためには、生徒に心の糧として、豊富な人文的素養を吸収させる必要がある。もし生徒が人類の高度な精神文明に立脚して、幅広い人文的素養を持ち、社会、国家、世界をそれに照らして見ることができるようになるなら、彼らが社会人になった後でどんな出来事に遭遇しようと、心の奥深くで崇高な精神のたいまつを燃やし続けることができるであろう。

現在の学校はやや閉鎖的で、「自己循環」的であり、社会との交流が少なく、人類の優れた文化遺産についての学習や継承を欠いている。そのような環境で育った人が、人文的素養を身につけられるはずがない。人文的素養を獲得するために、最も重要なのは読書である。人文精神を育成したければ、まず人類文明の精華を吸収することから始めなければならない。読書量が多い子どもは、一般的に、視野が広く、精神的に充足しており、高い志を持って熱心に探求していく。子どもが学校を離れる時、持ち出す物が試験の高得点だけということではいけない。より重要なのは、理想的な未来へのあこがれ、人生において信念を追求する心を育んでいることであり、最も重要なのは、人間らしい人間になるための方法を学び取っていることである。校長が人間本位の価値観を持たず、人文的素養も身につけていないとしたら、教師はおろか、生徒に至るまで、それらを身につけられようがない。全ての学校に人文精神が行き渡ったとき、社会に正しい気風や希望がみなぎるようになる。

理想の校長―二

自分よりも学校の名誉を大切にする。

校長が学校の名声やイメージを重要だと思うなら、最大限の努力を払ってそれを守るべきである。学校の名声は、校長により左右されるものだ。しかし中国では、校長の名声やイメージはこれまで、それほど重視されてこなかった。

その原因の一つとして、「職務としての校長」から「職業としての校長」への転換が実現されてこなかったことが挙げられる。中国では、校長任免権は上級主管部門にあり、いわば一枚の紙切れが校長を生みだしていたのである。校長自身は自分の理想や主張を持つ必要がなかった。というよりは、持ってはならなかった。校長は、上級部門の顔色を窺い、その命令に服従するのを使命としていた。結果として、大多数の校長は「鴆《ちん》を飲みて渇を止む（毒酒を飲んで乾きをいやす）」の如く、目前の功利ばかりに執着し、後のことを顧みなかった。中国は、校長の「寿命」が世界で最も短い。たとえば北京大学では、一八九八年から二〇〇〇年までの一〇二年間に二七人の校長がおり、平均在任期間は四年に満たない。これに対してハーバード大学は、一八六九年から一九七一年の間に校長はわずかに四人、平均在任期間は二五・五年であった。任期がかくも短くては、長期的な視野を持ち、きちんと準備して学校経営に当たる校長が現れるはずがない。「職業としての校長」へ転換できれば、校長は企業家と同様、市場の選択を受け入れ、学校と校長は契約関係となり、契約の要求に基づいて学校をきちんと経営することが校長の職責となる。従って、校長は右顧左眄する必要もなくなり、自らの創造性を生かして、より自由に自分の教育に対する思いを実現することが可能となる。

前述のように、校長は学校が発展する大河の歴史の中の一コマにすぎないが、学校の歴史は代々の校長の努力によって築かれている。しかし、わが国にはまだ「校長のイメージを築く」という考え方が形成されていない。私が外国で見学した学校の多くは、これを重視している。たとえば、日本では、会議室や講堂に代々の校長の写真が掲げられており、いかなる毀誉褒貶があろうと、彼らがその学校に存在したという事実が曲げられることはない。校長は校長として、その学校の歴史に痕跡を残したと日本人は考えるのである。私は日本で五〇校余りを見学したが、全ての学校に校長の写真が掲げられていた。しかしわが国では、学校の記念出版物等に代々の校長の在任期間が記される程度で、全く不充分である。校長の写真を掲げるということは、彼らの存在をアピールしているのではなく、「あなたは学校の歴史に何を残してくれたのか」と校長に問いかけているのである。また、生徒や教師など学校にいる全員に「校長が校長として何をやり、どのようにして学校の誉れを高めてくれたのか、彼の任期中に学校は進歩・発展したのか」といったことを考えさせるのである。校長が自分自身や前任者の写真を見れば、責任感が大いに高まるであろう。

学校の誉れを高めるために校長が努力するなら、その仕事はきついかもしれないが、崇高なものとなる。よく言われるように、教師の原動力は、生徒に対する尽きせぬ愛情である。校長たるものは、生徒を、教師を、学校を深く愛するべきである。校長の愛は、一般の教師より更に大きく、広いものでなければならない。

評価の高い学校の悠久の歴史と優れた伝統は、何代もの校長の尽力・奮闘のたまものであり、それはリレー競技のように、連綿と受け継がれてきたものである。校長が職を辞する時、過ぎ去りし日々を振り返り、オストロフスキー〔ロシア革命の時代を描いた小説『鋼鉄はいかに鍛えられたか』の作者。四肢の自由を失う難病、失明などにみまわれながら第二長編の『嵐に生まれるもの』に取り組んだが、完成前に三二歳で没した〕のように「悔いのない人生であった」と書くことができれば、その人は非常に優秀な校長だったと言えるだろう。天津の韋力校長も、その一人であった。韋力は私が編集した『中国著名校長学校経営思想録』（《中国著名校長辨学思想録》）に、非常に感動的な原稿を寄せてくれた。「四一年はあっという間であった。校長として行ったことの全てがまるで昨日のことのようにありありと目に浮かぶ。校長として過ごした歳月に後悔や恨みはなく、むしろ自慢にすら思っている。一万人に近い卒業生達は、大多数が社会主義の建設に貢献し、各方面の中核を担っている。彼らは、自分が革命事業の後継者であることを行動で立証している。彼らを見れば、私の理想、私の革命事業のバトンがきちんと受け継がれており、自分の人生に価値があったと分かる。私の人生とは教育だ。そして教育を体現するのが校長だ。来世があるならば、私は再び校長になりたい」韋校長の肺腑に響く言葉は、校長として生涯仕事をしたことを振り返った時の確かな手応えから来るものであろう。理想の校長たる者は、学校の利益や名声を第一に考えて、発言・行動すべきである。

理想の校長―三

人生の理想や学校経営理念を追求し、独自の学校経営スタイルを持つ。

ここで重要なことは次の三点である。一つは人生の理想、一つは学校経営理念、一つは学校経営スタイル。この三点は密接に絡み合っている。まず校長は自分の人生に理想を掲げるべきである。私が理想の教師について論じる時、教師の理想に関連した話をすることが多い。教師が理想を持てるかどうかは、校長が理想を持っているかによって、大きく左右される。理想に満ちた校長は、教師の情熱や潜在能力を引き出し、教師に理想の帆を上げさせることができる。

理想のない人生は、平凡で人類や社会に大した貢献もできないまま終わる。同様に、理想のない校長も、平凡で学校の発展に大して貢献できない。人は、自分が追求する以上のことはなし得ない。

理想は奇跡を生じる源泉である。多くの著名な科学者の生い立ちがそれを示している。我々の生活においても、例を数多く挙げることができる。何事かをなした人はみな、始めた時から非常に高い目標を掲げている。校長もそうあるべきだ。ナポレオンは「元帥になろうと思わない下士官はよい下士官とは言えない」と語ったそうだが、それと同様、傑出した校長になろうとしない校長も、よい校長とは言えない。まして自分を乗り越えようとしない校長は、よい校長とは言えない。校長という職に就いたからには、学校に幸せをもたらさねばならない。前任者より更に優秀で、卓越した校長になり、後継者のために確固とした基礎を築いて、はじめて学校の発展という尽きることのない大河の優秀な一コマであったと言えるのである。宋代の儒学者張載〔三八歳で進士に合格、五〇歳で朝廷に登用されたが王安石の新法に反対し帰郷、八年後に再び出仕するも志を得ず、職を辞し帰郷の途中で亡くなった〕は次のように語っている。「志が大きければ、才も大きく、事業も大きい。志が久しければ、気も久しく、徳性も久しい」人品の完成には遠大な志が欠かせない。また、志は、大きく持つことだけでなく、その持続も求められるのだ。以上、理想について論じてみた。

校長の理想は、個人として掲げるだけではなく、それを教師の理想とし、己の志を教師全員の志とすべきである。管理学に「共有ビジョン」という専門用語がある。『五つのトレーニング』《第五項修錬》というベストセラーでも、修錬の一つに「共有ビジョン」の構築を取り上げている。つまり学校の目標やゴールを全教師、全生徒に明確に知らしめ、それを着実に実行していくことである。これは、実際には、校長の理想を全教師の理想に転化させ、全生徒の行動に転化させていくことである。これは、目標管理において非常に大きな意義を有する。

西欧の心理学者が非常に興味深い実験を行っている。彼は同じ作業を条件を変えて三つのグループにやらせた。最初のグループには目標を与え、次のグループには与えない。最後のグループには細かく区切って目標を設定した。実験の結果、目標の有無によって、効率は大きく異なることが分かった。人生に目標があるかどうか、校長に理想があるかどうかによって、得られるものも変わる。スホムリンスキーは次のように語った。「校長は、まず、教育思想の指導をすべきで、行政上の指導はその後だ。事物を分析してその結論を弾力的に運用することに、我々は熟達すべきである。それが、学校で教育理想を実施するという事の内実である。校長から門番に至るまで、学校で働く者全員が力を合わせ、全神経を傾注して教育思想を実現することを、我々は常に求めるべきである」これは、校長としての学校経営理念、思想を簡潔明瞭に語ったものである。校長が単なる管理者となるか、あるいは教育家になるか、その違いは、自己の学校経営理念、自己の教育思想を有するかどうかである。

教育思想や教育理念の源泉はどこにあるのか？　それは、古今東西の教育名著、名教師の理念を学ぶところから始まる。思想や理念は、無から生まれるものではない。私は読書の重要性を強調するが、それは、中国の校長の中で、系統的に教育思想を理解している人が、それほど多くはないからである。しかし、一旦把握できれば、成長は非常に速い。系統的に教育理念の薫陶を受けることは、非常に重要である。大学の教員養成学部の講義内容は、何十年も同じままであるし、中国教師必読書リストといったものもない。必読書リストは、ぜひ必要である。教育者が系統的に読むべき教育関連の名著はせいぜい二〇冊程度である。この二〇冊も読まないようでは、教師にはなれず、まして校長になぞなれっこない。人類が積み上げてきた教育思想の財産を系統的に学んでいない人が、意欲的に教育に取り組み、遠大な教育理想を持てるはずがない。思想というものは、決して無からは生じない。物をつくるのと同様、原材料を手に入れて加工する必要がある。空気を加工しようなどと、突飛なことを考えてはならない。それは妄想である。

従って、「教師向け読書プロジェクト」、更には「校長向け読書プロジェクト」とでもいうような、着実に一冊ずつ読み進めていく事業を推進すべきだと考える。基礎がしっかりしていなければ飛躍はできないのだ。校長としての教育思想を構築するもう一つの源泉は、人付き合いである。人付き合いのへたな校長は、よい校長にはなれない。活発な交流活動は、教師や校長に清風をもたらし、観念の変革をもたらす。短時間の交流でも、それをヒントにして仕事に生かせれば、大変よい効果が得られる。校長はまめな交流を心がけ、特に一流の人物との積極的な交流を求めていくべきである。また、教育実践を反省することも大切である。教育日記をつけて自分の行動を毎日振り返るのもよい方法だ。

教育という活動は、一見、ありきたりで変化に乏しいもののように思えるかもしれない。しかし実際は、状況は、日々異なっているのに、観察力不足で気がつかないだけである。注意深く観察し、考えれば、生活や教育、学校がどれほど美しいものであるかに気付くはずである。教育家と言われる人達の日常の仕事ぶりは、自分と大差ないかもしれない。ただ、彼らは我々より少しばかり熱心で、我々より少しばかり多めに教育活動を記録する時間や読書時間を取り、自分の仕事について少しばかり深く考えている。それだけの違いである。教育家になるための道のりは、決して遠くはない。校長はみな、優秀な教育家になることができる。自身の活動をしっかり振り返り、反省すればよいのだ。

「学校経営スタイル」とは、校長の個性溢れる教育思想が学校経営に反映されているということだ。オリジナルな学校経営スタイルはどのようにして形成されるのか？　校長たる者はもちろん、着実に仕事をこなしていくべきであるが、それだけでは不充分である。いくら苦労しても、苦労が歴史に記されるわけではない。歴史に記されるのは功労だけである。「功労」とは新しいものを生みだすことであり、それがスタイルである。一に特色、二に特色、三もやっぱり特色である。特色こそが、違いを示すものであり、他の校長を乗り越え「鶏群の一鶴」になるのに不可欠のものなのである。生徒に特長なく、教師に個性なく、学校に特色がない、これが教育における極限的悲哀である。歪んで見えるもの、変わって見えるものを気にしすぎてはいけない。子どもや教師達をきちんと受け入れれば、彼らが学校の特色やスタイルをつくり出してくれる。特色があり、スタイルを確立していることで、カリスマ性を帯び、ステータスを得られるのである。個性や特色のはっきりした学校にすることが、校長としての人生の輝きを手にすることになるのだ。

理想の校長―四

海の如き広い度量を持ち、感銘を与え、強い求心力を持つ。

私の理想とする校長は、人格的に魅力溢れる人である。「人格的な魅力」の要素はたくさんあるが、その中で私は、百川が流れ込む海の如き広い度量を持っていることを重視する。寛容さ、包容力は、校長が優秀な人材を受け入れることができるかどうかのカギを握っているからである。

校長の度量の大きさは、まず、様々な教育思想を受け入れることができるかどうかに現れる。蔡元培は北京大学学長に任命されると「学術自由、兼容併包（すべてのものを包容する）」を方針として掲げた。欧米派〔欧米留学組〕や上海派〔上海の学派〕の教授を北京大学に招聘するとともに、保守的な考えの教授も残留し、それぞれの長所を発揮させ、競争させた。その結果、北京大学は真に優れた大学となり、中国新文化運動〔一九一〇年代に起こった文化運動。儒教に代表される旧道徳・旧文化を打破し、人道的で進歩的な新文化を樹立することを提唱して学生達から圧倒的な支持を得た〕の発祥地として、二〇世紀中国の先端的思想を育んだ。校長は、自身の教育思想を持っていなくては務まらない。しかしそれだけでは不充分で、古今東西の様々な学派の教育思想を受け入れて、自分の栄養として蓄えるべきである。また、教師それぞれのものの見方や考え方も尊重すべきである。教師の個性を尊重し、教師達が自分の思想を持つことを支持すべきである。思想の息吹が溢れる学校でこそ、思想を持つ次代の若者を養成できるのである。校長の声しか響いていないような学校は、生命活力に満ちているとはいえない。

また、校長の度量の大きさは、教師それぞれの教学方法に寛容であるかどうかにも現れる。ある意味で、素質教育はそれ自体が個性教育である。個性は個性によってのみ育つ。教師に個性がなければ、生徒に個性など育つはずがない。教師の個性は教え方に現れることが多い。「教え方」とは創造力の現れなのである。しかし、現在は整然とした画一的な教学モデルを採用している学校がほとんどである。何でも統一してしまうのが習慣になっている校長もいて、教え方、手順、スタイルから、教案の書き方に至るまで、全てを「標準化」しないと気が済まない。こうした学校では、個性のある教師は校長から評価されないことが多い。

一校の長たる者として、マクロな視点から統一した目標や指導的意見を提示するのは当然である。しかし、その青写真を具体的現実に置き換えるには、一人一人の教師が創造的に仕事をすることが必要である。教科や学年が違えば、教え方が変わるのは当たり前であるが、同じ教科、同じ学年でも、教師によって教え方が違うこともありえる。従って、校長は各教師の教学スタイルに寛容でなければならない。それぞれの教学スタイルを認めないのは、創造性を抹殺するに等しい。創造性に欠ける教師が、創造性に富む生徒を育成できるはずがない。

真に広い度量を持つ校長は、教師から虚心に学ぶことができる人でなくてはならない。校長たる者は、幅広い知識を持つことが望まれるが、そうはいっても、あらゆる方面で教師を超える知識を持つなどということはありえない。それでは、どうすればよいのか？　最良の方法は、真摯に教師から学ぶことである。ここでも、校長と教師の関係という問題が出てくる。校長と教師は管理者と被管理者の関係であるが、それは一面にすぎない。重要なのは、校長と教師は共に教育の現場にあって、教育の本質を求める同志であるということ、即ち、その点では平等な関係にあるいうことである。校長と教師が互いに教え合う関係を築くのは、この上なく自然な事である。教師のみならず、生徒にさえ学ぶことがあってもよい。それは、決して校長の威信を傷つけるものではない。多くの優れた校長がその事を立証している。校長は、本を読むだけでなく、「脳」を読むことにも長けているべきだ。周囲の教師の「脳」を読むのがうまい校長こそが、真に賢い校長なのである。

理想の校長―五

各方面と良好な関係を築き、手に入るあらゆるものを利用して学校を発展させる。

今日、校長は確かにやりにくい仕事である。というのは、校長は様々な役割を引き受けなければならないからだ。校長はもちろん、多くの時間を教育家として過ごすが、ある時は企業家に（学校の発展に必要な経費のことを考えねばならない）、またある時は社会活動家（学校の発展には社会との付き合いが必要である）にもなる必要がある。従って、優れた校長は各方面との関係をうまく築けなくてはならず、この点が特に重要である。

第一に、上級指導者と良好な関係を築き、支持を獲得しなければならない。上級主管部門の支持なくして、学校の発展はない。従って、校長たる者は、常に上級主管部門の意見に耳を傾け、彼らの指導を積極的に受け入れるべきである。上級の指示に対しては、それを尊重するだけでなく、従わなければならない。たとえ見解が違っていても、受け入れて行動しなければならない。校長が学校経営について独自の考え方を有する時は、上級指導者と意思疎通をはかり、理解と支持を獲得するよう、努めるべきである。

第二に、企業と良好な関係を築くべきである。現在、中国では企業が教育をサポートするための制度が整っていないので、校長が企業に働きかけて、支持を獲得しなければならない。企業からのサポートというと、金銭的なことしか思い浮かばないかもしれない。もちろんそれも非常に重要である。社会や企業に学校経営を手助けしてもらうことは、政府も提唱していることだ。しかし企業のサポートとはそれだけにとどまらない。社会的観点から、或いは経済発展の観点から、企業家の方々に、いかに教育を発展させるかについて意見をいただくことも、我々の視野を広げるのに役立つ。また、企業との連携を通じて、学校と社会を結ぶパイプを強化すること、たとえば生徒の社会実践の受け入れ先を増やすといったことも、大変重要である。

第三に、コミュニティと良好な関係を築くべきである。コミュニティに積極的に関心を持ち、その発展と変化を注視し、学校がコミュニティと共に成長することを願い、生徒とコミュニティの住民が教育の発展を共に喜びあえるような関係を築けるよう、務めるべきである。優秀とみなされている校長は、みなコミュニティとの関係を重視し、その資源をうまく活用している。実際、コミュニティは豊富な資源を有している。また学校の資源も、できるだけコミュニティに開放すべきである。学校図書館や体育施設等は、利用率が低いことも多い。なぜ社会に開放しないのか。社会に開放すれば、図書館や体育施設もその役割を充分に果たすことができる。学校の全ての資源は、コンピュータも含めて、社会と分かち合うことができる。校長に社会的責任感がない学校に対して、社会が関心を持ってくれるはずがない。学校には社会的責任感が求められる。

第四に、他の学校と良好な関係を築くべきである。受験教育という背景の下では、学校同士の関係は、緊張感ただようものになりやすい。実際には、競争は協力を妨げるものではなく、競争を基礎としての協力、協力を基礎としての競争であるべきだ。競い合い、協力し合うというのは、どちらか一方が勝者になり、もう一方が敗者になるものではない。「ライバルであり、友人でもある」というのが、学校同士の正しい関係である。また優秀校は低レベル校を支援・改造して、その教育水準を引き上げ、共にさらなる高みを目指すべきである。

理想の校長―六

教育科学研究を重視し、身をもって実行する。

スホムリンスキーは『教師への提案』という本の中で「校長は、まず、教育思想の指導をすべきで、管理運営上の指導はその後だ」と述べている。私は、それを「校長は、まず、教育科学研究の指導をすべきで、管理運営上の指導はその後だ」と理解する。学校の教育科学研究の成否・良し悪しは、校長がそれを支持し、激励するかどうか、それを組織し、先頭に立って実施するかどうかによって、大きく左右される。

学校にとって、教育科学研究がどれほど重要かは、言うまでもない。教育科学研究は学校の第一生産力であり、学校が新たな段階へと進む上での重要な条件と言える。教育科学研究がうまく行えれば、学校の特色を鮮明に打ち出すことができる。また、教育科学研究は、学校の団結力を高めることにも役立つ。全教師が、自分の仕事に対して検討し、工夫することに時間と労力を費やすようになるからだ。また、教育科学研究は、若い教師を育てるための、特に名教師を育てるための、重要な方策でもある。従って、校長たる者は長期的視点に立って教育科学研究に力を注ぐべきである。教育科学研究を軽視する校長は、長期的視点を欠いた校長である。

では、校長は教育科学研究をどのように実施すべきか？

第一に、校長は、教師の間での名著閲読、理論学習を組織的に実施すべきである。教育科学研究には実践が不可欠だが、実践をうまくやるには、理論的基礎が必要である。校長は教師の間で教育科学研究を組織的に実施し、教育名著を読破させるべきである。

第二に、校長は著名人に経験談を語ってもらい、指導を受けるべきである。著名人との付き合いから意外な収穫が得られることがある。著名人はたいてい独特な見解を持っていて、我々を啓発してくれる。彼らの経験談を聞き、その指導を受けることは、模索の歩みを短縮することにつながり、彼らと対等に話せるレベルにまで引き上げてもらえる。人脈も広く、社会的影響力も大きい著名人は、最新の教育情報を我々にもたらし、外界との交流を手助けしてくれる。従って、教育科学研究を行うに際しては、大家の協力を仰ぐことが重要である。

第三に、校長は大学と連携し、自分の学校を実験基地とすることもできる。初等中等学校だけで実施するのは困難な研究課題もある。そうした場合に、大学と一緒に取り組むのも一つの手だ。初等中等学校の校長や教師は、大学と一緒に研究課題に取り組むことで、テーマの設定、サンプリング、チェック、データ取得等、教育科学研究のポイントや方法を自然に理解、把握することができる。これによって教育科学研究の基本訓練ができ、レベルアップの早道となる。自分であれこれ試したり、書物だけで勉強したりするより、優れたやり方と言える。

第四に、校長は学術セミナーや科学研究会等を積極的に開催すべきである。特に条件の整った学校は、自校の特徴に合わせたセミナーや科学研究会を開いたり、全国的な学術会議の開催を引き受けたりしてもよい。こうした活動は、手間はかかるが、多方面に渡って計り知れないメリットが得られる。それによって学校の教育科学研究の水準が高まれば、教師や校長自身の能力や知名度も高まり、学校のレベルも引き上げられる。

第五に、校長は教師の積極性や創造性をうまく引き出すべきである。学校の教育科学研究の主体は教師であり、教育科学研究の成功は教師にかかっている。校長は様々な方法を講じて、誘導や激励の仕組みを作り、全教師の積極性や創造性を引き出して教育科学研究に参加させ、また、教育科学研究グループや中核チームとして機能を発揮させるべきである。そうすれば、教育科学研究は、より広く、より深く、より長く展開でき、真の成果を上げ、人材を輩出し、学校にメリットをもたらすことができる。

教育科学研究を組織的に実施する上で、最も効果的な方法は、もちろん、校長が自ら先頭に立ってそれに従事することである。孔子は「その身が正しければ、令せずして行わる。その身が正しからざれば、令すと雖も従わず」と述べている。校長は、率先垂範して、はじめて多くの教師と志を同じくして、一緒に科学研究を行うことができるのである。みずから科学研究面で成果を出して、はじめて教師に対して説得力や感化力を持つことが可能となる。教師も、校長に対して学術面での人格的魅力を感じるようになる。それができてこそ、真に優秀な校長と言えるのであり、教育科学研究の追求者、成功者となれるのである。

理想の校長―七

教師に檜舞台を提供し、教師達を成功へと導くことができる。

学校は、校長が活躍する場であるとともに、教師が大いに腕をふるう舞台でもある。校長は、教師のために輝かしい舞台を提供できなくてはならない。学校の発展のために、校長は教師達に檜舞台を用意し、それぞれの役を演じてもらわなければならない。教師に主役としてスポットライトを浴びてもらうことが重要なのだ。実際、ある意味で、学校の中では主役と脇役の区別はなく、自分の持ち場ではそれぞれが主役である。校長は、教師のよりよい成長を手助けすべきである。

校長はどんな時に最も得意になり、最も輝くのか？　もちろん、教師一人一人がみなきびきびと働いている時である。各教師が能力をあますところなく発揮して、懸命に働いている、そうした状況をいかにつくり出すかが校長の腕の見せどころなのである。実際、どの教師も相当の潜在能力を持っている。それが最大限発揮されるかどうかは、校長の各教師に対する態度、彼らに才能を開花させる機会を与えてやれるかどうかにかかっている。一言で言えば、校長が人心を掌握できるかどうかである。

陶行知は『創造宣言』の中でこのような事を話している。「教師の成功とは、自ら尊敬に値する人を創り出すことである。先生の最大の楽しみは、自ら尊敬に値する生徒を創り出すことである。」陶行知の考えによれば、教師の最大の成功と楽しみは、生徒が教師である自分を乗り越え、尊敬に値する人間になることである。同様に、校長の成功は教師の成功にあると言える。校長が校長として成功を収めたければ、教師一人一人が成功体験を得られる条件を創り出すことが肝要である。

聡明な校長であれば、教師が自分の風上に立つことを恐れない。それどころか、教師一人一人がより高いところ、より優れたところを目指すことを奨励し、教学改革を試み、自説を世に問うて名をなすことを勧める。しかも、校長自身は、教師の成長のための地ならしをすることに甘んじ、教師が自分のつくった土台の上でより遠くを見、より高く跳び、よりよく行動するのを全力で手助けする。スホムリンスキーは、自分のパヴルィシ中学には「教育家」の名に恥じない教師が大勢いると、自慢げに語った。有名教師や教育家を多数輩出する学校は一流の学校であり、そこの校長はもちろん一流の校長だと言える。

教師を成功へと導く前提は、校長が教師一人一人の個性や特徴を熟知することである。そのためには、校長が日々意識して教師と平等かつ率直な意思疎通をはかる必要がある。心が通じていれば、教師が何を必要としているかが分かり、その要求を満たして、教師の成功につながる道を示すことができる。そうした校長の下で働く教師は、一種の幸福を感じ、「士は己を知るもののために死す」という仕事への情熱が心の奥底からわき上がるようになる。そうした情熱が、最終的に事業の成功へと導いていくのだ。事業に成功した教師を大勢抱えていることが、校長としての成功の証となる。

理想の校長―八

学校に優美な自然環境や文化的雰囲気を積極的に取り入れる。

優秀な校長であれば、環境を声なき教育者とし、校内に一歩足を踏み入れるやいなや、知らず知らずのうちに真善美による感化を受けられるようにする。環境は教育と無関係なものではない。教育の有機的構成部分であり、もっと言えば、教育そのものである。ある著名な教育家はかつて「学校のあらゆる壁に語らせよう」と述べたが、これは環境の教育作用を重視すべきだという意味だ。

学校は活発で可愛い子どもと共にある。従って、校庭はまずもって、子ども達の心の中の花園であり、楽園であるべきである。スホムリンスキーはパヴルィシ中学の創設に際して、青写真を自ら描いた。彼は、学校に大自然の美を具現化し、鮮やかな花と緑の木を配置することを考えた。スホムリンスキーは自らの著作の中で、後に完成したパヴルィシ中学のことを「青空のもとで最も美しいわが学校」と呼んだ。現在では、一部の学校は豪華さを競うあまり、自然や子ども達の心から遠ざかる傾向がある。そうした学校は、噴水があってもサッカー場はなく、クレー舗装のグラウンドはあっても、生徒が興奮した時に転がり回れる芝生がなく、ステンレスの彫刻はあっても、生徒が自由に落書きできる場所がない。真に優美な学校環境とは、人にやさしい環境であるはずだ。自然を尊ぶとともに、人間中心でもあるべきだ。生徒の発達を最優先に考えて、学校の一草一木、一枚一枚のレンガや瓦に至るまで、人への心遣いに満ちたものにするべきである。

自然環境のほか、文化的雰囲気も、生徒の成長に軽視できない影響を与える。教師は人類文化の伝達者であり、学校は人類文化の荘厳な殿堂である。学校は隅々まで、優れた文化の息づかいを感じさせるものであるべきだ。一流の学校というものは、文化的雰囲気を作り上げることを大変重視している。

「学校の文化的雰囲気」は、以下のようなところで培われる。

第一に、生徒に自分の学校の歴史を理解させる。学校の歩みや、出身の傑出した人物を生徒に教えて、「今日、私は母校を誇りに思い、明日、母校は私を自慢に思う」を目指す向上心を持たせるべきである。

第二に、「ハード」面の整備に努める。たとえば校内に「芸術壁」「生物コーナー」「文学園」等を設けて、生徒が至るところで智恵の火花がきらめくのを感じ、自ら智恵の光を放つようにすべきである。

第三に、記念日を設け様々なイベントを開催する。ここで言う記念日とは、国慶節〔中華人民共和国の建国記念日。一〇月一日〕や教師節〔教師の日。九月一〇日〕などの大きな祭日だけではなく、重要な歴史的事件や歴史上の人物の記念日なども含まれる。たとえば「人類が最初に月面着陸した記念日」などである。

第四に、生徒の表現活動や創造活動などを活性化する。たとえば生徒テレビ局、生徒ラジオ局、科技活動月間、芸術の日などである。

第五に、生徒の才能がより発揮できるようなクラブをたくさんつくる。たとえば読書クラブ、書道部、ダンス部などである。

校長は学校の総設計士であり、学校環境の設計者・管理者である。校長は学校の隅々にまで自らの精神を反映させることができる。学校の環境にその学校の特徴が最もよくあらわれる。生徒や教師の精神状態が如実に反映されると同時に、校長の品格、教育理念もはっきりと示される。

新時代に向かって歩みを進める中国の教育は、大勢の教育家を求めている。教育家はどこから誕生するのか？未来の中国の教育家は、書斎からも象牙の塔からも誕生することはない。教育の第一線から、無数の優れた教育実践家の中から、まずもって無数の優れた校長の中から誕生するのである。私の考える理想の校長とは、実際には私の身の回りにいる無数の優秀な校長のことである。私は彼らを心から尊敬している。と同時に、新時代に必ずや時運に乗じて輩出されるであろう中国の教育家に激しいあこがれを抱くのである。

第九章　理想の生徒

今日の社会における競争とは、経済や科学技術を中心とする総合的国力の競争である。それは突き詰めれば、教育をめぐる競争に帰結し、教育をめぐる競争は、突き詰めれば生徒の育て方に帰結する。教育の主体となるのは生徒であり、あらゆる教育は生徒をめぐって展開される。生徒なしには、教育は存在すらしない。教育の要諦は、生徒を未来社会の大黒柱へと育てることにある。それでは、未来の大黒柱に必須の要素とはなんであろうか。

理想の生徒—一

品行方正で、人の気持ちがよく分かり、生活を愛し、理想に富み、元気溌剌としている。

「まっとうな人間になる」ことと「有能な人間になる」ことは同じであり、まっとうな人間にならなければ、有能な人間にもなりようがない。優秀な生徒は豊かな道徳性を身につけることを最重要視すべきで、真善美の調和のとれた統一をめざすべきである。特に品行方正であるためには、愛と共感する心が欠かせない。

愛情も共感する心も持たない人は不健康と言えよう。愛情は、身近なところから生まれる。一草一木、一樹一花を愛するところから始まり、小動物、父母、おじいさんやおばあさん、おじさんやおばさん、勉強や生活（職場や仕事）を愛し、最後に集団や祖国、人民を愛するという高みに到達する。スホムリンスキーは自分の学校の正門に「お母さんを愛しましょう！」と書いて生徒が本来持っているはずの愛する心を呼び起こそうとした。疑問を呈する人もいたが、スホムリンスキーは「自分の母親さえ愛せない子どもに、一体何を愛せるというのか」と反駁した。

愛する心は至宝である。愛する心を育てることは大変重要で、なにをするにも愛する心が必要であり、あらゆる資質はいずれも愛する心の延長線上にある。愛あってこそ、生活の楽しみを感じ取ることができる。愛あってこそ、調和のとれた人間関係を作り上げることができる。愛あってこそ、人生の真の意味を理解することができる。愛あってこそ、人類の偉大さを感じ取ることができる。世の中で最も広々としたものは空と海であるが、更に広々としているのが人の心である。愛する心で満たされた人は、永遠に寂しさを感じることがない。自ら愛情を示すことで、人からも愛されるようになる。世の中の全ての生徒が自分の母親を愛することから始めて、生活の中のすばらしいもの全てを愛せるようになってほしい。

共感する心も、品行方正であるために欠かせない。共感する心のない生徒は、他人に対して冷酷であると同時に、社会的に孤立してしまう。共感する心があれば、弱者を助けることに価値を見出せるようになる。共感する心があれば、社会に慈愛精神を浸透させていくことができる。共感する心があれば、社会に真の平等意識を植え付けることができる。「自分の親と同じように他人の親を敬い、自分の子と同じように他人の子をいつくしむ。」優秀な生徒は、学習や生活面で困難をかかえたクラスメートを手助けして、共に成長することに喜びを見出すようになる。これは、共感する心を育てるための重要な方法である。

品行方正であるためには、公正さも欠かせない。公正には、通常は四つのレベルがある。即ち大公無私（いささかも私心なく、公のために尽くす）、先公後私（まず公のことを考え、それから自分のことをする）、先私後公（先に自分のことを片付けてから公のことを考える）、公私兼顧（公私双方の利益に気を配る）である。全く私心をなくして、完全な大公無私の境地に到達するのは、確かに難しい。しかし、様々な問題を公正に処理することは、誰にでもできることで、またやるべき事でもある。社会的公正さは、その社会が健全に発展する上での重要な前提である。社会に最低限の公正さもないということは、その社会を発展させる最も基本的な前提がないということだ。優秀な生徒は小さい時から公正さを見極める目を養うべきである。生徒が公正さを見極める目を持っているかどうかは、様々な形で現れる。たとえば、学校の試験での不正行為も、不公正の一つの現れである。不正行為を行う者は最少の努力により、或いは全く努力しないで、上手く立ち回ることだけで目的を達成しようとする。そうした不正行為を上手くやった者は、一生懸命勉強することでよい成績を獲得したクラスメートから見て、不公正であるということになる。自分の利益しか顧みないで不正行為に手を染めるような悪習慣を身につけた生徒が社会に出たら、その社会の発展に害を与えることは必至である。

また、遠大な志と理想を持つことも、生徒が成功するために欠かせない。わが国ではその昔、遠大な理想を持つことを「立志」と呼んだ。孔子以来の歴代の学者達は、いずれも「立志」を学習の必要条件とした。孔子曰く「三軍も帥《すい》を奪うべきなり、匹夫も志を奪うべからざるなり（大軍の総大将でも捕虜にすることができるが、下々のものの志まで奪い取ることはできないものだ）。」明代の学者王守仁は「君子たる者、いつどこであろうと、志を立てて学ぶことが肝要である。志を立てねば、何事も成し遂げられない。志を立てねば、舵のない舟や轡《くつわ》のない馬の如く、ただうろうろしながら、いたずらに人生を終えるだけである」と述べた。王守仁は「志を立てなければ、天下に成し遂げられる事は何もない。どんな技芸も、その基本は全て志を立てることにある」とも言っている。生徒にとって、若い時から遠大な理想と人生目標を持つことの意義は非常に大きい。

理想は生徒が飛翔するための翼である。理想に満ち溢れた生徒は、充実した生活を送ることができる。理想があってはじめて、進むべき道が分かる。理想があってはじめて、前進の原動力が得られる。生徒に明確で遠大な理想がなく、希望や向上心がなければ、行動の方向性や原動力が失われ、学習や生活の中でわずかな挫折を味わっただけで、意気消沈してしまう。逆に、生徒に遠大な理想や抱負があれば、自分の行動の意義がよく認識でき、目的に向かって自分の行動を調節でき、目的に達するまで決して休むことがない。革命の指導者マルクスに「私の目標はいつも一つ」という言葉がある。この言葉を支えにして、赤貧洗うがごとき状態の中で、妻が病気になり、子どもが亡くなっても、志を変えず、奮闘を続けたのである。

生徒が持つべき理想は、あまり高遠なもの、あまり現実離れしたものであってはならない。千里の道も一歩から、万丈の高楼も土台を築くことから始まる。いかなる理想も、それを実現するには、目の前の仕事を地道にやることから始まる。但し、生徒が理想を立てる際は、眼前だけを見てチャレンジ精神を忘れて、「一日和尚をやれば一日だけ鐘を撞く」ものであってはならない。そうした理想は、激励する意味がない。

理想とは、すばらしい未来へのあこがれであり、美しく、また不思議なものである。理想のために奮闘するのは苦しくつらいことだが、楽しさもまたその中にある。逆に、理想がなければ、前進の歩みを止めてしまう。理想がなくなることは、人生の意義が終わりを告げたことを意味する。生徒が理想に満ち溢れてこそ、成功への希望が生まれる。生徒一人一人の胸に熱い理想を抱かせて、明日に向かって歩ませよう！

理想の生徒――二

積極的で向上心があり、新基軸を打ち出せる、個性豊かで、ユニークな見解や思想持つ生徒。

創新教育こそ素質教育の核心であり、教育界のホットな話題の一つである。二一世紀に入って、人類は知識経済社会へと歩みを進めており、新世紀に必要とされる人材は「ガリ勉君」から個性豊かで新機軸を打ち出せる人へと変わってきている。新しいものを生みだす力を育てることが教育の重要目標となり、日増しに重視されるようになっている。一九三〇年代にわが国の教育家陶行知は、創造教育の大切さを訴えた。彼が教えを受けたアメリカの教育家デューイも、創造性を欠いた伝統教育の弊害を批判して、生徒の創造的思考や能力を高める創造教育を唱えた。しかし、当時は工業社会であったので、創造教育はあまり重視されなかった。現代では、新しいものを生みだす力を育成することがもっと重視されるべきだが、様々な要素による影響を受けて、それほど重視されていない。このことが、生徒の総合的な発達を制限している。

伝統的学習は、既に確立されている観念や方法、原則を学び、既知の繰り返される場面への対処方法を学ぶもので、継承や維持に重点を置いたものにすぎない。こうしたやり方は、これまでの農業社会や工業社会では問題を解決できたかもしれないが、間もなく到来する知識経済時代においては、文化知識や科学技術、経済的発展など様々な要素がきわめて短時間にめまぐるしく変化するので、問題の考え方も以前とは大きく異なるはずだ。人々は、これまでの社会の生活規律に適応するだけでなく、生活条件を新たに作り出し、絶えず自己を改善する必要に迫られる。そのためには、新しいものを生みだそうとする心、それを実行に移す力の必要性を生徒に強調する必要がある。生徒は、創新教育を受けて、はじめて知識経済社会の中で新知識を受け入れ、世界を創造し、生活に新機軸を打ち出すことが可能となる。ハーバード大学ルーデンスタイン学長の北京大学での講演は、「新世紀へと向かう過程で、最もよい教育とは、新しいものを生みだす力がつく教育、物事をよく考え、理想を追求するとともに洞察力も高める教育である。それが人をより立派にし、さらなる成功をもたらす」という、深く考えさせられるものであった。

新機軸を打ち出せる人は、問題を見つけ出し、積極的に追求していく傾向があり、またチャンスを生かす機敏さを持ち合わせている。新機軸を生みだす力とは、知的レベルの問題だけでなく、人格的な特徴や精神状態といった総合的な資質に関わるものなのである。創新教育は人間の発達に極めて重要な意義を有している。一九九六年に発表された二一世紀教育国際委員会報告『学習——秘められた宝』では、それを教育の最高目標として、「教育の役割は、一つの例外もなく、あらゆる人の創造的才能や潜在能力を花開かせることにある……これは、他のどの目標より重要である」と述べている。つまり、国や民族の発展という観点からも、人間の発達という観点からも、新しいものを生みだす力の育成が差し迫った課題になっている。

生徒の育成は、学校、社会及び家庭での教育と切り離せないが、生徒自身が目標に向かって意識的に努力することも重要である。わが国の伝統的教育思想には「大勢の赴くままに」という考え方があり、他人の話を受け売りする生徒が多く、自己の観点や見解を表明しようとせず、権威を否定する勇気を持たない。そうした生徒は新しいものを生みだそうという意識や意気込みに欠け、個性が乏しいと言える。優秀な生徒は、学校の中で「人の先頭に立つ」という個性を自覚的に育てており、難しい問題にあえて個人的見解を出そうと格闘し、権威に盲従せず、常識に囚われず、真理のため、実情から出発して、いかなる権威にも挑戦する。そうした生徒は、学校の中のみならず、その後の仕事においても絶えず新機軸や新しい考え方を提供することで社会に貢献し、社会の真の大黒柱になっている。

創造性は、決して天賦のものではなく、学校や家庭、社会の影響下で徐々に形成されるものである。自ら望めば、大部分の生徒は創造性を身につけることができるのだ。

理想の生徒―三

自信をもって自らを向上させ、困難や挫折に直面しても投げ出したりうなだれたりしない、闘志と楽観性を兼ね備えた生徒。

自信は、優秀な生徒に必須の基本素質の一つである。アメリカの思想家エマソンは「自信こそ成功の第一の秘訣である」と述べている。ナポレオン・ヒルも「自信は生命や力であり、起業の要である。自信は奇跡を起こす」と述べている。これらは、人生において自信を持つことの重要性を述べたものだ。自信は人生の精神的支柱であり、成功への先導者である。

心理学の研究によれば、人の欲求や期待はいつまでも止むことなく膨らみ続ける。しかし、新たな目標はそれまでの目標の上に出されるものである。成功の経験を重ねてきた人ほど望みも高くなり、自信も強くなる。生徒に学習の中で、自信を持たせることは大変重要である。日本の教育家田崎仁は、独自の調査により、生徒の三分の一は自信不足が原因で成績不振に陥っているということを見出した。わが国の学校教育においても、多くの生徒が勉強嫌いになっており、勉強すればするほど自信を失い、自分はろくでなしだ、他人より劣っていると思い込んでいく。自信がなく、自己評価が低い状態では、勉強に身が入らず、交遊関係にも影響を与え、本来の能力を発揮できなくなる。従って、学習の中で、生徒に自信を持たせることが非常に重要なのである。自信を持って、はじめて困難に立ち向かうことが可能となる。自己の能力を充分に発揮させることが可能となる。楽観的考え方を保持し続けることが可能となる。様々な人間関係を上手に処理することが可能となる。複雑怪奇な世界、山あり谷ありの人生を目の前にして、とまどったり、呆然としたり、混乱したりすることもあるだろう。しかし、いかなる状況に遭遇しようと、我々は自分の能力を疑ってはならない。自分に自信が持てない人が、他人に信用してもらえるはずがない。生徒は自信を持って自らを向上させるよう、努めるべきである。教師や保護者は、適切なやり方で生徒を教育することも大切だが、もっと大切なことは、生徒が自分の人生を正しく設計し、身近なところにモデルとする人物や目標を見いだし、それに向かって絶えず進歩するよう、激励することである。

忍耐強い意志と努力を惜しまない心も、今日の生徒に求められる基本的資質である。古の人は「志は気の帥《すい》なり（心の向かうところが定まっていれば、おのずから元気も気力も湧いてくる）」と言った。意志こそ精神の統帥、性格の中枢である。忍耐強い意志を持つことが、勉強や仕事の上で、非常に重要であり、意志は成功の基礎である。『尚書』旅獒曰く「山を為《つく》ること九仞《きゅうじん》、功《こう》を一簣《いっき》に虧《か》く」と。意味するところは、山を築く際、一かごの土を欠いたために完成に至らなかった、ということである。わずかなものが欠けたため、未完成に終わってしまうのはなんと惜しいことか。何事も、最後までやり抜いて、はじめて勝利を収めることが可能になるという哲理がそこにある。荀子は『勧学篇』の中で「駿馬も一躍で一〇歩は進めない。足の遅い馬でも一〇日歩き続ければ、駿馬が一日で走る千里の道を行くことができる。楔を一度打っただけでは朽ち木を折ることもできないが、やり続ければ、碑を彫ることも可能である」と言っている。これは、何事も長く続けることの大切さを言っている。生徒がそうした資質を身につければ、逆境にあろうと、落ち込むこともない。卒業して仕事を始めた後も、その場所にしっかりと根を張り、すこやかに伸びて花を咲かせることができる。競争力を培うことができる。もちろん、忍耐強い意志は天性のものでも、あっという間に養成されるものでもない。忍耐強い意志と努力を惜しまない心は、日常の細々とした作業の中で鍛錬して養成されるものである。困難を克服する過程こそ、意志を強化する過程である。マルクスは「学問に平坦な道はない。険しい小道をよじ登る労苦を恐れない人だけが、その輝く頂点にたどりつくことができる」と言っている。生活も同様で、さまざまな波風に直面したとき、忍耐強い意志を持っている人だけが、多彩な人生をおくることができる。生徒が難題を解こうと努力し、ひとつひとつは小さくともさまざまな事を学び取ることが、意志を養う過程なのである。古の人は「小さな善といえども行わずにすますことはできず、小さな悪といえども行ってはならない」と述べているが、それはこうした道理を言っているのである。

座右の銘で自分を励ますことも、意志力を育てるために効果的である。老革命家の徐特立は四〇代でフランス語を学び始め、「一日に一語学べば五年でものになる」を座右の銘にし常人には思いも及ばない意志の力により、三年でフランス語を習得した。京劇俳優である袁世海は、自己の表現テクニックを高めるため、客席ホールの壁に「天天練」（日々練習）の三文字を手書きした布を掲げ、古稀を過ぎても練習に励み続けた。青年時代の毛沢東の座右の銘は「徹夜までしなくていいから、根気強く毎日続けることが肝心だ、一番だめなのは三日坊主で終わることだ」であった。こうした事例の中から、偉人が成功する上で、忍耐強い意志を持つことが重要な要素の一つであったことが分かる。生徒も、自分の興味や趣味に基づき、自分に合った座右の銘を持って、自らを励ましながら努力し続けるべきである。

忍耐強い意志を持つ生徒は、通常は楽観的な人である。楽観的な人は、困難に直面しても、それを人の世の恒だと見る。「困難はバネようなもので、あなたが強ければバネは弱く、あなたが弱ければバネは強い」のである。悲観的な人は困難を大げさに受け止めがちで圧倒されてしまう。楽観的な人だけが、自分の内と外の困難をはねのけて、勇敢に立ち向かい、逆境の試練に耐えることができる。英国の作家サッカレーは『虚栄の市』の中で「生活は鏡の如く、あなたが鏡に向かって笑えば、鏡もあなたに笑い、あなたが鏡に向かって泣けば、鏡もあなたに泣く」と書いている。優秀な生徒は、いつでもほほえみながら人生に立ち向かっている。プーシキンも「生活に裏切られようと、泣かないでほしい、きっとよい日が待ち受けているから」と書いている。学習や生活の中の困難は、大海の中では小さな波しぶきにすぎない。悲観しないで学習上の挫折や困難に立ち向かえば、若い生徒達に忍耐強い意志が育ち、将来はよい生活が待ち受けている。

理想の生徒―四

精神的に豊かで幅広い興味や関心、得意分野を持つ生徒。

現代の社会は、我々に精神生活を充実させるための非常によい環境や条件を提供してくれる。我々はそれを思う存分楽しみ、利用すべきであるが、若い生徒達は特にそうである。音楽にも文学にも親しまず、スポーツにも全く不案内で、万物に関心がなく、コンピュータの操作にも熟達していない生徒が「ガリ勉君」と呼ばれるのは、現代社会の恩恵を充分に活用していないためである。豊かな精神生活を送り、興味や関心の幅を広げ、得意分野を持つことが、総合的資質を育てるために重要である。

豊かな精神生活を送っている人とそうでない人とでは、生活に感じる意義、人生の満足度、心理的な健全さに大きな違いがある。スホムリンスキーは『教師に与える百カ条の提案』『まごころを子ども達に捧げる』等の書物の中で、生徒の精神生活を豊かにすることの大切さを強調した。健全な趣味や得意分野を持っている子どもは、全く心配いらない。というのは、彼らの生活は既に満たされており不健全な活動に対する興味も、それに割ける時間や精力もないからである。保護者の多くは子どもが悪いことをするのではないかと心配しているが、それは、彼らの子どもに健全な興味や関心が育っておらず、環境に誘惑されて、不健全な事に精力や時間を費やすおそれがあるからである。人間は物質的なものと精神的なものの統一を欲しており、物質的な欲求がある程度満たされると、精神的な豊かさを求めるようになる。生徒の精力が旺盛になる時、しばしば不思議なやるせなさ（青春のざわめき）を感じるようになる、この時、彼らに豊かで健全な精神生活を与えることができれば、彼らの注意力をそらせることができる。理由もないのに悶着を起こしたり、非行に走ったりする生徒もいるが、それは精神が空虚で、やることがないから、間違った道に引き込まれるのである。従って、健全で意義のある興味を生徒に持たせることが、大変重要である。

関心をもった事をさらに探求し、よい趣味へと育てていくのが理想だが、それには、以下の三点に注意すべきである。第一に、速やかに困難を克服すべきである。我々は、しばしば好奇心から強い興味関心を抱くようになるが、学習過程で困難にぶつかると、興味関心は急減する。しかし困難が克服できると、再び急速に興味関心が増すのである。第二に、一定の難度を有する問題を選択すべきである。認知心理学者のピアジェは「外界の刺激が既存の認知構造と矛盾はするが解決が可能である時、人々の興味関心は最も強くなる」と言っている。第三に、しっかり準備をしてから活動に身を投じ、勝っても驕らず、負けても気落ちせず、常に満腔の情熱をもって活動に取り組むべきである。

特技とは、その個人が最も得意とする分野のことである。現在、多くの学校は全面発達という旗を掲げることで、教育の全面不発達という状況を覆い隠している。人の精力や時間は限られており、完全な意味で生徒の全面発達を達成するのは、困難な「純粋理想的な境地」にすぎないとも言える。全面発達はある意味では、全面不発達（即ち凡庸）である。様々な素質を均等に組み合わせたからといってよいものが生まれるわけではなく、まして、著名な数学者華羅庚（中国科学院数学所初代所長、中国科学技術大学数学学部初代主任）のような数学的才能や、文学者銭鍾書（清華大学卒業後、イギリス、フランスに留学。数ヶ国語に精通し、作家として研究者として卓越した成果を上げた）のような文学的素養を全員に求めるのは不可能である。良好な素質を形成・発達させるためには、現代人が有すべき基本的素質を身につけた後、自分の興味や関心に基づき、社会的ニーズにも従いながら、得意分野を発達させるよう、努力すべきである。教育にできることは、生徒の個性を伸ばし、生徒の得意分野を育てることである。「基本素質＋得意分野」という育成モデルが、これから目指すべき方向であろう。生徒は、自分が挑戦すべきこと、自らに求めることを自分自身に示すべきである。自分の得意分野は何か？　大きくなったら、何を拠り所にして身を立て、生きていくべきか？　自分がその社会に生きた証をどのように残すか？　社会に自分の声を届けるにはどうすればいいのか？　歴史の大河の中に自分の足跡を見つける方法はあるのか？　これらは全て、特色の有無にかかっている。特色のない人は、すぐ忘れ去られる。個人の発達や社会・時代の進歩にとって、得意分野を持つことは非常に重要であり、生涯学習社会・余暇増加社会に踏み入れた今日では、特にそうである。特色や個性のある人材こそ、歴史により大きな貢献をなすことができる。

理想の生徒―五

協力することを厭わず、人付き合いがよく、和やかな人間関係を築き、他人に好かれる生徒。

我々は競争が非常に激しい時代に生きており、知識、人材、エネルギー、製品等の競争が、いたる所で繰り広げられている。しかし、我々は幅広い協力が求められる時代にも生きており、「鶏犬《けいけん》の声相聞こえて、民は老死に至るまで相往来せず（鶏や犬の鳴き声がお互いによく聞こえたとしても、（現在の生活に満足している）人民は年老いて死ぬまで、隣国の人と行き来することはない）」といった時代には戻れない。大規模生産社会では、大部分の仕事は多くの人の協力により完成されるようになり、個人的奮闘により成功を獲得する時代は基本的に過去のものになった。協力と競争が併存するようになり、競争を基礎として協力し、協力を基礎として競争するという時代の特徴が益々鮮明になっている。我々は適正な競争意識を持ち、秩序ある状態で、友好協力の雰囲気の中で競争すべきである。マクロに言えば、これからの社会では学問の垣根を取り払って互いに協力し、衆人の力を結集して奮闘努力する必要が今まで以上に求められる。ミクロに言えば、協力上手であることが、心の健康や個人の人格発達の基礎であるということだ。人は世界の中で生きているので、他人によく思われれば嬉しく感じ、周囲の人が幸せであれば、自分も幸せを感じる。協力上手であれば、仕事の中に楽しみを見いだし、また生活の中に楽しみを探し出すことができる。生活のあちこちに、いつも楽しみを感じ取れる。困難に遭遇して悩んでいる人がいたら手助けし、大事なところで救いの手をさしのべることができていれば、自分が困難に遭遇した時は、他人が助けてくれ、人の世で生きていくことは何と楽しいものだとみんなが思うようになるであろう。人に楽しみを与えたいと思って他人とつき合う人は、自分も同様の楽しみが得られるであろう。自分の殻に閉じこもって、孤高の士を自任して自己陶酔に陥り、つき合いがよくない人は、他人とつき合うことの楽しさをかみしめることができない。従って、小学校から生徒に人との付き合い方、協力の仕方を学ばせることは、非常に大切な任務である。

生徒が生活する小天地は、実際には大社会の縮図である。そこで、彼らは人との付き合い方、応対の仕方を学び、生活体験を積み重ね、初歩的な人間関係のルールを学び取る。彼らが卒業後、社会に出て人と上手につき合えるかどうかは、学校時代の経験によって大きく左右される。学校の中に多くの友人を持ち、教師やクラスメートに好感を持たれていた生徒は、卒業して仕事をするようになった後も、社会の各種人間関係を上手に構築し、きちんと人と付き合うことができるようになる。逆に、学校の中で孤立し、自分に閉じこもり、人とのつき合いを好まなかった生徒は、卒業後も、いたる所で壁にぶつかり、人に気味悪がられる「変人」になってしまう。

それでは、どうすれば、学習や生活の中で他人と良好な協力関係を築くことができるのであろうか？　①他人を理解しようと心がける。古の人は「士は己を知る者のために死す」と言ったが、我々が今日「理解万歳」を唱えるのも、理解の重要さを強調したいからである。クラスメートとの間でもめ事や意見の相違が生じた時も、相手の立場に立って物事を考えれば、他人の振る舞いを比較的容易に理解できるようになる。②他人の輝きに気がつく。孔子は「三人行けば、必ずわが師あり」と言ったが、どんな人にも長所があるのだから、クラスメートの長所を認めることが大切だ。純度一〇〇パーセントの金がないように、人にも完全無欠な者はいない。我々は、長所を伸ばし短所をなくそうと協力するのだから、相手の長所を学ぼうという気持ちでつき合っていけば、クラスメートと互いに受け入れ合うことができるようになる。③適当な距離を保った付き合いをする。人と人の間には適度な距離というものがあり、その距離に達しなくても、超えてしまっても、人間関係に不和を生じることがある。友人関係がぎくしゃくしてくるのは、多くの場合、距離を近づけすぎたためである。

良好な人間関係は、それぞれの生徒の健全な成長を助けるものだが、学習面でも和やかな環境をつくり、クラスメートと助け合って学ぶことができれば、みんな一緒に進歩することができる。孔子は「一人学びて友なければ、孤にして聞く少なし」と言っている。人はそれぞれ固有の性格を持って生まれてくるが、それをどう育てるかがより重要である。自分の性格を把握した上で興味や関心を広げ、人と積極的に付き合い、明朗活発で生気に溢れた向上心の旺盛な性格特徴を作り上げるよう、努力すべきである。

理想の生徒—六

しっかりした基礎知識を持った上で、よく考え、想像力を働かせ、科学的学習方法を身につけ、最少の時間で最高の学習効率を獲得できる生徒。

我々がこれまで一貫して提唱してきた素質教育、創新教育といった新しい教育モデルは、生徒の能力向上を目的としたものだ。しかし、どのような能力を向上させるにせよ、そのカギとなるのは、後ろ盾となるしっかりした基礎知識である。さもなければ、能力向上は砂上の楼閣となり、実質的意義を持たない。生徒が学習において基礎知識の習得をおろそかにすることは本末転倒であり、決してそうさせてはならない。

想像力は思考力の重要な要素であり、生徒の学習における意義も大きい。アインシュタインは「想像力は知識より重要だ。知識は有限であるが、想像力は世界の全てを概括し、進歩を促すもので、知識進化の源泉であるからだ」と語っている。英国の物理学者チンダルも「正しい実験と観察に依拠した研究においては、想像力こそ自然科学理論のデザイナーとなる」と語っている。想像力が豊かな生徒は、きっと一生懸命に、着実に学習するであろう。アインシュタインは一六歳の時、「一本の光の束に乗ってもう一本の光を追いかけたらどのような現象が生じるだろうか」といった、奇怪な想像に囚われた。これは、彼が後に相対性理論を発見するきっかけとなる。想像力は貴重なもので、それは発明創造の源泉である。想像力のない人は、探索し続ける創新精神を持ち得ない。想像力は学習の自発性や予見性、創造性を高め、生徒は学習の中で予想外のインスピレーションを呼び起こし、近道を見出すことができる。従って、生徒が学習の中で豊かな想像力を育むことに重きを置くべきである。

科学的学習方法を習得して、最少の時間で最高の学習効率に達すること、これは多くの聡明な生徒が成功する秘訣の一つである。優秀な生徒は授業を中心として、予習と復習をきちんとやるよう努力する。これが科学的学習方法の核心である。最も重要なのは、教室でよく授業を聴くことである。優秀な生徒は教室で注意力が非常に高まり、彼らの頭は教師の動きをつねに追っている。彼らは、普通は授業中に問題を解決できるので、授業が終わってから、なお理解に時間を費やすことはあまりない。教室での学習効率を高めるためには、例えば知識の確認、心身の状態、必要なものの用意など、授業の各種準備をきちんとやっておくことが求められる。「備えあれば憂い無し」というが、授業を受ける時は積極性を持って大胆に発言し、自発的に思考し、きちんとノートを取るようにすべきである。予習は、時間の節約につながり、授業の理解度や学習効率を高め、自学能力が育つという、よい学習サイクルを形成することができる。復習することで、学んだ知識を確たるものとすることができ、理解を深め、以前学んだことをブラッシュアップし、弱点を補強して、知識をより完全でより理路整然としたものにすることができる。もちろん、科学的学習方法は固定的なものではなく、各自が自分の基礎的能力や個性を把握した上で、様々な学習方法の中から選択すべきである。誰にとっても最良の学習方法というものはない。自分に最適の学習方法こそ最良の学習方法である。生徒が自分に適した科学的学習方法を習得すれば、半分の労力で倍の学習成果をあげることができる。

学習は記憶と切り離せないもので、効果的な記憶方法を身につけることは学習を成功させる基礎の一つである。人間の大脳記憶に関する研究が進むに連れて、エビングハウスの忘却曲線など、多くの価値ある記憶原理が発表されている。こうした研究の結果、生徒の記憶効率を高めることが大変有益であることが分かった。暗唱や図による方法など、自分に適した記憶法を生徒は自分で模索すべきである。

生徒は祖国の未来、民族の希望、未来社会の建設者である。生徒の発達は民族の前途や命運と密接に関連している。毛沢東はかつて「世界は君達のものであり、我々のものでもあるが、結局は君達のものだ」と述べた。どの生徒も、自らに託された時代の期待に背かず、自己の素質向上と中国の繁栄のために努力すべきである。

第十章　理想の父母

「父母は子どもの最初の教師」「母の手は世界を動かすゆりかごの手」である。古より、人々は家庭教育が子どもにとって極めて重要であることをよくわきまえていた。教育を受ける過程の中で、最も早くから受け、時間が最も長く、影響が最も深いのは家庭教育である。成人するまでの間、家庭の教育や影響と切り離すことはできない。父母の言動の一つ一つが知らず知らずのうちに子どもの教育となっており、子どもはその影響を受け、感化される。

未来社会の健全な発展は、次代を担う子ども達の精神のありようによって左右される。良好な精神は教育によって形成されるが、その教育は家庭での父母の教育によって大きな影響を受ける。家庭では父母が一体となって教育を行うのが理想で、父母のどちらが欠けても子どもの健全な人格形成には不都合である。通常、温かく和やかな家庭で育った子は、優秀な人材になっていく。同様に、衝突や矛盾の多い家庭で育った子には、不健全な人格が形成される。現在、学校教育に社会的関心が集中し、父母も学校教育により多くの目を向けがちだが、自分自身が真の教育的基礎であり、子どもの命運を決定するカギであるということに気付いておらず、誤った家庭教育を実行している。

日増しに複雑さを増し、コントロールしにくい社会環境のもと、学校での徳育があまり成果を上げていない現実の中では、家庭教育が果たす役割は非常に大きく、家庭は子どもの教育に重大な責任を負っている。子どもをよりよく教育するためには、父母の素質をもっと高めることが求められる。それでは、高い素質を持った父母とはどのような特徴を有するのであろうか。

理想の父母——一

子どもの健全な成長と道徳心の育成を第一に考え、卓越さを追求する心、独立自主の精神、根気よさ、勤勉節約といった個性や良好な習慣を育てるように、努力する。

古今東西の多くの教育家は、子どもの発達について、人格の形成と道徳心の育成が第一であり、これらの重要性は、知力の育成よりはるかに勝るとしている。社会的な観点に立てば、健全な社会にまず求められるのは安定した基本秩序である。人々が法規を守り、基本的な社会のルールを把握し、よい行為習慣を身につけていること、これが社会が正常に動いていくための基本条件である。社会の構成員に（特に子どものころから）健全な人格と道徳心を育てることで、社会の安定を維持し、発展を促進すること、それが教育の非常に重要な役割である。教育がそうした目標を実現できないなら、非常に聡明で、やり手で、知力が発達した人を育てたとしても、その人は社会の破壊者となって発展の障害になるだけである。司馬光は人を有徳無才、有才無徳、無徳無才、有徳有才の四つのタイプに分類した。彼は、無徳有才の人は単に小人であるにとどまらず、社会に悪影響を及ぼすと考えた。我々の社会はそうした人をできるだけ減らさなければならない。そのためには、家庭教育が重要で、父母は家庭における健全で科学的な教育目標を掲げるべきである。

「良好な個性」が、現代人に求められる基本的資質である。家庭教育で子女が身につけるべき良好な個性として以下の五つが挙げられる。

(1) 卓越さを追求する心。理想は、人がどのくらい遠くまで到達できるかを決める目印である。人の行為の背後には様々な推進要素が存在するが、その最高のものが理想であることに、疑いを差し挟む余地はない。自分がまだ理想的境地に達していないと思う人は、自分の理想に向かって努力するだろう。人は自分が超えたいと願うレベル以上のものを突破することはできない。自分はこんなものだと思ったら、それを超えることは難しい。より高い境地に向かって登り続けることができる人こそ、輝かしい頂点にたどり着くことができる。子どもにとって、理想は最も神聖なものである。子どもに自覚的に神聖なものを追求させることこそ、最もすぐれた家庭教育である。実際には、父母は何もする必要はなく、ただ、永遠に立ち止まらないで理想を追求すべきだということを子どもに分からせることができれば、半ば成功したことになる。

(2)独立自主の精神。独立した人格を育てることは、子どもの成長において非常に重要である。人は生まれ落ちてオギャーと第一声を発した時に、詩など作れなくても、荘厳な独立宣言を発している。人が母体を離れて人の世に誕生する時、依存から抜け出して独立を追求するようになったのであり、この世でかけがえのない個性を持つ個人になったのである。人の発達段階から見ると、一般に離乳期が二回訪れる。一つ目は子ども時代の離乳期で、子どもは生理的に父母への依存から脱する。二つ目は青少年時代の離乳期で、子どもは生理的のみならず、心理的にも父母の支配から抜け出そうとする。こうした傾向は、成長過程で始終止むことがない。歩き始めた時、子どもはしばしば父母の手を振り払って、自分で歩こうとする。青少年時代には、子どもは自分の物をカギの掛かる所にしまい込んで、父母に見せないようにする。仕事に就いたら、子どもは経済的に父母への依存から脱却し始める。独立を求めるのは人の天性である。父母は子どもを自分に従属する物と見なしてはならず、自分の言うとおり行動するよう子どもに求めてはならず、自分が思い描く通りに子どもを作り上げようと拘束してはならない。父母の主な務めは、子どもの個性を見出して、それを育て、より大きく、よりよいものにすることである。実際、子どもは学校に入るまでに、相当の自我を有するようになっている。学校でよい成績をあげられるか、良好な人間関係を築けるか、独立自主の意識を持てるようになるかは、学校に入るまでの父母の家庭教育によって、大きく左右される。父母に求められるのは、子どもを尊重し、のびのびと成長させ、独立自主の意識を育てることである。

(3)根気よさ。成功の決め手、それは意志である。父母は、成功するためにはやり続けることが大切だということを子どもに分からせるべきである。オリンピックで金メダルを獲得したり、科学研究で重大な成果をあげたりといったことは、全て奮闘努力のおかげである。「百里を行く者は九十里をもって半ばとせよ」という格言があるように、多くの人は努力して苦闘することで、成功の縁にまではたどり着くことができるが、最後の辛抱強さを欠けば、功なく帰ることになる。成功する人とそうでない人の最大の違いは、労働量ではなく、堅強な意志を持って克服した困難の数にあり、それにより成功へとたどり着いたのである。従って、保護者は子女の意志力を育むことを重視すべきである。

(4)勤勉節約。「経済的に子どもを甘やかしてはならない」と、見識のある多くの教育家が父母に忠告する。子どもの金銭観は、その子の将来にとって重要なものである。勤勉節約は、人としての基本的原則である。小さい時から食べ物やおもちゃなど身の回りの物を大事にすることを教え、働くことがいかに大変なことか、一杯のお粥やご飯を得ることがいかに大変なことかを考えさせ、物を粗末にしない、浪費しないといった良好な資質を養うべきである。こうした優れた資質は、子どもにとって一生の宝になる。もちろん、正しい金銭観は勤勉節約にとどまるものではなく、自分の生活をいかに科学的に構成するか、自分の小遣いをいかに合理的に配分して消費するか、基本的な経済知識をいかに身につけるかといった事も含まれる。

(5)良好な習慣。葉聖陶は「教育とは結局は習慣の育成である」と語っている。よい習慣は普段の生活の中で少しずつ培われる。父母が子どもの小さい時からよい習慣が身につくよう気を配っていれば、それらが自然と養われ、子どもの行動パターンとして定着する。よい習慣は人の一生の宝である。日記を書くことも、よい習慣である。日記を書くことで、子どもは自分の学習や生活を総括し、深く考えるようになる。また、生活を観察する力や言葉を操る力が養われ、作文レベルも高まる。自分の気持ちの奥底まで語り、自分の感情をコントロールできるようになる。独自の個性が培われ、物事を自分で処理する力も身に付く。意志を鍛え、度量を大きくし、心が洗われる。子どもの習慣は、生活、学習、思考の三方面から培われる。その内、基礎となるのは生活習慣で、よい学習習慣や思考習慣を養う上で、生活習慣は大きな役割を果たす。生活がいいかげんで忘れっぽくても勉強ができるという子はあまり見かけない。しっかり勉強する子どもは普通、きれい好きで、秩序だった生活をしている。従って、父母は子どもの生活習慣から着手し、小さいことから始めて、学習や思考面でもよい習慣が身につくようにしていかなければならない。

理想の父母—二

気持ちの上では若さを保ち、子ども時代や童心を子どもに返し、子どもを軽やかで自由かつ楽しく成長させる。

明朝の哲学者李贄は「童心」説を唱えて、子どもの天真爛漫さや素直さこそ最も大切なものであると述べている。童心には偽善がなく、互いに騙し合うことや腹を探り合って暗闘することもない。子どもの笑顔は最も天真爛漫で、最も自然で、最も輝いている。子どもの天真爛漫さは人生で二度と得られない至宝であり、最も美しい花であり、未来永劫最も純粋で汚れのないものである。天真爛漫な子どもの心を喜びや楽しみで満たすことができてはじめて健全な心や人格が育ち、思考力が発達する。父母たる者は、自分の目を大切にするのと同様に、子どもの天真爛漫さを大切にするべきである。童心こそ子どもの生活を映す真実の鏡であり、無邪気で、純粋無垢で、汚れを知らない。童心があって、はじめて胸襟を開いて物事を受け入れることができる。童心があって、はじめて好奇心旺盛に探索することができる。童心があって、はじめて自分の内面をあらわすことができる。童心があって、はじめて何ら粉飾することなく自らをさらけ出すことができる。人を育てることの核心は心を育てることにある。父母は世俗的で卑俗な物事を子どもに教えるべきではない。父母が子どもに偽装、ごまかし、ごますりといったことを教えれば、子どもの純粋無垢さを抹殺することになるであろう。

父母が子どもを教育する時は、自身も気持ちの上で若さを保つべきである。自分も幼い時に戻って、子どもと一緒に遊び、一緒に成長し、彼らの仲間になろう。父母はできるだけ子どもの興味や関心を尊重し、子どもに自ら選択する道を歩ませ、適度に誘導し、子どもに子ども時代を返してあげよう。現在の子ども、特に都会の子どもは、子ども時代の喜びといったものを失い、昔のような遊びは悉く消え去っている。従って、昔の遊びを発掘し、本来の子ども時代を子ども自身が取り戻すのを手助けすることが、一刻の猶予もならない使命となっている。現在、多くの父母は子どもが生まれた時から、ひどい場合は生まれる前から、未来を構想し、彼らが大音楽家や大画家等になることを期待している。子どもに余りにも早くから勉強を強いて、様々な技能を習得させようとすることは、決して妥当で合理的やり方ではない。多くの父母は「遊びは遊びにすぎず、時間や精力の浪費だ」と考えているが、こうした見方は全く誤っている。遊びは子どもが世界を認知し、世界を創造するための非常に重要な源泉であるということを父母はよくわきまえるべきだ。子どもの想像力や創造力は遊びの中で大きく発達する。彼らは自覚的にルールを作り、それを守ることを通して、身の処し方を学び、約束を守って行動するようになり、実社会での各種役割を体験する。従って、遊びは子どもの精神世界、子どもの王国といえ、子どもの多くの能力や習慣は遊びの中で培われる。

子どもに楽しい生活を送らせるため、父母は子どもの心理を理解し、彼らの子ども時代を尊重すべきである。子どもは遠慮なく何でも口に出すので、その素直な天性が生活の中でしばしば父母に気まずい思いをさせる。そうした時こそ、父母はもっと子どもを尊重すべきである。幼い子どもの心は若芽のようなもので、傷つきやすい。間違ったことをしてしかられると、それ以降は勇気を出して発言したり、行動したりしなくなる。自由きままに自分の見解を表明したり、やりたいことを実行したりといったことをしなくなる。父母は子どもが間違うのを恐れず、間違いの中で子どもを成長させるべきである。子どもが小さい時から日記を書くような場合、文字の間違いを直すことに熱心なあまり、子どもがその文章で何を言い表そうとしているのかを軽視するようなことがあってはならない。文字の間違いは、後でゆっくりと直してやることもできるが、その文章全体を彼に代わって創造することは、誰にもできないのだ。干渉しすぎて、子どもをしかれば、子どもはどうしてよいか分からなくなり、萎縮し、最後には何もやろうとしなくなる。

理想の父母―三

子どもの天賦の素質を見つけ、潜在能力を発掘し、長所を育てるのがうまい。

世の中にだめな子どもはいない、いるのはだめな父母だけである。父母はしばしば子どもに恨み言を言い、しかりつける。しかし、彼らは、恨み言を言われるべきなのは自分自身であることを分かっていない。我々の教育は非常に多くの天才を抹殺してきた。しかし、そのような「抹殺者」に最初にバトンを渡したのは、他ならぬ子どもの父母自身である。多くの父母は子どもへの啓蒙教育の中で、子ども特有の天賦の素質や潜在能力を抹殺し始める。

父母が子どもの天賦の素質や潜在能力を見つけようと思うのならば、子どもに表現することを奨励し、その中で子どもが示す才能をよく観察することが大切だ。父母が、自分が予め設定した方向に進むよう子どもに強いても、なかなか思うようにはならない。父母が子どものために選んでやった道は、その子が持つ天賦の素質や潜在能力の中で、最も優れたものではないことが多い。

父母が子どもの天賦の素質や潜在能力を見つけ、それを育ててやろうとする時は、どこまでも子どもを信じ抜くことが大切だ。どの子にも天賦の素質や潜在能力があり、この世に生まれ落ちたからには、どの子にも存在価値や無限に発達する可能性がある。人生は非常に長い旅路にも見えるが、人生の道の選択を迫られる決定的な時は、一生のうちそう何度もあるものではない。父母たる者は、自分の子に責任を負うべきだが、最も肝心なのは、子どもが困難に直面した時、自信を持って「おまえにはきっとやれるよ」と子どもに言ってやることである。その思いの詰まった声によって、子どもは励まされ、困難を克服し、前進し続けることができ、しばしば思いもよらない奇跡を引き起こす。多くの父母は、子どもの発達への要求が性急すぎ、思い通りにならないとすぐ、鉄が鋼にならないのを恨む如く、愚痴を言う。実際には、歴史上、大器晩成型の人は大変多い。たとえば少年時代のヘーゲルは大変にぶく、学校ではクラスメートから嘲笑され、「うすのろ」というあだ名が付けられた。彼のクラスメートのシェリングは二三歳でイエーナ大学の助教授になったが、ヘーゲルが助教授になったのは三五歳のときだった。しかし、ヘーゲルは決して焦らず、黙々と思索にふけることに精力を傾注した。後に、五九歳になってヘーゲルがベルリン大学の学長になった時、シェリングは新設されたミュンヘン大学の教授にようやくなれたところであった。

父母は子どもに辛抱強く接すべきで、どんな時も、子どもに対する確信を失ってはならない。現在、教育界には「韓寒」現象が巻き起こっているが、これに対して寛容な態度の人はそう多くない。作家として活躍する韓寒は、学校では六つの科目で不合格になったことがあるという。しかし、彼の父母は彼をしからないどころか、励まして、自信を与え、やる気を起こさせたという。韓寒の努力と前進を支えたのが、父母の励ましであった。もちろん、生活の中では誘惑も多く、韓寒に対する社会的評価も定まっていないが、彼が自分をよくわきまえて、健全に成長できるかどうかは、やはり彼の父母の頭脳が明晰で、教育が当を得ているかどうかにかかってくるだろう。

父母が子女の天賦の素質や潜在能力を見出して培うためには、早期開発を重視すべきである。学習には最適な時期というものがある。たとえば、言語の学習はできれば一二歳までに行うべきで、このタイミングを過ぎてしまうと、学習が非常に困難になる。都市の子どもは、農村の子どもに比べて、一般に言語能力が高い。都市は多様な言語環境に満ちていて、様々な言語環境を切り替えて使い分けているからだ。これに比べて農村は閉鎖的で、言語環境が単一なので、言語能力の発展が阻害されることがある。心理学の研究によれば、早期発達過程において、多くの行為や能力の獲得にはそれぞれ最適期がある。この最適期に環境を整え、練習する機会を設けることができればそれぞれの能力が発達する。言語能力のみならず、芸術や体育も同様である。五〇歳になってからスポーツを始めても、オリンピックで金メダルを取るのは不可能である。

父母が子どもの天賦の素質や潜在能力を見出して培うには、父母は子女の興味関心と自己選択を尊重し、子女が試行錯誤の末に自分に合った物を発見できるよう、励ますべきである。子どもが自身の興味関心に基づくものからしかそれらの発見はありえないし、さもなければ逆効果になる。父母がピアノの練習を強いたことで、最終的に子どもが自分で手の指を切ってしまったといった惨劇が現実に起きていることを、保護者は深く考えてみるがいい。

理想の父母—四

大親友として対等に子どもに接するべきであり、目上の人として子どもを押さえつけたり、棍棒を持って子どもをしかりつけたりする父母であってはならない。

我々はしばしば、社会に階級があることに愚痴をこぼすが、実は、その根は学校や家庭にある。学校の教師と生徒の関係は不平等なもので、教師が話すのを生徒が聞くというのが慣例になっており、生徒が教師に反対すれば、教師を尊重していないということになってしまう。家庭では、父母と子どもの間にも不平等があり、父母が至高無上の権威であって、子どもはおとなしく、無条件に服従することが求められる。我々が同じ目線の高さで子どもに相対しないなら、彼らは永遠に独立した人格を形成することができない。

調査研究の結果、家庭における父母のしつけ方や子女への接し方は、子女の人格発達や個性形成に影響する重要な要素であることが分かった。民主的家庭では、保護者はしばしば子どもに信頼される大親友として家庭の中でふるまう。彼らは子どもの興味関心を自由に発達させ、様々な物事への見方について子どもと意見を交わし、子どもへの信頼を常に表明し、たとえ試験に失敗しても子どもを心から励ます。民主的家庭では、子どもの理解、尊重、激励を教育の前提としており、子どもは和やかな雰囲気の中で、自分の潜在能力を発揮しやすくなる。それが科学的教育方法である。創造の意欲に満ち、活発で、天真爛漫で、明朗な子どもは、その父母が、対等であることを意識した寛容な人が多い。子どもと接する上で「長幼の序」をわきまえない父母に対して、否定的態度を採る人もいるが、実際にはそれこそ提唱すべきなのである。「偉人が偉大なのは、あなたがひざまずいて彼を見上げるから」なのだ。子どもも同様である。ひざまずいて父母や教師、権威を見上げることをしなくなれば、創造力や想像力、独立した人格が形成されていくであろう。

アメリカなどでは、父母は子どもと対等に接することに大変気を遣う。子ども部屋に入る前には、普通はノックをして「入っていい？」と聞く。しかし中国では、父母はしばしば何の遠慮もなく子どもの世界に踏み込み、子どもの秘密をはばかることなく暴き立てる。子どもには自分の世界や選択の自由は全くない。もちろん、子どもと対等に接するということは、父母は子どもに何の支援や批評、提案を行う必要もないということを意味するのではない。問題の核心は、父母がもっと民主的な方法を取り入れ、子どもに選択の機会と解釈の権利を与えるべきだという点である。父母が年長者としての権威を振りかざさずに教え諭していると感じた時の方が、子どもは父母の意見を受け入れる傾向にある。

体罰問題については、家庭教育の理論と現実の間には非常に大きなギャップがある。表向きには「体罰は様々な問題を引き起こすから、子どもへの体罰はやめましょう」ということが唱えられ続けているが、現実社会の中では、「棍棒の下に孝行者が出る」「殴らなければ有能にならない、殴れば点数が上がる」とばかりに、非常に多くの保護者は体罰を重視している。多くの父母は「殴ったりののしったりしなければ、子どもは有能にならない」との考えを持ち、それが将来どういう悪影響を及ぼすかを分かっていない。子ども同士のけんかはしばしば父母から学んできたもので、暴力による暴力の制圧である。青少年の暴力事件が増えた原因は、映画やテレビもあるが、実際には家庭の中にその根があることが多い。多くの家庭で日常的に派手な「ギャング映画」を演じているからである。

理想の父母—五

なごやかな家族関係を築き、身をもって範を示し、約束は必ず守る。

父母は一体となって教育をする。子どもを教育するには、父母が協力し合うことが求められ、双方が共に努力して、はじめて子どもの教育がうまくいく。これこそ家庭教育成功の秘訣である。父母は、価値観や養育方法について、基本的な認識を共有することが求められる。なごやかな家族関係が子どもの教育に大変重要であり、父母は子どもの眼前での言動に注意すべきである。父母が子どもの事で言い争ったり、けんかをしたりしてばかりいると、子どものかよわい心は傷つき、健全な成長が妨げられる。

心理学の観点から言うと、人の行為の多くは模倣を通じて形成される。子どもは模倣を通じて学習する。父母が間違ったことをすれば、子どもに悪影響を及ぼす。父母が一日中麻雀にふけっているような家庭で、子どもが汚泥に染まらず、強い向上心をもって弛まず奮闘努力することが期待できるだろうか。模範としての父母は、成長過程で子どもに強い刺激となり、父母のよい習慣と悪い習慣は、どちらも子どもに直接影響する。教育家マカレンコは次のように父母に語りかけた。「あなた方自身の行為が子どもの教育に決定的意味を持っている。あなた方が子どもと話をしたり、教え導いたり、指図をしたりする時だけが、子どもを教育している時なのではない。あなた方の生活のどの瞬間でも、たとえ家にいない時であっても、いつも子どもを教育しているのである。服の脱ぎ方、他人との話の仕方、議論の仕方、喜びや不快さの表現の仕方、友人やライバルとの接し方、笑い方、新聞の読み方――それら全てが、子どもにとって非常に大きな意味を持っているのである。あなた方の態度や顔色の変化が子どもに無形の影響を与えていることに、あなた方が気付かないだけだ。あなた方が家庭の中で粗暴に振る舞ったり、誇張したり、傲慢であったり、酩酊したり、さらには母親を侮辱したりすれば、子どもを大いに傷つけ、ひどい教育を施したことになる。あなた方の不良なる行為は最も不幸な結果をもたらすかもしれない。父母が自らを厳しく律し、自分の家庭を尊重し、自分の一挙一動を点検すること、これが最も重要な基本的教育方法なのである」このように、教育が何たるものかを本当にわきまえている父母は、子どものために一定の犠牲を払い、不良なる個人的楽しみを放棄すべきである。父母は子どもの目の前で教育方針について言い争ってはならない。さもなければ、子どもはよい手を思いついたとばかりに、一方に味方して、もう一方を攻撃し、家庭内の矛盾が更に激化し、親子関係の緊張度が増すことになる。

人間尊重を学ぶこと、これは人として基本的資質の一つであるとともに、家庭教育の重要な目標でもある。他人を尊重して、はじめて他人から尊重されるようになる。他人を尊重して、はじめてなごやかな人間関係を構築できるようになる。マズローの欲求段階説によれば、他人からの尊重を得ることは、自己実現に次いで高い心理欲求である。子女にそうした習慣を培わせるために、父母は自らを厳しく律し、自ら年長者や隣人、同僚を尊重することで、子どもにとって最も身近な模範となり、子どもが知らず知らずのうちによい価値観や行為習慣を身につけるようにすべきである。また、子どもの第二の生命、それは自尊心である。スホムリンスキーは自尊心を人の最も敏感なものだとしたが、父母は花を愛でると同様に、子どもの自尊心を愛でるべきである。
約束を必ず守ること、それは中華民族の伝統的美徳である。古の人は「君子が一度口に出したことは、四頭立ての馬車で追いかけても、取り戻すことができない」と言った。家庭の中で、父母が子女に対して発する言葉は大変重みのあるものであり、約束は守らないといけない。わが国で古代に広く知られた物語「曽子殺豚」が父母に投げかけているもの、それは、約束を守るとは、単に行為を実行するだけではなく、約束は守るべきものだという信用意識を子どもに育てなければならないということである。それは、非常に重要な素質であり、値のつけようがない宝である。市場経済社会では、ビジネス界で信用は最大のブランドであり、巨大な無形資産である。信用を守ることは個人が生きていく上で重要な資本の一つとなっている。従って、父母たる者は自己の言行を一致させることで、子女の信用意識を培うべきである。

理想の父母―六

子どもに失望せず、惜しみなく褒め称えて激励する父母であり、子どもを侮辱してしかる父母ではない。

希望を持てないことほど、大きな哀しみはない。父母が子どもに失望するということは、真の教育が停止することを意味し、子どもが自分に失望するということは、進歩が停止するということを意味する。信頼と自信が人の発奮向上の源泉である。人の発達の潜在能力は正規分布する。天才と白痴を合わせても五パーセントに満たず、大部分の人（九五パーセント以上）の知力発達レベルは似通っており、どの人にも成功の希望があり、誰にもチャンスがある。チャンスを生かし、自分に失望しないこと、それが成否を左右する。希望があって、はじめて追求する心が生まれ、前進力を得られる。生活の中でも同様である。自分にはまだ救いの薬がある、まだ希望の芽があると思う時、人ははじめて弛まず努力する。人を育てるとは、自信を育てることであり、人を打ち壊すことである。現在の教育は、学校教育も家庭教育も、自信を打ち砕き続けている。保護者の多くは「死刑執行人」として、善意に基づいて悪いこと、間違ったことをやっており、温かく軟らかい手で非常に残酷なことをしている。このような誤った風潮を的確にあらわした言葉がある。「おまえはきっとできるよと言ってやれば、その子はできるようになり、できないはずの子までできるようになる。おまえにはできないよと言えば、その子はできなくなり、できるはずの子までできなくなる」。これを教育にあてはめると、深く考えさせられる。私はこれを「朱永新教育定理」と名付けた。確かに、教育実践の中で、おまえにはきっとできるよと言ってやれば、できないはずの子まで段々できるようになる。父母や教師、指導者の励ましの下で、多くの人が発奮努力し、最後には成功を勝ち得ている。おまえにはできないよと言って、才能を生かす機会や成長鍛錬する機会を与えなければ、自分から困難を克服するよう努力したり、鍛錬や実践を行ったりすることもないので、才能も次第に萎縮、退化し、できるはずの事もできなくなる。

子女を教育する過程で、子どもを褒め称えることを出し惜しみしている父母が非常に多い。彼らは、褒め称えることが子どもにとってどれだけ大きな励ましになるかを分かっていない。子どもは褒められるかどうかを非常に気にしている。父母のほほえみや賞賛は、強烈に子どもの気持ちを揺り動かし、彼らは希望の帆を揚げて前進できる。子どもが失望した時、父母が一言「おまえにはできる、きっとできるよ」と声をかけてやれば、子どもはまた元気を取り戻す。子どもが自信に満ちて、はじめて生活の中で挫折を怖がらなくなり、どの子も自分にふさわしい舞台を得ることが可能になる。「劣等生」の根は自分に自信がなく、父母や教師も彼を信用していないことにある。そうした生徒が一旦自信を見出すことができれば、折れた翼が回復した小鳥のように、再び飛翔できるようになる。たとえ知力が低い子どもであっても、自分に価値を見出すことができるようになる。二二歳の舟舟は知的障害があり、知能指数が三〇と三～四歳児程度しかなかったが、二〇〇〇年九月に名門ボストンフィルハーモニーを指揮し、その才能でアメリカ人を驚嘆させた。父母は、彼が生まれ落ちたその日に「子どもに罪はない、生まれからには、その子に責任を負わなければならない」と達観した。神さまが不公平なら、父母は二倍の愛によりそれを補ってやるべきだ。舟舟は、知能指数は低かったが、模倣能力は極めて高く、特に音楽に驚くべき理解力を示した。彼の頭脳は未だ解明されていない潜在能力を秘めていた。そして、父母がいつも励まし勇気づけ、褒め称えた結果、特殊な才能を発揮するようになった。知的障害児でもこのような成功を収めたのに、正常な知力を持つ子どもの父母がなぜ自分の子どもを信用できないのであろうか。

「褒めることは成功へと導き、愚痴を言うことは失敗へと導く」というのは、周弘という父親の教育心得である。彼の娘の周婷婷は聾唖者であったが、父母や多くの好意ある人の教育のおかげで、話すことができるようになり、色々な潜在能力を発揮することができるようになった。一九九三年には全国優秀少年先鋒隊員トップテンの一人に選ばれ、後には障害がありながら大学生となった。こうした事例に対して、父母たる者はどのような感想をお持ちになるであろうか。

理想の父母―七

学習したうえでの教育的理性や自覚を持ち、環境や機会を上手に生かして子どもを教育する。

スホムリンスキーは『保護者教育学』の中で「結婚証を手にする前に、保護者教育学を学ぶことを義務づけ、受けなければ結婚証を発行しないようにすべきだ。系統的教育科学の訓練を受けていない父母は、運転免許証を持っていない運転手と同じようなもので、いきなり走り出すとよくない結果になる」と述べている。社会が責任を持って、さまざまな手段により、保護者として必要な教育科学知識を身につけさせるべきである。

現在、「保護者学校」を設ける学校が非常に増えているが、そこでの教育は実際には遅すぎる。というのは、父母は子どもが学校に入る前から家庭教育に携わっているからである。子どもが生まれた時から教育理論を知っており、教育的な理性と自覚を持っている父母は、より適切に子どもを教育でき、よりよい成果を収めるであろう。そうでない場合は、保護者は無自覚のまま摸索や試行を繰り返すばかりで、家庭教育の特徴や原理を把握し、意識的に子どもの教育について考える頃には、子どもはすでに大きくなっているであろう。インドの聖人ガンジーには、男の子がいた。青年時代、ガンジーは自身の活動に比重を置きすぎたため、子どもにきちんとした教育を与えないといけないと意識した時には子どもはすでに成長しており、徹底的に悪いことを覚え、直そうとしてもどうにもならず、ガンジーは一生その事を悔いた。この例からも、保護者が自発的に早くから全面的で系統的な家庭教育理論を学び、保護者としての素養を培うことの重要性を見て取ることができる。

生活の至るところにいつでも教育がある。保護者は、教育科学を自発的に身につけ、さまざまな教育のチャンスを生かし、子どもが様々な環境の中で知らず知らずのうちに教育を受けるようにすべきで、それこそが最も充実した教育である。家庭教育は学校教育と比べて、随時性や浸透性といった特徴がある。保護者は、家庭に学校のような教室を設けて、子どもを座らせて授業を聴かせる訳にはいかないが、大自然とのふれあいの中で、或いは遊びや食事、買い物といった日常生活の過程で、いつでも、どこでも、子どもを教育することができる。保護者は自分の使命をいつも心に留め、言動を制約し、全天候型で全方位的な教育を子どもに提供すべきである。

保護者に教育の素養を培わせるため、社会は保護者向けの教育理性に満ちた読物を提供すべきである。古代のわが国には実に多彩な家庭教育関係の典籍があった。家庭教育の内容には思想品徳、人としての生き方や物事のやり方、技芸能力、意志鍛錬、民族としての気骨等、さまざまなものが含まれる。それらは得難い教育素材であり、現代の父母の科学教育素養を高める上でも、参考になる部分がたくさんあるので、我々はそれらを整理・総括し、大いに活用すべきである。

理想の父母―八

学校や地域社会に協力し、子どもの健全な成長を促す。

保護者と学校のコンタクトは減少傾向にある。伝統的な家庭訪問が行われなくなり、子どもの学校での様子を父母が知る機会やルートが減っている。その事が、生徒への教育の成果に影響を及ぼしている。父母たる者は、自発的に学校と連絡を取るべきで、教師の言うことを鵜呑みにする必要はないが、自分の考え方に固執すべきでもない。保護者は学校や教師と子どもの間を取り持つ仲立人になるよう、努力すべきである。たとえば、個性の強い子は学校で不公正な待遇を受けることがよくあるが、そうした時、保護者は子どもの味方ばかりをして教師を責めすぎたり、また教師の肩を持って一方的に子どもを責めたりといった両極端に走らないようにすべきである。保護者は実情に即して、不公正な待遇に適切に立ち向かうよう、子どもを励まし、手助けすべきである。保護者は学校や教師のよい協力者となって、子どもの健全な成長を手助けし、子どもを教育する責任を共に担うべきである。

子どもは柔軟性が高く、社会環境からの影響を受け、非常に傷つきやすい。従って、保護者は、学校や地域社会が行う教育や保護の活動に、様々なルートで協力すべきである。保護者は電話や手紙、保護者連絡カード、学校訪問などさまざまな手段で、学校が実施する活動に積極的に参加すべきである。特に学級担任や教科担任と日常的に連絡を取り、子どもの学校での様子を速やかに把握し、学習や生活、思想面で教師が行う指導に協力すべきである。保護者はまた、家での子どもの様子を学校に知らせたりして、学校と家庭、教師と保護者の間に強固な協力関係を構築すべきである。また、地域社会は子どもが生活する場所であり、地域社会の秩序は子どもの成長に直接影響する。保護者は主人公として、地域社会で子どもの成長に適したよい環境作りに協力すべきである。

子どもは父母の心の太陽であり、父母の生活の希望である。子女の健全な成長を目の当たりにして、父母は命が受け継がれていくことを感じ取る。男の子が龍になり、女の子が鳳になることを期待するのは、世の父母に共通する願いだが、子女が成功するかどうかのカギを握っているのは、父母自身である。世のお父さんお母さんには「あなた自身が天才でなくても、天才の父母になることはできる」という言葉を覚えておいてほしい。父母の皆さんは、まずは自分の素養を高めるために弛まず努力してほしい。そしてわが子を天才へと成長させるための翼を与え、その翼で高く飛び立たせよう。

付録　新教育実験の理論と実践

一、夢想と反省――新教育実験の縁起

人類教育の交響史において、教育の旋律はいつも抑揚があって起伏に富み、様々な時代にそれぞれの音符が精霊のように躍動し、教育上の智恵という感動的楽章を奏でてきたが、そうしたこだまする音節の中で最も感動的なもの、それが「新教育」であった。

ここ数年、わが国の国情に合致し、教師と生徒がより早く発達・成長できる教学研究の方法や学校発展の方式を、私は友人諸君と探し求めてきた。一九九九年下半期、私は太湖のほとりで理想の教師について報告したが、後にそれが『中国教育報』をはじめとする多くの新聞や雑誌に転載された。「その報告はある意味で自分の人生観を変えた」と、私に手紙をくれた教師もいた。新教育雑誌社の友人の激励の下、私はまた理想の学校、理想の校長、理想の生徒、理想の父母等についても報告を書き、それらをまとめて『私の教育理想』（《我的教育理想》）と題して江蘇教育出版社から出版した。この本は予想以上に評判を呼び、顧明遠〔北京師範大学副学長、中国教育学会長。中国比較教育の大家〕、朱小蔓〔元中央教育科学研究所所長、南京師範大学教授〕らからも非常に高い評価を受けて、一時は基礎教育理論方面のベストセラーとなった。その後、「理想」シリーズとして、理想の徳育、理想の知育、理想の体育、理想の美育、

理想の労働技術教育も書き、『私の教育理想』の第一部分と合わせて一〇個の「理想」としてまとめ、『新教育の夢』(《新教育的夢》)というタイトルで人民教育出版社から出した。それは私及び少なからぬ同志の教育理念について、一〇個の理想を掲げ、一つの枠組、理想の教育の青写真を構築しようと試みたものだった。

二〇〇二年二月、『光明日報』に「飄々としたユートピア」(「飄揚的烏托邦」)と題する書評が掲載された。書評は、全体としては『新教育の夢』を肯定的にとらえてくれていたが、そのタイトルは「そうした教育理想はユートピアにすぎないのか?」との誤解を招く可能性があった。そのことも、理想の教育実験を着実にやらねばならないという思いを強く後押しした。我々はこの実験の名前をいくつも考えたが、最終的には『新教育の夢』から採って、「新教育実験」とすることにした。

新教育という用語は皆さん余りなじみがないかもしれない。西欧教育発展史の中で、二〇世紀初頭から五〇年代まで主導的地位を占めていたもの、それが新教育思想であり、その代表的人物には新教育の父と称されるイギリスのレディ、バデリー、ホワイトヘッド、パーシー・ナンをはじめ、ドイツのリーツ、フランスのドモリン、ベルギーのドクロリー、スウェーデンのエレン・ケイらがいる。彼らは現代社会のニーズに合った教育を展開し、各国で新学校を設立すべきだと主張した。最も有名なのはバデリーが創設したアボッツホルム校であった。レディは「学校の任務は主に児童個人の自由な発達を促進すること、即ち身体と精神の健全な発展をはかることであって、書物の知識でもって児童の発達を抑制することではない」と語っている。デューイは一八九九年に『学校と社会』を出版した。三回分の講演内容を収めたもので、新教育の概念を明確に示すとともに、旧教育の概念も提示した。二〇年後、彼の門下生陶行知先生は『試験主義と新教育』(《試験主義与新教育》)の中で「教育の真理は無窮にして、よく創造することは常に新、創造せざるは常に旧なり。創造力を有する者は旧といえども新となり、創造力なき者は新といえども旧となる。即ち新教育の新なるゆえん、旧教育の旧なるゆえんは、その創造性によるものなり」と述べている。彼と同時代に生きた人には、新教育と旧教育について一言を有する者が多かった。蔡元培先生には『新教育と旧教育の起点を論じる』（《論新教育和旧教育之起点》）という文章がある。陳鶴琴先生は活教育を旧教育の対抗概念としており、新教育概念をはっきり示したわけではないが、活教育は実際には一種の新教育であった。黄炎培先生も多くの論著の中で、新教育と旧教育の概念について論じている。一九四九年、毛沢東主席がわが国の発展に必要な教育方針及び一連の教育問題について論じた時も、「新教育は旧解放区の新教育経験を基礎とし、旧教育中の有用な物を吸収する」と述べた。最近になって新教育という用語を使い始めた人もいる。陳建翔博士の『新教育の本質——学習に奉仕する』（《新教育的本質：為学習服務》）もその一つである。新しい時代はいつも新しい教育を求めるものであり、どの時代にもその時代の教育特徴がある。その欠点は、他の教育との違いがはっきり分かる名称がないことだ。名称は変わっていい、もっとよい旗印があるのならば、我々の掲げる新教育とは一体どういうものなのか、もっと議論してもよいと私は考えている。以下で、新基礎教育実験、新課程改革、新教育実験の違いと連携について、重点的に分析してみる。

葉瀾先生は最近、新基礎教育実験に力を入れており、華東師範大学はこのために専門の研究所を設立し、私もその特約研究員となった。新基礎教育実験のモットーは生命教育であり、能動性と双方向性を重視し、教師と生徒双方の存在の価値を表すことを強調している。この実験は未来性、強い生命力、社会性に大きな価値を見いだしている。生徒について言えば、潜在性、能動性、差異性を重視しており、学習目標については、認知能力の向上のみならず、道徳性や精神力の発達も求められる。葉教師の主な目標は次の四点である。教室を生徒に返し、教室を生命活力で充満させる。クラスを生徒に返し、クラスを成長の息づかいで充満させる。創造を教師に返し、教育を智恵や挑戦で充満させる。精神発達の主動権を教師と生徒に返し、学校をいきいきとした空間にする。この四点が、新基礎教育実験の魂である。この目標を私は大いに賞賛するが、ちょっとやりにくいとも感じている。第一線の教師達が実践してみると、本当の意味での手段に欠けていると感じる。しかも、新基礎教育実験の重点は教室に置かれている。彼らの仕事に即していけば、新基礎教育の基本的な重点は結局教室なのである。

次に新課程改革を見てみよう。新課程改革の中心理念は生徒各人の発達である。具体的には主に民主的な教育、国際理解、生活への回帰、自然に親しむ、個性発達の五点である。知識の面から言えば、課程目標を知識技能の獲得から脱皮させ、過程と方法、情緒と個人の価値観を重視する方向を目指す。こうした新課程改革は、教材の編集も含め、新たな知識観に基づくものになる。生徒については個性の発達を重視し、課程については課程と生活の連続性を重視し、課程と生活の緊密な連絡を強調している。総合実践等も同様である。

新課程改革の重点は課程であるが、葉瀾教師の重点は教室である。我々の考えによれば、教室と課程だけで教育の全てを構成することはできない、教育の内容を網羅することはできない、場合によっては重要な内容すらカバーしきれない。従って、彼らのやり方を学びつつ、改善点も考え続けた。新基礎教育も新課程改革も、目標は正しい。能力、発達を重視し、また、知識情感価値観や精神的、道徳的価値観を重視している。しかし、結局は教室と課程のみを大切にしており、また、そのいずれにも実行可能なアクションプランがない。新教育実験を構想する時、我々はこの両面で現状を打破することを試みた。

二、模索と悟り――新教育実験の観点

二〇〇二年六月一八日は特別な日になった。教師の交流や成長のプラットホームとなるべきウェブサイトが中国

の「インターネット冬の時代」に立ち上がった。それが教育在線(eduol.com.cn)である。教師達の間に口コミで広がり、初日のアクセス数は数十〜数百であったのが、現在では数千に達している。わずか一年の間に、百数十万件のアクセスがあり、二万人近くの登録会員を獲得したのは、誠に喜ぶべき成果である。そのネット仲間は中国全土を網羅し、新疆、雲南、広州、深圳、全国各省に及ぶほか、アメリカ、日本、フランスからも参加者があり討論に加わってくれる。このウェブサイト上に新教育実験というコーナーを設けており、加盟校は自由に閲覧できる。

新教育実験を始めた頃は、新教育の具体的定義がそれほどはっきりしておらず、明確な目標が立てられなかったので、「ラーニング・バイ・ドゥーイング」を徹底してやった。新教育実験学校の発展は我々に光明をもたらし、新教育に生命力を与え、新教育の未来の輝かしさを見せてくれた。ウェブサイト上で急速に成長した教師達もいる。二〇〇三年の江蘇省の「教海探航」表彰活動は、特筆に値する。教育在線の仲間が入賞者の相当数を占め、一等賞は四〇パーセントが我々の仲間であった。江蘇省塩城の張向陽はその代表的な例である。

張向陽はある農村小学校の副校長で、基礎理論をよく学び実践経験も豊富な教師であったが、理想と現実のギャップから、自分の教学能力を高める必要を感じつつも、その方向性を見いだせないでいた。彼は以下のように述べている。

このように、一種の混沌の中で、私は前進を摸索していた。教室や新聞雑誌等から馮恩洪、夏青峰、顧青山、曹平らの事を知ったが、新しい世紀を迎えるにあたっても、私は自分の感覚にマッチしたものを探し出せず、忸怩たる思いを持っていた。ある日、『人民教育』の「理想の教育と教育の理想」(「理想的教育与教育的理想」)と出会った。その詩心あふれる言葉、あふれる情熱、教育への真摯な思いが、たいまつが目の前でゆらめくが如く私の眼前にパッと開けてきた。これこそが私を『私の教育理想』へと導き、教師として見いだすべき航路標識に近づけ、教育在線に引き合わせたのだ。二〇〇二年の夏休み、教育在線の出現により私はこれまでにない快楽を感じた。いなか町の騒がしいネットカフェの中にはいつも私の姿があった。チャットやゲームをする人達に混じって、私は教育在線で友人達と交流した。……彼らが書いたすばらしい文章を読んでいると、私も腕を振るいたくなってきた。七月二〇日に私は初めての文章「理想の故郷で我々の教育理想を実践する——覇権放棄」(「在理想的家園中実践我出了我們的教育理想：放棄覇権」)を教育在線に投稿した。大変稚拙な文章ではあったが、教育用語の中にみえる覇権主義について、ひとつの見方を示したものだ。

活字というものを発表したことがなかった小学校の数学教師が、こうして我々の一員となった。彼は新教育実験の最初の実践者となり、「成功保険」(後述)に加入してからは、やや稚拙だった筆遣いも次第に上達し、教育についての理解も日増しに深くなっていった。彼の流した汗水は決して無駄にはならなかった。「目の中に人あり」(「目中有人」)から「よく成長する樹」(「好一棵成長樹」)まで、「新課程を軽率さから遠ざける」(「譲新課程遠離浮躁」)や「新課程を実用主義から遠く離す」(「譲新課程遠離実用主義」)から「数学教育を精神生命成長の故郷に帰す」(「譲数学教学回帰精神生命成長的家園」)まで、彼の思想と行動が詰まった文章は、ネットカフェからフォーラムへ、更には全国の新聞雑誌へと飛んでいった。二〇〇三年三月現在、教育在線に入ってわずか半年余りの張向陽は省級以上の教育関係新聞や雑誌一〇誌以上に五〇篇近く、計七万字余りの文章を書いている。そのなかの「新課程はどのように学習困難児の面倒を見るか」(「新課程如何関愛学困生」)は『人民教育』二〇〇二年第一二号に発表された。また、一〇ヶ月で二〇〇日余りの夜を費やして、三〇万字近くの教育日記を書いた。彼は「自分はこれからも書いていける、教育に関わる考え方について教育在線の友人達とこれからも交流していける、自らの教育研究の道をこれからも歩んでいける」と考えている。彼の教育在線フォーラムでのペンネームは「用我的生命擦亮新教育之夢的火花」(自分の生命を用いて新教育の夢を点す火花）という。

山東省淄博の仲間である于春祥はフォーラム内に「春祥夜話」というブログを設けているが、そこで発表した「私の教育在線でのこの一年」（「我和教育在線這一年」）で次のように述べた。

> 二〇〇三年五月一八日（旧暦四月一八日）はよい日だった。私の教育在線への投稿がちょうど一〇〇〇件、「春祥夜話」が一〇〇篇となったのだ。私は既に一万六三〇〇日余りの人生を過ごしており、教育在線での一〇〇日は、人生の中ではわずかだが、事業の発展という面から見れば、一〇〇〇日或いはそれ以上の日数に値する。この一〇〇日間で、私は人生の理想や成長の感覚を見出し、事業の拠り所を有するようになり、人生の知己とめぐり逢い、大幅な進歩を実現した。「春祥夜話」は、正式に発表したもので約三万字前後あるが、そこから『教師之友』に三編、『師道』に一編、『教育家』に一編、『山東教育』に一編、『教育在線週刊』に二編を発表した。現在整理中でゆくゆく発表する予定のものも数編ある。私はネットについて決して不案内ということはなく、五年間のネット生活で、ブラウズしたウェブサイトの数は何百にも達する。しかし、どれもそれほど大きな衝撃を与えてはくれなかった。ところが、教育在線には魅了されてしまった。私の好みにぴったりで、深く追求したくなる。まさに運命を変えられた。そこには厳しい序列もなく、学閥による独断もなく、人間関係のわだかまりもない。あるのは対等な交流や魂の交歓だけであった。朱永新先生の見通しの鋭さと見識の高さには敬服せざるをえない。教育在線というウェブサイトは、名実ともに教師が成長する学院となった。

より深く考え、より多く体験し、より早く成長する。こうした理念に感銘を受けた浙江大学教育評論研究所の劉堯教授、南通市教育局局長の王炎斌、清華附属小学校の特級教師・竇桂梅校長、江蘇省教育学会会長の周徳藩といった教師達も仲間になってくれた。彼らや李鎮西、袁衛星、盧志文といった「兄弟子」達の指導により、教育在線は張向陽や于春祥といった若者以外にも広がっていった。半年間で三冊の書物を編集した馮衛東、新教育実験の主宰にして筆の勢いが留まることを知らない儲昌樓、『走進中学生（中高生になろう）』シリーズを書いた王軍や焦暁駿、劉静、いつ著作が出てもおかしくない高子陽や張菊栄、影響力を持つ最初の小学校教師となった羅民や張曼凌、特殊教育事業に輝かしい成績をおさめた方紅といった人々である。

新世代の教師育成が新教育実験のハーモニーだとしたら、学校の中に入り、生徒の中に入ることこそ、最も重要な主旋律だということになる。二〇〇二年九月、新教育実験基地の最初の看板が昆山玉峰実験学校に掛けられた。その後、一年に満たないうちに、正式に認可を受けた加盟校は二〇校近く、実験のサブ課題に自主的に取り組む学校は一〇〇校近くと、長江の南北に広く分布するようになった。昆山市玉峰実験学校、昆山市柏廬実験小学校、昆山市第二中学、呉江市金家垻小学校、呉江市同里第二小学校、呉江市盛澤実験小学校橋北分校、呉江市実験小学校、蘇州市平直中心小学校、蘇州工業園区斜塘小学校、常州市湖塘橋小学校、江陰市南環路小学校、江蘇翔宇教育集団、無錫南洋国際学校、寧波万里国際学校など、江蘇省内外の学校が初回実験に参加した。また、山東、広東、浙江、福建、黒龍江、吉林、上海等の省市でも、大勢の教師が自主的に実験に参加した。幾千幾万もの教師や生徒が新教育の理想を具体化し、系統だったものにしている。新教育の理念を真に実践するため、我々は農村の基礎力の弱い学校にも基地を探し求め、まずまずの成果を挙げた。呉江に新教育実験の個人会員となることを願い出た女性教師がいた。彼女は五〇歳を過ぎており、まもなく退職を迎える年齢であったが、ゼロからコンピュータを学び、ネット上で文章を書いたり、書き込みをしたりし始めた。彼女の文章は、他の人々と比べてすばらしいとは言えないものであったが、我々はみな大変感動し、多くの人が彼女を激励し我々のアイドルと考える人もたくさん現れた。こうした感動的な物語は枚挙にいとまがない。それでは、どのような学校、或いは教師がこの実験に参加できるのか。

新教育実験への参加はたいして敷居が高くない。同じ考えを持ち、同じ目標に向かって努力する根気や熱意があればよい。学校として参加する場合は、元々「全教師による討論を経て意志を統一すること」としていたが、ある程度まとまっていて、しっかりしたプランを持っていれば申請できるようにした。

新教育の中心理念や価値観とはどのようなものか。『私の教育理想』や『新教育の夢』にも記したが、我々の中心理念は「全ての人のために」である。なぜ「全ての生徒の発達のために」でないのかというと、「教師の発達がなければ生徒の発達もない」と考えているからだ。我々は教師や生徒に対してではなく、人間に対して問題を提起しているのである。我々は、教育というものを大きな概念でとらえるべきだと考えている。たとえば、保護者の発達なくして生徒の発達はありえるのか。教育のおおもとは人間のためのものであり、人文精神の中心は人間の生存状態、発達空間に関心を寄せることにある。我々は教師に関心を寄せるだけでなく、全ての人間に関心を向け、校長、保護者、社会のあらゆる人の発達を手助けすべきなのである。貧しい人も豊かな人も、愚かな人も賢い人も、健常者も障害者も、あらゆる人が気にかけられるべきなのである。また、教育は人間のあらゆる方面に対して行われるべきである。これが我々の核心理念なのである。

我々の目標は「理想を追求し、自我を超越する」ことである。それができてはじめて積極的に考える心が育ち、教師や生徒と学校を真の意味で一緒に成長させることが可能となる。この実験に参加する学校の教師は、全員が自分の夢を持ち、自己に挑戦する勇気を持っており、自我を超越する精神を持つべきだと考える。教師も生徒もみな成功したいと思う。生徒がみな成功の感覚をつかもうと努力すれば、多くの教師や生徒が優れた人材に成長し、それなりの成功をなすだろう。教師がみな成長を望めば、多くが成功し、その一部の人はさらに有能な人材となるだろう。実験に参加する人はみな、自分が進歩し、成長しながら幸せになっていると感じる。これが我々の追求する境地である。

我々の価値観は行動である。行動して、はじめて収穫がある。何もせずに空論にふけることは許されない。実践あるのみだ。実践して、はじめて成功がある。優柔不断はよくない。実験に加わったその日から、真に動き始めることが求められる。子どもと教師が秘めている力は、どのように評価しても評価しすぎるということはない。たとえば、前述の焦暁駿はもともと能力のある英語教師であったが、その生活は気ままなものであった。仕事の後は、小説を読んだり、囲碁を打ったり、友人とトランプをしたりして、たまには論文の類も書くという暮らしだった。しかしそれは、有能な人になりたくなかったわけではなく、どうすればよいか分からなかっただけである。我々の実験に参加するようになった後、彼は自らの変化を感じ取った。彼は英語という科目の枠を飛びだして教育を見つめ直すようになり、教育の真の美を見出し、見所のある随筆や論文を書くようになった。彼は一年あまりの間に各種新聞雑誌に文章を載せたほか、一五万字からなるネット教育関係の書物も書いた。「新教育により自らの潜在能力を見出せた」と彼は語っている。

我々の第二の基本理念は「生徒に一生有用なものを教える」ことである。教科書は子どもに有用ではあるが、一生有用であるわけではない。従って、新教材・新課程をどんなにうまく作ろうと、生徒のあらゆる問題がそれにより解決されるわけではなく、場合によっては生徒を誤った人生目標へ導くことすらある。というのは、いまだによい大学への入学を基礎教育の最終目標としている学校や教師が多いからだ。勝敗でもって英雄を論じ、金メダルをもって英雄を論じ、名門大学をもって英雄を論じるといった考え方は間違っている。新教育実験のアクションプランを見ていただけば、我々が生徒に真に有用なものを教えようとしていることがお分かりいただけるだろう。私自身は蘇州大学の卒業であるが、北京大学や清華大学の学生より劣っていると考えたことはなく、むしろ北京大学や清華大学の講師や教授になってもよいくらいだと考えている。大切なのは輝きのある今日だけでなく、真に輝かしい明日のためにどうすればよいかということだ。あまりに近視眼的すぎたことが、今日の教育の悲哀になっている。

我々の第三の基本理念は「精神状態を重視し、成功体験を導く」ことである。積極的態度の育成は非常に重要である。生徒がいつも成功を感じ、体験し、自分を信じ、自分に挑戦するようにすべきである。

第四の基本理念は「個性発展を強調し、特色教育を重視する」である。特色とはすべてが整っているのではなく、卓越したものを目指すことである。企業も学校も、万事が同様である。二〇〇二年にアメリカの週刊誌『TIME』は世界九大新興科技都市を選定したが、アジアの都市で入選したのは蘇州だけであった。しかし、蘇州がアジアで最高の都市かと言えばそうではない。ただ、蘇州は特色を持った都市である。伝統と現代をうまく融合した二五〇〇年余りもの歴史を有する都市であり、また、外国企業の投資も集中している。学校も同様で、自己の特色がなければ、輝かしさなど語るべくもない。個人についても同様である。

第五の基本理念は「教師や生徒に人類の崇高な精神との対話をさせる」である。教育において人間に注目し始めると、人類の問題、人類の命運、文化の持続的発展、文明の進度といったものについて、もっと関心を寄せるべきだと感じる。文明は、我々の世代から、或いは我々の世代の教育から、衰弱へと向かう可能性がある。我々はいつも「文明や文化の持続的発展こそ人類の持続的発展の基礎だ」と話している。子どもや教師は、現実や責任から逃避しないで、真に社会に融け込み、強い社会責任感や使命感、正義感を持つべきである。

三、体験と実践——新教育実験の進行

我々の新教育実験は、討論や研究、模索を経て、本の香りのする校舎作り、教育メモを共に書く、窓外の音を静

かに聞く、二言語応用の強化、デジタルコミュニティの建設、特色学校の創設の六大行動計画にまとめられた。

1．本の香りのする校舎作り

本の香りのする校舎作りは、上述の人類の崇高な精神との対話にマッチしたものである。二〇〇三年の「両会」（毎年三月に開催される全国人民代表大会と中国人民政治協商会議）期間中、私は新教育実験学校の代表者として提案を出した。それは、仲間達がネット上で討論して完成させたものであった。提案の主題は「九月二五日を読書の日にする」というものであった。この提案は幅広い関心を受け、作家の王安憶、趙麗宏、張抗抗委員や、海南大学の史貽雲委員、首都師範大学の劉新成委員らが直ちに共同提案者になってくれた。雑誌『中国教育報』や『中国青年報』、インターネットサイト新浪網、人民網、網易などでも相次いで報道された。『中国教育報』は「全国政協委員朱永新が『本の香りのする校舎』概念を提出」（全国政協委員朱永新推出〝書香校園〟概念）という題で大きく報道した。

初等中等学校の図書館の地位については、一九八〇年一二月にユネスコが発表した「初等中等学校図書館宣言」の中でも「初等中等学校の図書館は、学校が青少年や児童に対して効果的な教育を行うことを保証する上で、不可欠の事業であり……すばらしい図書館は学校が教育的成果を獲得することを保証するための基本条件である」と述べられている通りである。しかし、わが国の初等中等学校図書館は、教育の中でどれほどの役割を発揮してきたのか。図書館の中にある本は教師や生徒の成長のためにどのくらいの精神養分を提供してきたのか。重複し、かつ生徒や教師が読むのに適さない本が冊数を満たすために書架に置かれているにすぎず、そうした本は埃で覆われていて、長期間図書館や閲覧室に閉じこめられたままである。教育や未来に関心を持つ人にとって、それは憂慮にたえないことである。

全国政治協商会議委員の朱永新が全国政協会議に提出した一二の提案の中に、「国家読書の日の設立に関する提案」があった。提案の意図について、朱教授は「一人の人の精神発育史は、実質上はその人の読書史である。一つの民族の精神レベルの高さは、全民族の読書レベルに依拠するところが大きい」と語っており、その話は味わい深いものである。読書という一見して非常に個人的な行為をそのような高みから認識することで、その本質が見えてくる。蘇州市副市長、蘇州大学教授である朱永新はかつて出版した『私の教育理想』の中で「私の理想の教師」「私の理想の生徒」「私の理想の保護者」について書いている。それらは教育に対する誠実な情熱と理性的思考に溢れている。朱教授は、読書と教師や生徒の成長について語っているが、実際には理想的な初等中等学校図書館を描写し、展望している。

私見によれば、本の香りのする校舎という概念は、私が初めて提出したものではないが、我々ほど読書にほれこんだ教育実験は、それほど多くない。我々の実験に参加した子どもは小学校六年間と中等学校の六年間でそれぞれ一〇〇冊の本を読み、全ての教師も六年間で一〇〇冊の本を読む。六年で一〇〇冊の本を読むことは、そう多いとは思わない。それは我々の実験の目標であるが実現可能かどうかは、議論の余地があろう。但し、それをやり遂げてこそ、理想の実験学校だと考えている。

身体は何によって発育するのか。それには二つのものがある。一つは遺伝で、両親から与えられたもので、身長や体重は遺伝子によりかなりが決まる。二番目は生まれた後の食物や栄養、それらの組合せである。それでは、精神発育はどのように完成するのか。我々の大脳、我々のスピリットは何によって潤い、完成するのか。遺伝はあるのか。実は遺伝ではなく、環境が非常に重要である。一〇〇冊のうち、二〜三〇冊は必読書であるが、残りは自由に選んで読めばよい。何冊かは暗唱することを求めている。たとえば、人民教育出版社の経験豊かな編集員である張中行先生にチェックを依頼した『中華経典誦読本』がそれである。我々は中国古代の詩詞、散文、名篇、名言を精選して薄い本にまとめ、全ての子どもに暗章を求めた。また『英文名篇誦読本』には英語の優れた諺、名言、講演、散文、詩歌を集めた。子どもが基礎教育段階でこの二冊の本を暗唱すれば、中国及び西欧の文化について、ある程度の知識を有することになる。どの時代においても、崇高な精神はその時代の巨匠達の著作の中に集まっている。春秋戦国時代には孔子、孟子、荀子、韓非子、老子といった偉人がいたが、彼らの著作は春秋時代の精神を反映している。人類の文明を持続させるためには段階を跳び越すことはできない。文明を跳び越せば、中断である。中断すれば、間違いなく精神発育が影響を受ける。もちろん、我々は「生に涯あり、学に涯なし」という道理を知っている。最良のものを選んで子どもに与えるなければならない。我々は二〇〇三年に『新世紀教育文庫』を正式に発表する予定である。それは、小学生一〇〇冊、中等学生一〇〇冊、教師一〇〇冊からなり、我々の実験学校で率先して使い始めることにしている。

読書がなければ教育もない。スホムリンスキーは「教師のいない学校はあるかもしれないが、本のない学校などありえない」と語っている。作家の鄧友梅先生は、学校には三〜四年通っただけである。三〜四年勉強しただけで偉大な作家になった人は、実は少なくはない。しかし、彼らの読書量が少ないとは言えない。鄧友梅先生が読んだ本は、どんな大学生よりも多いはずだ。このように、教育を受ける年数と学業成績とは完全にイコールではなく、読書の質と量が学業成績とイコールなのである。

実験学校ではよい読書雰囲気を作り上げ、どの子どもも心静かに本を読めるようにしていきたい。やはり在学中が読書の黄金期間であろう。大脳に深く刻まれ、人の生涯に影響を与えるのも、やはり在学中の読書であることが多い。一部の校長は「私も生徒に読書させたいのだが、読ませる時間がない、授業で手一杯だ」と言う。やりくりすれば時間はできる。学校の課程は圧縮できるし、読書課程を開いてもよい。学校裁量の時間にたくさんの本を読ませることもできる。できないはずがない。読書の時間がないという教師がいても、毎朝三〇分早起きしたり、テレビを観る時間を三〇分削ったりすれば、読書の時間はできる。昆山の柏廬小学校は本の香りのする校舎作りの代表である。同校は効果的な読書方法をたくさん考案した。校長は、ネット上の書き込みで「子ども達が読書することで保護者も読書をするようになった。子ども達の話し方に気品が出てきて、よく本から引用するようになったので、保護者は非常に大きなプレッシャーを感じて本を読み始め、毎夜子どもとゲームするようになった」と述べている。学習型家庭になったと言えるのではないだろうか。みんなが毎日一つずつ詩を暗唱するのは、完全に可能なことだ。我々もそのための小冊子をつくり計画を立てた。学年ごとにどれを暗唱するか決まっていて、六年間でその本を全て暗唱することができる。しかし、実際には子どもの多くが二年生でその本の暗唱を終えている。人の学習能力は本当に計り知れない。また、金家埧小学校の子どもは詩作会を行っており、四季の詩を作っている。あなたが春の詩を作り、私が冬の詩を作るというようにして、自ずと学習の積極性を高めている。蘇州大学には銭中連先生という国学の大家がいて、四書五経に通じている。一句を言うと、彼はすぐ下の句を読むことができる。それを可能にしているのは、小さい頃からの記憶訓練だ。

2．教育メモを共に書く

新教育実験学校において、我々は教師達が生徒達と一緒に教育メモを書くように求める。メモや日記は、私が見つけた非常によい教育方法である。筆記は、国語教育で求められているだけではない。

私は自分の子どもで実験をした。彼には一年生の時から日記を書かせた。ピンイン〔アルファベットを用いた中国語の発音表記法。辞典などもピンイン順の配列が多い〕を習い始めて間もない頃だったと思う。彼はピンインを学ぶ前からいくつかの字が書けたので、大豆の栽培について二一日分の日記を書いた。日記をつける過程で、自ずと観察することを学んだ。その後、彼は同級生について書き始めた。クラスの五十数名の同級生一人一人について一編ずつ書き、さらには動物や植物、家の様子、読書感想文なども書くようになった。たくさん書けば、作文もうまくなる。小学校卒業後には、『虎が引く車にあえて座る――ある小学生の目に映った色鮮やかな世界』（《老虎拉車我敢座――一個小学生眼中的繽粉世界》）を出版した。中学の時は、毎日ではなく、週一編くらいのペースになったが、三年後にはまた『ぼくと父さんは兄弟――ある中学生の心情ポートレート』（《我和老爸哥們兒――一個初中生的情感生活写真》）と題する本を出した。現在、彼は高校二年生だが、『リュックを背負って英倫を登る――ある高校生の見た景色』（《背上行囊走英倫――一個高中生的山水情感》）が間もなく出版される。また、上海出版社からも小説が出版された。子を知るはその父にしくはなし。彼の教養は完全に書くことで形成されたものである。私は教育在線に「朱永新成功保険」の看板を出した。成功したいなら、私の保険に加入しなさい。成功しなかったら、私は一を十にして償います。唯一の条件は、毎日一編のメモを書くこと。教師が毎日一編ずつ一〇〇〇字書けば、一〇年で三六五〇編、三〇〇万字以上になる。そんなにうまくいくはずがないと思うかもしれない。書くというのは単なる行為に見えるが、文章を作るときはいつも自分と対話している。その時につかんだものは成長にとって最も重要な宝物である。教師が毎日書き続けた記録は、将来の中国で大教育家が中国教育を研究するときに最良の資料になる。李鎮西は教育日記を書き続けた人だ。彼は志を持ち、努力を惜しまない人であった。彼は多くの著作を著したが、その際参照したのは自分が二十数年に渡って書き続けた日記であった。記憶に頼ったのでは苦労ばかりよみがえるし、不正確でもある。我々がいつでもどこでも自分の思いや考え、感想を記録すれば、人生最大の財宝になる。日記を書くことで、教師は子ども達と一緒に成長することもできる。なぜ教師は生徒と一緒にやろうとしないのか。教師自身がお手本になって激励しないと、子どもが真に読書や作文を好きになることは考えにくい。

本を好まない教師が生徒を読書好きにしようとしても、それは無理である。読書には雰囲気作り、感染力が必要である。実験に参加した生徒達の多くが教師に「先生方は私達に作文を求めますが、ご自分では作文なさらないのでしょうか」と質問したという。我々には実験学校もでき、作文の授業も設けられた。生徒はここで文章を書き、教師はコンピュータ上で文章を書く。上述の張向陽は、ネット上に二つのブログを設けた。一つは新課程、もう一つは夢追いノートである。莫国平をはじめとする大勢の教師もネット上に自分のページを持ち、そこに書くという方法を実践している。私は花開く音を聞いた、花開く過程を見たと言うべきだろう。つまり、大勢の教師と生徒が文章を書くことによってとげた成長、それも急速な成長である。「我々が真に文章を書けるようになったとして、成功できる人はどのくらいいるのか」と聞いた人がいる。それは、あなたがどのくらいの精力を投じたかによる。あなたが一〇〇パーセントの精力を投じたのであれば、一〇〇パーセントの成功率である。江陰のある学校で新教育を始めるにあたって私は報告を行った。子ども達はその後半年間作文を続け、本を二冊出した。私は「放飛希望（希望に向かって飛び立つ）」という言葉を贈った。同校の教務主任は「日記を書くのをいやがっていた子ども達が、今ではいやがらなくなった」と語ってくれた。以前はなにかを書くのは歯磨き粉をしぼり出すような作業だったが、今ではごく自然なことになっている。

3．窓外の音を静かに聞く

我々は、教師と子ども達は学校という相対的に閉ざされた空間で生活していると考えている。彼らは世界と接触はするが、それは選択された世界である。彼らが聞く音は主に教師や保護者の声であり、彼らが受ける教育は受験を経て就業へと向かう教育である。小学校、中学、高校と何度もの試験を経て大学に入り、大学を卒業したら就職する。「我々が育てている生徒が求めているのは飯茶碗（飯の種、就職口）だ」と冗談を言う人もいる。しかし、飯茶碗の数は限られている。就職につながらない教育は長くは続かない。二〇〇三年初めの「両会」では、就職問題ンが熱烈に議論された。記者のインタビューに対して、私は「就職」の概念が不完全だと述べた。卒業生の五パーセントが自ら創業したとすれば、彼らは飯茶碗をもらうためではなく、つくるために勉強していることになる。彼らがさらに学生達の五パーセント、或いは一〇パーセント、二〇パーセントに就職先を提供することができれば、就職難は大幅に軽減される。ビル・ゲイツは三年しか大学に通わなかったが、無数の就職先を用意した。しかし、こうした事はわが国には生じにくい。我々は小学校から子どもに試験や就職、適応のことを教え続けてきたが、真の創業教育は与えてこなかった。生徒は全く創業に対する衝動がない。創業の情熱はどこからやってくるのか。大部分は、窓外の音から養われるのである。ほとんどの教師は創業経験がないので、子ども達に創業を教えるのは不可能である。従って、子ども達に窓外の音を聞かせる必要がある。社会的に認められている人や優秀な企業家を教室に招いて、生徒の面前に立ってもらう。在校期間中に一〇〇回話を聞かせること、それが我々の目標である。

私は玉峰実験学校の周建華校長に「昆山は外国企業が非常に多いので、社長は無理でも、生産責任者、部門責任者なら話に来てくれるだろう」と提案したことがある。自分達がどのように創業したか、会社の創業史や成長史、或いは自分の成長史、一従業員からトップに登りつめるまでに、どのような苦労や鍛錬を経てきたのか、そうしたことを話してもらいなさい、と。また、成功した芸術家に自らの芸術人生について話してもらうのもよい。成功者が語るノスタルジーに満ちた真実の物語は、子ども達に感動を与えるだろう。子ども達にとってもそうした話を聞くことは、教室での授業より興味深いものである。ある時のある話が子どもの命運を変えることもある。人は手本を必要としており、手本のない世界で生活している人は精神的に安定しない。子どもには成長過程で影響を与える英雄が必要であり、感動的な物語に心を奪われるという経験が必要である。それこそが教育なのである。こうした教育は予想外の結果をもたらすこともある。それも私が校外資源の利用を重視する理由である。

それでは、校外の資源を学校に引き込むには、どうすればよいか。私は日本留学中にある農民に会った。彼はバスケットボールが得意で、毎学期二度ほど、学校で生徒にバスケットボールを教えていた。私ははじめ、彼が仕事外の時間を活用して謝礼を得ているのだろうと思った。しかし彼は「学校で教えても一銭にもならない。むしろ持ち出しになっている。学校のバスケットボールはみな自分がプレゼントしたものだ」と語った。私は信じられなかったが、彼はその町のバスケットボールチームのリーダーで、バスケットボールは子どものころから始めないとうまくならないということらしい。その学校にはパソコン会社の人もやってきて、無償でパソコンを教え、プレゼントしていったという。これはブランド効果を期待したものだ。生徒が学校であるブランドのパソコンに慣れていれば、家で父母がパソコンを買う時、自ずとそれに影響される。成功者を講演に招いた場合、彼らは、自分自身と自社ブランドをアピールできるので、講演する側にも聞く側にも共にメリットがある。

私はある教育会議で校長達に「世界企業上位五〇〇社のうち、何百社もが蘇州に工場を持っている。各社には優秀な人材が少なくないのだから、彼らに生徒の面前に立ってもらいなさいよ」と言った。どこにお願いすればいいのか分からないと言う校長もいたが、翌日、校長会が工場会と連絡を取ったら、すぐに了承された。社長自らが学校にプレゼントを持ってきてくれる外国企業まで現れた。二〇〇二年に蘇州では二言語（バイリンガル）教育を開始したが、最も頭が痛い問題は教師の著しい不足であった。私は「外国企業の社員の奥様方に学校に来てもらってはどうか」と提案した。蘇州の外国企業の中には夫人交流会がある会社もめずらしくなく、彼女達はしばしば集まって時間をつぶしている。学校で教えてもらえば、彼女達の気晴らしにもなるだろう。というのは、ボランティア意識の高い人が多く、また、子どもと一緒に過ごすこと自体楽しいことだからだ。後に、多くの学校がこうしたボランティア教師に来てもらうようになった。彼女達は熱心に授業をしてくれ、ポケットマネーでテキストや、賞品のチョコレートを買ってくれた。クリスマスの日、私は彼女達を食事に誘い、蘇州の教育に対する貢献に感謝した。彼女達は「我々は中国を理解し、中国の子どもを理解する必要がありますし、また自分の技能で社会に貢献したいのです」と語った。

もちろん、多くの農村学校にはこうした外国企業と手を結ぶ機会がないかもしれない。しかし、校外資源が少なすぎるということはないはずだ。成功した企業家、著名な作家や芸術家、成果を上げた役人、有能な教師といった人々はみなが学校の「資源庫」である。うまくいかなければ、情熱のある保護者、或いは保護者の友人にお願いするのも手だ。それでもうまくいかなければ、我々がビデオを多めに買って、子ども達に見せてもよい。

新教育実験で重要な点は、子ども達に窓外の音を多く聞かせ、社会への理解を深め、尊敬することを学び、未来に向けた情熱を充満させることである。現在の子どもは、氷のように冷たい教科書や厳しい教師、単調な学校生活に直面して、未来に呆然とすることが少なくない。なぜ多くの子どもがＦ４〔台湾のアイドルグループ〕や周杰倫〔ジェイ・チョウ。中華圏で絶大な人気を誇るシンガー〕に夢中になり、コカコーラを好み、雑然として意味のない歌詞を暗記しようとするのか。彼らが知っている窓外の世界がそれだけしかないために、新鮮に感じて、関心を持つのである。

また、わが国の学校文化には人間的でないという一面がある。それは、悲劇的な英雄が多すぎるということだ。アメリカ人が自国の英雄を選ぶ場合、政治家、発明家、企業家、科学者、スポーツ選手、障害者など、幅広い選択肢がある。そこで選ばれる英雄の多くは事業に成功し、幸せな人生を送った人物である。晩年に移民した発明家で、全人類に幸福をもたらしたエジソンは、アメリカで千年紀重大人物の筆頭に選定されたが、そこには外来民族を排除しようという意志はみじんもない。しかしわが中華民族において、英雄といえばその多くは悲劇のヒーローである。戦国時代の詩人屈原、前漢の将軍蘇武、明末の思想家李贄、南宋の武将岳飛、清末の政治家譚嗣同、清末の女性革命家秋瑾、近代の小説家魯迅、中国共産党創立者の一人李大釗、抗戦将軍の葉挺、中国の恩人ベチューン、更には劉胡蘭、黄継光、丘少雲、董存瑞、雷鋒、焦裕禄、張志新、劉文学に至るまで、その多くが己を捨てて公に尽くした人で、生活は非常に苦しく、天寿を全うしなかった場合も多い。また、頼寧、孔繁森、王偉などのように、現代の英雄の中には自らが犠牲になった後、広く宣伝されるようになった人もいる。これでは生徒達に「英雄は自らの生命を捧げたから尊敬すべきなのだ」といった誤解を与えかねない。その結果、生徒は英雄が自分とはかけ離れた存在であるから尊敬すると同時に、本能的に「英雄にはなりたくない」と感じるようになるかもしれない。幸せな生活を望まない人はいない。だからその気持ちはよく分かる。人生は一回限りなのだ。それなのに、このような「悲劇的英雄コンプレックス」のもとで学んでいたのでは、祖国の未来を信じられるはずもない。実際には、我々の周囲に英雄がいないわけではない。有名無名の教師、企業家、エンジニア、作家等の成功者が列を成している。彼らは社会に貢献し、幸せに暮らしている。学校はそうした「資源」を発掘し、死者の陰影ではなく、成功した人生のすばらしさを生徒に感じさせる必要がある。

4. 二言語応用の強化

この「二言語応用」は一般的な意味での「二言語教育」と混同されやすい。一般的意味での二言語教育とは、新たな言語の運用能力の強化を指している。生徒は母語と同じように別の言語を使いこなすことを求められる。我々の考えは少し違う。私は「二言語教育において、外国語の重要性を強調してもよいが、母語の表現能力育成が最も重要である」と考える。従って、私は、二言語教育の基礎とは、全ての生徒が筋道だった話ができるようになることだと理解している。もちろん母語を使ってだ。

話すことは人間にとって最も有効かつ重要な能力である。話すことで自分の才能を示すことができ、ほかの人を魅了することもできる。翻って実際の教育現場では、国語教育で育成しているのは、生徒が聞いたり読んだりするいわばインプットの能力であり、発言（つまりアウトプット）能力は相対的に振るわない。厳しく言えば、我々は新世代を失語症として育てているのである。教室で絶対的な発言権を有しているのは教師であり、子ども達は授業中といえども、頭を働かせることを求められておらず、発表していることも自分の考えではない。また、家庭でも父母と子どもの交流もそう多くなく、しかも発言の主導権は父母が握っている。我々はある調査で、一定の問いに対する生徒の回答がほぼ同じであることに気付いた。何が最も重要かと聞くと、ほとんどが「国家が最も重要」「社会が最も重要」と返答し、生命が最も重要だと答えた生徒はいなかった。それは、彼らの内心からの言葉なのだろうか。多分、そうではない。我々は、子ども達が言語を用いて自由に自己を表現する能力を育成しようとしているのだから、彼らに心の内を話してもらう機会を設けるべきだ。無駄話をしたり、回答する時に討論したりするのを認め、弁論や対話を奨励し、みんなの前でゆったりと話をさせよう。学校の中に生徒論壇を作って、生徒が話をできる場所にしてもよい。子ども達が気兼ねなく発言できるようにし、子どもの話を蚊のようにうるさがらないようにしよう。また、声の大きさは自信のほどを示すものだ。現在、非常に多くの外国企業が、中国で社員を募集する時、表現力の有無を見ている。日本のある会社は、誰が話をできるか、誰の声が大きいかを見たという。五〇メートル離れた所にいる社長に向かって話をさせ、聞き取れた人を採用し、聞き取れなかった人は採用しなかった。このエピソードは、管理学教科書にも書いたことがある。実験学校で、我々は教師に声を落としてしゃべることで、教室を生徒に返してやり、子どもに発言や弁論、討論をさせるよう求めている。

国際化や情報化が進む現代社会にあって、外国語を習得することは非常に重要である。我々は地球村という概念をよく使っているが、ある村落の人と交流せねばならない時、英語は非常に有効な交流ツールになる。インターネットが発展する時代にあって、英語はより重要になる。インドはかつて貧しい国であったが、今やIT業界において世界をリードしている。中国大陸や台湾、日本と比べて、シンガポールや香港の青年は、アメリカでIT関係の高収入の仕事を見つけやすい。それは、インドやシンガポール、香港の人の方が、英語のレベルが高く、業務交流上の障害がなく、意思疎通や協力が容易だからである。改革開放以来、わが国の政府はずっと外国語能力の育成を重視し続けてきた。外国語は大学受験の三大必須科目の一つとなり、高等教育や昇進評定などでは、一定の英語（外国語）能力を持つことが要求される。しかし長い間行われてきたテスト形式による制約もあって、生徒は聞いたり読んだりする能力は身についていても、話したり書いたりする能力が不足していることが多く、言語能力がバランスよく発達しているとは言い難い。もちろん、現在は江蘇省などで会話能力テストを高校入試や大学入試に含めるようになり、表現力への要求も高くなっている。しかし、試験が大変機械的で、丸暗記の内容が多く、生徒は自分の内面を表現することはできていない。

私は、新教育実験学校が英語学習の環境をよい方向へ転換することを希望する。我々は系統的な文法教育を求めてはいない。生活に密着した英語、子どもが使える英語、コミュニケーションに役立つ英語を求めているのだ。コミュニケーション能力は、言語レベルによって決まるのではない。私は日本とアメリカで過ごしたことがあるが、交流面でそれほど大きな障害はなかった。もちろん、その国の言葉で正確に話すことはできなかったが、二つほどの単語を並べれば相手は分かってくれた。日本語の文法は英語より分かりにくく、また、非常に多くの同形異義語があった。例えば tegami は手紙と書くが、（中国語のように）トイレで使う紙のことではなく、レターの意味であった。同様に「娘」とは、日本語では女児の意味だが、中国語では母親の意味である。しかし、とにかく言葉は意志の疎通を図るためのものなのだから、私は外国の友人とは単語を並べて理解してもらえば、よしとした。はじめは単語しか言えなかったが、時間がたつにつれて、段々それらをつなげてセンテンスを作れるようになっていった。英語教育の真の目標は何か。生徒が英語を用いて生存、交流することができるようになれば、基本的にはそれでよい。初等中等学校段階での英語教育は、将来のための基礎教育である。我々のプログラムには英語の格言暗唱というものもあるが、それは情操教育用である。自在に自分の考えを表現し、自分の要求を明確に示せること、それが最も重要なのである。

二言語教育は多様に理解され、人によって見方はさまざまである。我々はその最良の教育方法を模索、試行する必要がある。最良のプランなど存在しないのかもしれないが、生徒の自己表現に役立つならば、努力する価値はある。

5．デジタルコミュニティの建設

デジタルコミュニティには、ネットワーク情報サービスステーションやデータベースの構築事業が含まれる。情報化は中国教育発展の非常に重要な前提である。それは、教育の形式のみならず、教育の本質も大きく変える。二〇〇三年の「両会」期間に私が提案したのは、国家教育情報プラットホームを立ち上げ、ネットカフェを利用して情報化コミュニティを構築するという構想である。国は高品質の教育情報プラットホームを立ち上げるべきであるし、専門家による教育情報ソフトの開発費用も国が拠出すべきだと私は考えている。教育情報プラットホームは無料公開とし、家庭、学校、ネットカフェなどあらゆるところで使用できるようにする。たとえば、世界の有名な橋について知りたければ、「橋」というキーワードを入力するだけで、世界のあらゆる橋梁の写真や文章、データが表示される。あるいは、世界の庭園についての資料が見たいと思ったら、簡単なキーボード操作で、あらゆる庭園資料が無償で送られてくる。現在、多くの学校で回線工事や機材の購入が進んでいるが、ソフトの導入が進んでいない。開発業者の中にはコネを利用したり、教育部の名義を借りたりして開発したソフトを、学校や生徒に売りつけている者もいる。それは、もともと不均衡なわが国の教育状況にあって、雪上に霜を加えるようなものである。

蘇州市教育局は二〇〇二年にデータベースを買い、その使用権を所轄の各校に与えるという快挙を成し遂げた。教育局は使用量に応じてソフト会社に費用を払う。効率という点から言えば、各学校が重複してソフトを購入したり、教材を作ったりする必要がなくなる。自分で教材を製作することに慣れている教師が少なからずいるのはよいことではある（教師のレベルが分かるので）。しかし、教材を一つ作るのにも膨大な時間がかかることを考えると、その必要がないことは明らかである。大量の時間をそうした事に費やすのは、本末転倒である。中国教育において、我々はあまりにも多くの事を重複して行っている。

全ての実験学校が共同し、ネットワークを通じて、秩序だった教育資源の開発と共有を実現すべきである。もちろん、市内で共有するのと広大な区域で共有するのでは難度が変わるが、技術的には問題ない。これが実現できれば、あらゆる実験学校での教材研究、課題討論、専門家講座等を全てネットに載せることができ、現行の教育形態を変え、長所を取り入れ短所を補って、共に発展していくことができる。

デジタルコミュニティは、学校の枠を越えた構想ではあるが、学校内で使われる時にその価値が発揮されるのであり、そしてその恩恵は第一に生徒にもたらされるのである。不完全な統計ではあるが、わが国には二十数万店に及ぶネットカフェがあり、そのうち認可を受けているものは十分の一未満で、九割以上はヤミのネットカフェであるという。ヤミのネットカフェは青少年の心身の健康を害するおそれがある。失火や、突然死などの事件が頻発したにもかかわらず、悪名高いヤミのネットカフェはなぜ繁盛を続けているのか。大勢の顧客を抱えていることが最大の要因である。インターネットを使いたくても他に場所がなく、ヤミのネットカフェに集まってくる顧客の相当部分は学校の生徒である。そのため、インターネットを悪者扱いし、落とし穴だとして恨み、ネットカフェに入り浸りの子どもを取り戻そうと数々の悲劇が生まれた。しかし、我々は情報化社会、知識爆発時代に生きており、子ども達の情報リテラシーを育てないのは、恐るべき誤りである。学校は、利用率が極めて低いコンピュータ教室を「赤いネッカチーフ」インターネット教室、「少年先鋒隊」ネットスクール、或いはメンバーズサークルとして開放し、生徒が資料を調べたり、交流や展示をしたり、機知に富むゲームをしたりする空間に作り替えてはどうか。高い情報リテラシーを有していなければ、社会に適応できず、生存すら危うい、発展など望めない。このことを生徒や教師一人一人に分からせる必要がある。ここに言う情報リテラシーとは、主に二つの方面を指している。第一は、情報を迅速に受け取る能力である。これまで私がしばしば言ってきたことだが、研究の基礎は資料の収集と整理である。ＩＴ時代にあっては、資料の収集と整理は一瞬で完成されることもある。第二は、ネットワークを通じて意思疎通と交流を行う能力である。資料の伝達は、魚雁（魚の腹に入れて送ったという大昔の手紙）から、電報やファクシミリに至るまで、長い発展過程を経てきたが、インターネットほど効率的なものはない。インターネットを使えば高速で大量のデータを送れ、しかも費用が安い。

学校でデジタルコミュニティを整備すると、学校のホームページを情報プラットホームとする相互交流システムが生まれる。クラスや個人のホームページ、学校のフォーラムもつくれるし、データベースや試験システムも入れられる。教師や生徒は、自分やクラスのホームページを電子壁新聞として活用することもできれば、クラスや学校の問題や意志決定を掲示板に持ち込んで討論したり、ネットワークを利用して作業の配置や検査を行ったりすることもできる。試験問題データベースを完成すれば、ネットワークを利用して中間テストや期末テストを行ったり、手直ししてもらったりすることも夢ではなくなる。また、教師と生徒が一緒に教育メモを取る活動にネットワークを利用できれば、より便利で有効になる。

６．特色学校の創設

特色学校とは何か。顧明遠先生によれば、特色学校とは、学校経営に関して独自の理念や考え方を持って施策を行い、それが伝統になっている学校を言う。学校は人と同様、学校の歴史、教師のレベル、入学志願者の状況、経済条件など、環境が千差万別である。統一モデルを用いれば、学校の発展原理に合わないのは明らかだ。また、学校に個性特色がなければ、個性的で創造性のある人材を育てにくい。

新教育実験は「全ての人のため」という教育理念を示しているが、その目標はもちろん、各人の発達のための良好な環境を提供することにある。実験学校は、百川を受け入れる海の如く、教育という荒波の中にいる様々な個性や考えを持った教師、生徒達を支援し、また学校は自己の特色を形成するよう努力すべきである。

それでは、学校の特色はどのように形成されるのか。学校は「全ての人のため」という教育理念に基づき、教師陣の構成、生徒の状況、立地環境や学校の歴史・伝統を検討すべきである。学校の上層部は、自身の不足点を認識するとともに学校の優位性も見出して、長所を宣伝し短所を避ける形で開拓前進し、学校経営の独自性を徐々に形成すべきである。新教育実験は開放的なもので、その提言は、各校の実情に応じて実行することができる。上述の五つの行動（本の香りのする校舎作り、教育メモを共に書く、窓外の音を静かに聞く、二言語応用の強化、デジタルコミュニティの建設）のうち、あるものは強化できるかもしれないが、あるもの（たとえばデジタルコミュニティの建設）は行動するための条件が整っていなかったり、学校経営者の支持が必要だったりするかもしれない。あまり力を入れられないものがあったり、あきらめたりするものがあってもよい。実験学校の多くは、実情に基づき、六大行動の中から一部を選択して実験していて、そのこと自体が特色形成の基礎となっている。

学校特色形成の本質は、学校文化の構築にも現れる。学校文化とはその学校のスピリットである。「指導者のゆりかご」と称されるシンガポールのラッフルズ・インスティテューションは、たたずまいが優美なだけでなく、学校の至る所にラッフルズのシンボルや学校の歴史が溢れている。たとえば、歴史資料室には、大将軍になった卒業生が寄付した軍服や、古書、ノート、校旗、各種徽章等があり、学校の足跡をたどれる。壁には同校で学んだ著名人の写真が掲げられており、教師や生徒に薫陶と激励を与えている。ラッフルズ・インスティテューションの目標は指導者の育成にある。生徒は同校の一員になったことを誇りに感じ、先輩をお手本に奮闘努力して、自己を確立する。ここでは教師は生徒の成長を手助けする助手であり、生徒こそ学校の主人公であって、学校の全ての活動は生徒会が手配して実施される。学校はマナー教育も重んじており、食事、呼び方、服装、集会、式典に至るまで、鮮明な特色を有している。しかるに、わが国の初等中等学校の多くは、環境からしてどこも似たり寄ったりである。校内に入ると、壁に貼られているのは標語か、さもなければ「廊下は右側通行」とか「痰を吐かない」といった低次元の注意書きにすぎず、人文芸術的教育環境を欠いている。但し、上海徐彙区南洋中学の科技教育、成都の実験小学校のマナー教育等は、良好な学校文化により特色ある学校を作り上げたとして、表彰されていることを書き添えておく。

学校特色の形成には、学校裁量課程と結合させて、技能育成の道を歩むという方法もある。実情に合わせた個性特色を持つ学校裁量課程を開発することは可能だ。たとえば、一九六〇年代から大陣容のセミプロ級オーケストラを有していた貴陽六中は、一九九七年に数百名の生徒が参加する芸術団をつくり、声楽、合唱、舞踏、器楽などの分団を設けて、それぞれ独自の指導教師のもと、専用の場所で練習するようにした。同校は放課後の活動時間を利用して、生徒のために芸術教育を受ける時間や場所、設備を確保しており、舞踏、声楽、器楽、合唱訓練、動作訓練、美術講座への参加、文学芸術作品の鑑賞、弁論大会、美術作品の展覧、習字コンテスト、教科書劇、小品上演等が行われている。蘇州呉江市金家壩小学校、同里二小、蘇州工業園区唯亭小学校といった学校は、習字教育で成果を上げた。学校の至る所に教師や生徒の書道作品が掛かっているが、どれもよい字である。人間にとって字は第二の顔とも言うべきものである。よい字が書ければ自信がつき、チャンスも増える。パソコンで手書きが代替される時代にあって、こうした文化薫陶は貴重なものだ。

もちろん、特色学校の形成過程では認識の誤りがないよう、注意すべきである。学校に特色を持たせることと特待生を育成することを混同している学校が見受けられる。数学オリンピック班、外国語班、ピアノ班、舞踏班といった具合に、少数の生徒の優秀さで学校の外観を飾り立て、学校経営レベルの凡庸さを覆い隠すようなことはやってはならない。それは「全ての人のために」という原則に反するものだ。学校の特色は、教師や生徒全員に対するもの、大多数の人が利益を得られるものであるべきだ。

我々の学校が百花斉放、精彩入り乱れることを願っている。受験教育では勝者は一人だけだが、特色学校ではどの子どもも勝者になれる。歴史が記録するのは共通性ではなく、個性である。特色を持つことで抜きん出ることができる。実験学校は行動の中で自校のブランドを確立し、独自の学校文化、伝統を打ち立てるべきである。

四、感動と展望——新教育実験の輝きを夢見る

二〇〇二年九月に昆山玉峰実験学校が初めてその看板を掲げて以来、新教育実験は人々に喜びを与える歳月を経てきた。一種の開放式行動研究として、この実験は数百校から関心を集めた。蘇南では蘇州、無錫、常州で、蘇北では南通、泰州、揚州、淮安、塩城、徐州で、更に浙江、山東、湖南といった具合に、新教育実験は蘇州も江蘇も飛び出して、全国に向かっている。実験に参加する学校は定期的にネット上で最新状況を公表し、実験成果を示している。実験校報『新教育』も創刊され、各校が輪番制で編集に当たることになり、実験の状況が分かりやすく伝えられるようになった。昆山玉峰実験学校は教師の業務総括や詳細な授業プラン作成などをいち早く排除し、代わりに教師がそれぞれ「教育随筆」を書くようにした。

地域性か、呉江市ではほとんど全ての学校が実験に加わった。呉江市教育科学研究所の張菊栄教師が書いた『理想を追ううちに自我を超えた——呉江での新教育実験』(《在追尋理想中超越自我——新教育実験在呉江》)からも、その様子が窺える。

呉江には中心小学校が二八校あるが、一年に満たない間に、九校が新教育への加盟を正式に申請したほか、少なからぬ学校が現在、実験加盟計画を立てており、教師達は意気込みに溢れている。江蘇省の名教師、特級教師で、呉江市盛澤実験小学校副校長の薛法根は「呉江では新教育実験に燎原の勢いがある」と語っている。考えずにはいられない。教師を新教育に引き込み、学校をその渦に巻き込んだものとは一体何なのか、と。

ここ何年も、教師の置かれた状況は思わしくなかった。鬱々として楽しまず、生活することに忙しく振り回されていた。そんな時、新教育実験構想が目の前に突然現れたのだ。そこに示された「理想」「美しい夢」といった言葉は、もともと我々教師の心の奥底に眠っていたものだが、呼び起こされて、一気に加熱した。そうだ、我々はそうすることができたのだ。我々は誰もが光り輝いているのだ。行動しさえすれば、収獲が得られるのだ。教育の本質とは単純にして深く、平凡かつ神秘的なものなのだ。

二〇〇二年九月、朱永新が金家垻中心小学校にやってきた。この農村にあるごく普通の中心小学校から呉江の新教育実験が開始された。間もなく、金家垻中心小学校、同里第二中心小学校は新教育実験計画を公表した。それは、後に続く実験計画同様、新たな教育人として真理を求めて実務に励むという意欲に満ちたもので、「計画」というマニュアルであっても一語一語に真剣さがにじみでていた。金家垻中心小学校が公表した「十項工作（十大行動要領）」のまじめさに『人民政協報』の編集者が快哉を叫び、金家垻中心小学校の新教育実験を取り上げた記事に十項工作を全て掲載した。同様の実直さは至る所で見られた。同里第二中心小学校の「本の香りのする校舎作り」計画書で、鈕雲華校長は次のように述べている。「読書回廊を更に充実させていくつもりだ。読書回廊は常時開放する。子ども向けの雑誌や新聞を一〇〇点ほど定期購読する。時代の息吹を感じられる図書をそろえる。……校庭の緑地の一角に青空読書コーナーを設けて石のベンチを置き、教師が青空の下で、草の上で生徒に古典小説や童話等を読み聞かせることを奨励する。各クラスに書棚を設けて、生徒個人の図書交流センターとする」

教師と生徒は本の香りの中で幸福を享受する。「本の香りのする校舎作り」は、新教育実験の第一の行動目標である。北庫中心小学校には「人の精神発育史とは読書史である」と書かれた横断幕が掛かっている。盛澤第二中心小学校や南麻中心小学校では、廊下での読書が日常的な光景となっている。盛澤実験小学校では、「教師と生徒が一緒に読書する」という素朴であっても充実した理念を掲げている。……教師達は、大教育家の思想に触れ、スホムリンスキーに夢中になったり、陶行知に心酔したりしている。子ども達も古典を手始めに、人類の偉大な魂に触れるようになり、小さな心は純真さが溢れかえっている。杭州に本を買いつけに行くことが学校の業務計画に組み入れられるようになり、校長達の頭の中はそのことでいっぱいだ。

様々な講演を聞くことで視野が広がり、教師達は教育の重大問題に関心を持ちはじめ、教育の枠から飛び出て教育を見直すようになった。生徒達は窓外の音を聞くようになった。教師や生徒達はデジタルコミュニティでも才気を発するようになった。教育が民主へと向かい、教室がいきいきとしてきた。

教育日記が新教育実験の白眉であることは間違いない。教師達はそれが教育研究の一条の光であり、楽しく充実した道のりであることに出し抜けに思い至ったのだ。

徐根泉は、ごく普通の熱情溢れる校長だった。彼は実験の中で、更なる知恵を身につけ、より器の大きな人間となり、深く思いを巡らせ、より大きな志を持つに至った。彼の「校長日記」は、校長としての幸福と喜びに溢れている。

張秋瑛は、金家垻中心小学校のきわめて平凡な教師であったが、五一歳で初めてパソコンに触れた体験を語った『五一歳の私』（《五一歳的我》）で多くの人の心を揺り動かした。全国「両会」の期間中、人民網に招かれた朱永新は、「五一歳の彼女」を特別に同席させた。また呉江市はこのまもなく退職する老教員が全市教科工作会議で発言する機会を設けた。その発言は朴訥でありながらも多くの情報に満ちていた。

管建剛は、同里第二中心小学校の尊敬される教師で、各級コンテストで優れた成績を収めた後、ある教育サロンで「教育日記によって私は幸福を得た」と語った。

薛法根は、若い特級教師であった。新教育は彼にとってまさに鬼に金棒、水を得た魚の如く学校管理に励んだ。新教育は、平凡な名前をきらりと光らせる。そしてもともと光を放っていた名前に燦然たる輝きを与えるのだ。

子ども達も、幸福と充足感を感じながら成長する。

龐歆楠、鈕琳波、王政曄、銭麗慧等、二、三〇名の生徒が共同でネットのフォーラム内にブログを設置した。我々は、このような可愛い子ども達全員と面識があるわけではなく、ネットを介して知り合った。彼らのはちきれんばかりの生命力に触れると、新教育実験がいかに彼らを喜ばせ、満足させているかが分かる。

教師達は反省しながら考えを深めて幸福になり、子ども達は学ぶことで幸福になり、新教育人は教育の幸福に包まれて生きている。

新教育実験は、学校に高層ビルを与えることはないが、学校に本の香りを漂わせ、情熱をかき立ててくれる。教師の福利厚生を充実させることはないが、教師達の精神世界を豊かにする。莫国平『輝く路』(《燦爛的軌跡》)、凌芬『毎日の事など』(《閑話家常》)、費建妹『心の夢』(《心夢》)、金蘇華『蘇華エッセー』(《蘇華小品》)、潘葉紅『紅葉の跡』(《紅楓留跡》)、沈佐明『佐明手記』(《佐明手記》)、更には姚華、厳良貞、郭勁草等の精彩溢れる日記、思索の軌跡、生命を見るがいい。顧建栄(ハンドルネーム聿木)は、呉江市の教科教育関係の指導者で、教育を俯瞰して考える人であった。中国教育について問いかけ、教育の本質を模索した結果を快活な文章でまとめた『我が鍛錬の記録』(《我的磨礪集》)は、多くの人の共感を集めた。また、「小青」と名乗る副校長の『小草集

――私の教学読書ノート』（《小草集――我的教学札記》）の冒頭には次のような詩が掲げられている。「誰が春をもたらしたのか／柔風が細雨をそっとかすめて漂い散らせる／私の田畑には様にならない野草がごくわずかあるばかり／春の呼び声を聞いて地面から這い出し、花の香りをかぎ木を仰ぎ見る／自分が咲き誇る花、大樹の足下に生えるちっぽけな草にすぎないことを分かっているけれど」なんと美しい詩だろう。我々が理想を追求しようとする時、生命は神聖なものに変わるのだ。

「全ての人のために」という教育理念に基づき、新教育実験の企画指導チームは二〇〇三年五月二三日より、新教育実験への個人の参加申請を正式に受け付けるようになった。わずか二ヶ月のうちに全国一八の省、直轄市、自治区から、二〇〇名以上の教師がネット経由で、一つの、或いは複数の実験項目への参加を申しこんだ。たとえば江蘇省連雲港市贛榆県厲荘中学の呉茂連、南京気象学院附属実験小学校の潘月俊、安徽黄山区第一中学の陳笑春、河北徐水総合高中の史金霞、黒龍江省ハルピン市亜麻学校の張任峰、四川省筠連中学の詹暁芒、福建水利電力職業技術教育学院の林雪華、海南華僑中学の沈新強、広東省佛山市南海区大瀝許海中学の苗慧、湖南岳陽市岳陽楼区岳陽楼小学校の呉興中、北京市大興区黄村鎮第一中心小学校の何艶梅、深圳育才中学の陳暁華、江西省分宜中学の劉道梁、天津市南開区中営小学校の王振剛、河南唐河少拝寺東坡小学校の劉海涛、山東省蒼山県卞荘二中実験班の孫付強、武漢市育才小学校の屈小青、浙江省紹興県馬鞍鎮学校の金萍などである。教師達がネット上で自分の経験を発表しやすいように、教育在線は七月一二日に「教育随筆」フォーラムを開いた。わずか一〇日ほどのうちに、一四〇名余りの教師が自分のブログを開設し、行動をもって新教育の詩を創作した。

更に興奮すべきことに、全国的に知名度が高い教師の中からも、自主的に熱意をもって実験への参加を申し込む人が現れた。特級教師で清華附属小学校副校長の竇桂梅も、その一人である。教育在線に参加をはじめた一週間後の六月一七日には、小学校教育フォーラムに「ハマナスの約束」（「玫瑰之約」）と題するブログを設け、毎日一文ずつ掲載し、みんなと交流するようになった。彼女は「開場の言葉」の中で次のように書いている。

花を咲かせることなど考えていなかったハマナスがなんのはずみか小学校教育フォーラムに辿りついた。どんな魔力が働いたのだろう。一挙にここで枝葉を延ばし、美しく営むことを思いついた。それは、自分で領地を開墾して自分のハマナスを植えるようなもので、仕事の雑感を記録して、幸福の記憶とするものである。また、「大きく花開いたハマナスを自分の庭に移植」（スホムリンスキー）してもらえるように努力するつもりだ。ここを訪れるハマナスがすべてほころび、人を惑わすあでやかさを身にまとわんことを。「ハマナスの約束」（「玫瑰之約」）（数年前の人気ドラマ）というタイトルも、「ハマナスの招待」（「玫瑰有約」）（鳳凰テレビに「魯豫の招待」（「魯豫有約」）という陳魯豫が司会を務めるトーク番組がある）というタイトルもどちらも素敵だ。但し、私がここで植えるハマナスは、ずっと泥土の中で生長し、そこから離れることはない。私は自分自身を見せたいと思う。ボタンの高貴さに取り入るつもりはない。自分を大きく見せようとしても疲れるばかりだ。名人が特別に手をかけたハマナスになる気もない。

タイトルは「ハマナスの約束」とした。この名前には雰囲気がある。「湖南のデート」のほうを思い出す人も多いだろう。しかし、どうかあれこれ考えず、教育のハマナスのことだけ気にかけていただきたい。出来事を語り、サロンでくつろぎ、自分の気持ちや感じた事を表現する。

赤、黄色、紫、白、ピンク……様々な色のハマナスを見に行こう。我々が力を合わせれば、常にハマナスの咲き乱れる庭をつくることができる。

彼女はまた、「一本の新しい教育航海線を引く」（「構一道新的教育航海線」）と題して、数日前に参加を始めた教育在線や新教育実験に対する感想も書いている。

私はこれまでインターネットを評価していなかったので、ここに一目惚れするとは思わなかった。ここには教育の智恵、教学のエピソード、文化的な香り、魅力的な人々が密集している。私は興奮し、一途に愛し、頭がおかしくなりそうだった。初恋の少女のように、「激しく燃える歳月」を体験し、夜中になってもまだうろつきまわり、気絶するかと思うほど好きになってしまった。

こうした激情を抱けば、日に何度もネットにつなぎ、その都度この教育在線という船に乗り込んで、ネットワークの海を航行するほかない。海上の日の出のような「新教育」の風景に見入り、「朱永新教育小品」の表現に陶酔し、「李鎮西の家」のユニークさを味わい、「小学校教育フォーラム」の柔らかな海風を感じ取り――教育在線には、面識のある人もない人もいる。年齢も性別も関係なく、官僚でも一般市民でも、このサイトでは親切平等に扱われ、情熱が溢れるようになる。これが教育在線という船の特徴であり、すばらしいデートを提供し、みんなに思想の種を蒔き、愛情の因子を広めている。そうして、この情熱溢れるデートを通じて、自分の中に昔と同じ清らかな童心があることを発見し、かつて犯した過ちを反省し、自らの中にある小さな愛を育て、それまでのささいな実績を乗り越えていく。それは何と幸福なことか。何たる陶酔か。

新たな工夫、改めて日記を書き始める、再認識、エッセーを書く。私は自分の内に目には見えない力が湧き上ってくるのを感じ、知らず知らずのうちに前方に船の舵を取る。

この未だかつて存在したことがなかった船の中で、私は新時代の教師の不思議なネット読書や学習を体験した。この未だかつて存在したことがなかった船の中で、私は初めてロマン・ロランが言った「本を読む人というのはいない、本の中に自己を見出し、自己を点検し、自己を向上させ、自己を乗り越える、そういう人がいるだけだ」という言葉を本当に理解できた。この未だかつて存在したことがなかった船の中で、大作を立体的に読むということの真の意味をつかんだ。即ち「書き表された本の素晴らしさを味わう」だけでなく、「文字にできない人生の味もみてみる」ということ。

私は皆さんと真に打ち解けたいと思う。様々に姿を変える湖畔や山々、ぼんやりとかすむ呉門煙水、揺れ動く花の光や水の影、淡々と流れていく歳月、それらのものを分かち合いたい。新しい教育航海線を引いて、「生命を基礎とした」新たな情景を描きたい。

全国優秀学級担任で教育哲学博士の李鎮西は、新教育実験を熱烈に、しかし冷静さを失わず批評している。

新教育実験は現在、まだ成熟したものとは言えないが、ここに至るまでに与えてきた影響は客観的に見て軽視できないものだといえる。それが今後更なる影響力を持つであろうことも予想できる。私見によれば、新教育実験には少なくとも建設重視、行動重視という二つの特徴がある。

建設重視、これは、積極的態度により様々な建設的仕事をやっていこうという事である。現在の中国教育には多くの弊害があり、それらは非難されてしかるべきなのだが、目を怒らせて責め立てるのは、痛快ではあっても、何の足しもならない。建設を伴う批判が必要である。建設を伴うものだけが、強烈で旧悪を打破できる批判となるのだ。新教育は今まさに審判を仰ぎながら建設中である。

行動重視、これは空理空論に走らず、「事実に基づいて話をする」事である。現在、中身がない理論家は数多いが、真に地に足のついた実践者は非常に少ない。新教育実験は行動に立脚する。一分の隙もない「理論」

体系は求めず、まず行動してから語り、実践の中で思想を充実させる。改革開放当初の「石をさすりながら川を渡る」精神を含み持っている。

現在の実践成果について述べてみよう。新教育の意義は既に明らかだ。第一は、教育理念を教育実践に変えた。理念は何もない所からは生まれない。実践を通じ、細部を検討して具体的に立ち現れてくるものだ。第二に、教育実践を教育研究に変えた。実践と研究が二重構造になっていたのを解決した。第三に、教育研究を質実なものへと回帰させた。即ち、教育研究を教師が主体となって実践を媒体とし、学校で行うものとした。第四に、質実な教育研究をスピリットに注ぎ込んだ。ここに言う「スピリット」とは生徒と教師の精神世界を指す。生徒を発達させ、教師を向上させること、これこそ真の研究の目的なのである。生徒の日記や教師の随筆の中に、人間のスピリットの成長において新教育実験がどれほど重要な役割を果たしているかを見ることができる。

以上をまとめると、新教育実験は教育、創造、成長、生命の喜びを感じさせてくれる。新教育実験を続けていくのであれば、更に深く考え、実践の中で模索し続けることが求められる……新教育実験をどのように授業に取り入れるか。理科教師にも新教育実験を自分と関わりあるものと感じてもらえるか。新教育実験が中等学校に特に力を入れているのはなぜか。新教育実験の六大行動同士の関係とはどのようなものか。新教育実験を新課程と一体化して進めるべきか。

それぞれの実験成果を伝え合い、実験計画を検討するため、新教育実験の第一回セミナーが二〇〇三年七月二一〜二三日に江蘇省昆山市で開かれた。インターネットを通じて告知されたこの民間会議は、当初一五〇名規模の予定であったが、全国二一の省、直轄市、自治区から四〇〇名以上の専門家や学者、初等中等学校教師が参加した。教育部師範司副司長の袁振国教授も列席し、この教師の成長を支援する計画を調査研究した。『人民日報』『中国教育報』『人民政協報・教育在線周刊』『中国青年報』『輔導員』『成才導報』『江蘇教育』『小学生数学報』『初中生世界』『師範教育』『早期教育』『高等教育』『現代特殊教育』『教師之友』『教師博覧』『教育参考』『莫愁』『師道』『初等中等学校管理』『江蘇教育科研』や蘇州日報社等が記者を派遣して、実験の現状と計画の把握に努めた。そのセミナーでは、新教育実験の理論と実践をめぐって、様々な実演、交流、講座等が行われた。玉峰実験学校はシンポジウムで全校教師の一年分の教学ノートと生徒の日記を展示して、来賓の賞賛を受けた。青島からやってきた蘇静教師の詩歌教育、昆山の鄧超教師の日記教育セミナーは、特に人々の目を大きく開かせた。開会式で、我々は蘇州工業園区斜塘小学校、昆山市柏廬実験小学校、江陰市環南路小学校、大豊市南陽中心小学校、浙江寧波万里国際学校、海門市実験小学校、邳州市八路中心小学校、武進湖塘橋中心小学校という新たに認可された八校に、新教育実験学校の看板授与式を行った。これにより、新教育実験の看板授与校は一一校となった。また、看板を得るために努力している学校は現在、一六二校に及んでおり、揚州地区だけでも六校もある。

我々は行動の中で悟りを開き、悟りの陽光の下で前進する。新教育実験に輝かしい未来が待ち受けていることを期待するのには理由がある。実験に参加しているある教師の言葉を引く。新教育実験に参加して、満ち溢れたのは強烈な思い、湧き出てきたのは理想、引き起こされたのは情熱、差し出したのは真心、発達したのは智恵、得たものは命の輝きである。

〈参考『沸騰する中国の教育改革』諏訪哲郎・王智新・斉藤利彦編著、東方書店、二〇〇八〉

「新教育実験」——異軍突起の民間教育運動

石川啓二

一、背景

中国では、従来にない新たな勢力が出現して急速に発展することを「異軍突起」と表現することがある。二〇〇二年に突如として出現した、「新教育実験」と呼ばれるNGO団体による民間教育運動は、まさしく教育界における「異軍突起」であり、それに参加する学校の数も急増している。二〇〇七年四月に「教育在線」(新教育実験の拠点ウェブサイト、後ほど説明)上で発表された数字によれば、この運動には全国五〇〇校、五万人の教師と一〇〇万人の児童生徒が参加しているという。新教育実験に参加する学校には加盟校、看板掲示(掛牌)校、モデル(示範)校の別があり、五〇〇校というのはこれらを合わせた数字であろう。運動のリーダーである朱永新の呼びかけに応えて最初に「新教育実験」の看板を掲げた学校が誕生したのは二〇〇二年九月であったから、わずか五年ほどで燎原の火の如くこの運動が広がったことが分かる。官への依存が強い社会主義中国で、この種の民間教育運動が展開されるようになったこと自体が、中国社会の進歩、成熟を示すものとして、注目に値する。こうした運動を見る限り、中国はもはや、我々が一〇年前、二〇年前にイメージしていたような暗くて自由のない国ではなく、今や日本よりはるかに活力に満ちあふれた、元気のよい国なのである。

但し、この「新教育実験」という名称は、民国期に展開された新教育運動を強く意識したもので、運動の主唱者自身も古い時代の新教育運動の継承者であることを自任している。中国には、現在の社会主義政権が誕生する前の民国時代、新教育運動と呼ばれた様々な民間教育運動があった。日本でも大正時代、アメリカからジョン・デューイが来て講演活動を行うなどして、後に大正自由教育と称される新教育運動が展開された。そのデューイは日本に来た後、そのまま中国に行って活発な講演活動を行い、その影響を受けた陶行知や蔡元培、陳鶴琴、黄炎培といった著名な教育家が活発な教育運動を行っており、それらは「新教育」と総称された。これについて、民国時代の著名な教育学者荘澤宣は『如何使新教育中国化』(どのように新教育を中国化するか)という本の中で、「現在の中国の新教育は中国固有のものではなく、西洋や日本からそのまま取り入れたものであり、中国の国情やニーズに合っていないので、どのように新教育を中国化するかが非常に大きな問題である」と述べている(一)。これは一九二七年に書かれた文章だが、新教育の中国化は、中国が清朝末期に近代学制を取り入れて以来の課題であり続けた。

第二次大戦後に国共内戦を経て社会主義政権が誕生すると、今度は当時のソ連から社会主義教育論を輸入し、全面発達理論を基礎とするソ連一辺倒の教育政策がとられるようになる。建国直後に起きた朝鮮戦争で中国はアメリカと戦ったが、デューイ思想も敵国の思想と見られ、それに連座して陶行知や陳鶴琴らが激しい政治的批判を受けたこともあって、新教育の中国化どころか、新教育運動自体が頓挫し、一敗地にまみれることとなった。また、「社会主義とは全てをお上がやることだ」という国家統制の強い状況の中では、民間の自主的教育運動が存立する余地はほとんど失われた。その後、大躍進、文化大革命と続く混乱の時代へ向かった中国では、排外主義が横行し、欧米教育思想を源流とする新教育思想が顧みられることはなくなった。

こうした中で、一九七六年に文化大革命が終わり、鄧小平の下で改革開放政策がとられるようになって以降、中国社会は急速な発展を遂げる。八〇年代になると、黄炎培が創立した中華職業教育社のような民国時代から存続してきた民間(即ち非共産党系)教育団体は活動の再開が許されるようになるが、新たな民間教育運動が生まれて活発に活動するような状況はなかった。また、民国時代に盛んに展開された新教育運動は、それ自体がアメリカ色の濃いものであったため、天安門事件後の九〇年代には、米国の「和平演変」（平和的体制転覆）への警戒心もあって、新教育を旗印に掲げた運動の再開はまだ考えられなかった。

しかし、世紀の変わり目になって、こうした状況に変化が訪れる。天安門事件後の難局を乗り切り、経済成長面で大きな成果をあげ、国が豊かになった結果、自信をつけた政府は、アメリカに対する過度の警戒心を持つ必要がなくなり、思想の自由化が進んだ。また、教育政策面では、八〇年代から段階的に進められた私学奨励策が民弁教育促進法（二〇〇二年）の制定へとつながり、学校経営主体の多様化が進み、教育界にも大競争時代が到来した。更に、教科書もかつての国定制から検定（審定）制へと移行し、一九八八年から検定教科書の使用が始まり、各地で多種多様な教科書の中から選択できる時代になった。わが国の学習指導要領にあたる教学大綱も、今世紀に入って課程標準と名を改めたが、その役割は教えるべき内容の目安を提示するにとどまり、教科書執筆の自由度が大幅に増大した。また、二〇〇一年に教育部により発表された義務教育課程設置実験方案によると、全体的に合科による教科数の削減がはかられたほか、地方及び学校が定める時間が小中学校を通じて一〇～一二パーセント程度確保され、各学校独自に内容を決められる総合実践活動を合わせると、各学校及び地方の裁量時間は全体の二〇パーセント近くに達する。こうした数字だけを見ると、義務教育諸学校における教育課程編成の自由度は、中国の方が日本よりも格段に高くなっており、教育内容に対する国家統制の度合いは、見方によっては日本の方が高いとすら言える。（表1）

新教育実験が二〇〇二年から始まった背景には、こうした一連の教育自由化の流れ、つまり教育に対する国家統制の緩和がある。もう一つには、応試（受験準備）教育から素質教育へという教育政策の大きな転換があり、そうした流れにうまく乗る形で、新教育実験が登場したのである。

表１　義務教育課程設置実験方案（2001年教育部発表）

学年　1	2	3	4	5	6	7	8	9	
品徳·生活	品徳·生活	品徳·社会	品徳·社会	品徳·社会	品徳·社会	思想品徳	思想品徳	思想品徳	7～9%
						歴史と社会（又は歴史、地理）			3～4%
		科学	科学	科学	科学	科学（又は生物／物理、科学）			7～9%
言語·文学	言語·文学	言語·文学	言語·文学	言語·文学	言語·文学	言語·文学	言語·文学	言語·文学	20～22%
数学	数学	数学	数学	数学	数学	数学	数学	数学	13～15%
		外国語	外国語	外国語	外国語	外国語	外国語	外国語	6～8%
体育	体育	体育	体育	体育	体育	体育	体育	体育	10～11%
芸術（又は音楽、美術）	芸術（又は音楽、美術）	芸術（又は音楽、美術）	芸術（又は音楽、美術）	芸術（又は音楽、美術）	芸術（又は音楽、美術）	芸術（又は音楽、美術）	芸術（又は音楽、美術）	芸術（又は音楽、美術）	9～11%
		総合実践活動	総合実践活動	総合実践活動	総合実践活動	総合実践活動	総合実践活動	総合実践活動	7～8%
地方、学校裁量時間	地方、学校裁量時間	地方、学校裁量時間	地方、学校裁量時間	地方、学校裁量時間	地方、学校裁量時間	地方、学校裁量時間	地方、学校裁量時間	地方、学校裁量時間	10～12%
週時数 26	26	30	30	30	34	34	34	34	274
年時数910	910	1,050	1,050	1,050	1,190	1,190	1,190	1,122	9,522

注：現行カリキュラムとそれ以前の大きな変更点は、合科（例えば品徳・社会、歴史と社会、科学）の導入、外国語学習開始学年の繰上、総合実践活動の導入、地方・学校裁量時間の新設等である。

二、運動のリーダー朱永新について

この運動のリーダーである朱永新について、ここで紹介したい。朱永新は一九五八年江蘇省大豊県生まれで、上智大学で学んだ経験を持つ「日本通」でもある。少年時代から、彼は本が大好きであった。母親はある招待所（旅館）で働いており、彼は客人からその携帯する本を借りては、当日中に読み終えて返すということを何度も繰り返し、そのため彼は自然に速読法を身につけた。彼は無類の読書好きで、読書を通じて様々な知識を吸収し、自らの世界を拡げ、活躍の場を拡げることとなった。

こうして読書を通じて成功した体験を持つ彼は、後に彼が始めた新教育実験の中で、読書（閲読）教育の推進を最も重視するようになる。彼は二〇〇二年六月に自らの原稿料や講演料をもとに、新教育実験の仮想共同体として「教育在線」ウェブサイトを開設するが、その直後にそのサイト内で「朱永新成功保険会社」の設立を宣言した。この宣言の中に、読書に対する朱永新の思いが込められている。以下に、朱永新自身の書き込みを翻訳してみよう。

グッドニュース！

朱永新成功保険会社が本日、正式開業した！

当社の設立目的は、顧客の利益を確保し、顧客の成功を激励することにある。

保険加入者は限定しないが、教育界の人々を特に歓迎する。というのは、教育の成功は中華民族の偉大な復興の基礎であるから。

保険加入額は無制限で、数元から数千元まで、自由に選んでよい。一万元以上の大口顧客も歓迎する。

保険期間は一〇年。

保険条件は、毎日自らを振り返って、千字からなる文章を一篇ずつ書くこと。その日に見聞きしたり、読んだり、思ったりしたこと、何でもよい。一〇年後に三、六六〇篇の千字文（計三六〇万字）を当社に持参されたし。保険加入者が一〇年後に自分が成功者になっていないと感じるなら、当社は一〇〇倍の金額をお返しする。今一万元加入すれば、百万長者になるかもしれない。


このように彼は、日記や随筆、それに読書感想文等を毎日書くことを勧めた。ここに、読書や随筆執筆に対する彼の思い入れの深さが見て取れる。「保険会社」とは彼一流のジョークであったのだろうが、実際にはこれを真に受けた人が多数いたそうである。例えば、江蘇塩城のある数学教師は、朱永新から「毎日本を読み、ネットを見て、作文をしよう」とアドバイスされ、毎日教育日記を書いて「我が生命を用いて新教育の夢の火花を燃やす」というハンドルネームで教育在線内の自分のブログに書き込みを続け、一〇ヶ月の間に文字数にして三〇万字近くに達したという。

朱永新の生い立ちに戻りたい。彼は一九七五年に高級中学（高校）を卒業後、半ば失業状態で一年を過ごし、翌年大豊県棉麻公司で綿糸検査員として働くようになる。彼が高級中学を卒業した年は、まだ文化大革命が終わっておらず、通常の筆記試験による大学入試が行われていなかったため、大学に入学できなかったのであろう。一九七八年に通常の大学入試が再開されると早速江蘇師範学院（後の江蘇大学）に入学し、一九八〇年に上海師範大学で学び始め、一九八二年に母校蘇州大学教育心理教研室の助教、続いて副教授となり、一九九〇年一〇月から一九九一年一〇月まで上智大学に留学している。その後、蘇州大学教育科学部主任、教務処長、教授となり、一九九七年に三九歳の若さで人口六百万の大都市蘇州の副市長に抜擢された。二〇〇三年にも副市長に再任され、現在までに一〇年間副市長の座にある。（二）

彼が二〇〇二年に民間ＮＧＯ団体のリーダーとして渾身の力を込めて新教育実験を始めた後も、なぜ行政官たる副市長を辞めなかったのか。これについて彼は「行政資源を手にした方が、中国ではうまく事がはこぶから」と実に率直に答えている。彼は教育文化分野担当の副市長として、全国に先駆けて蘇州で無償の義務教育を実施したほか、閲読節（読書の日）を制定するなどした。（三）また、反対論渦巻く中、「良い学校」と「悪い学校」を合併させて平準化させる方式で学校間格差をならすなど、行政官として辣腕を振るった。彼の考え方は、中国では極めて新鮮である。中国は昔から重点校方式といって、優れた学校にヒトやカネを集中させることで効率的にエリートを育てるという考えを採っていたが、朱永新は「悪い学校で劣った子どもをうまく教えられてこそ、よい先生である」という逆転の発想で学校再編に臨んだ。ヒトやカネの重点校への過度の集中こそ資源の浪費であり、また重点校で若い幹部が育ちにくい一因もそこにあると考えたからである。

彼は、大都市の副市長にもなりながら、なぜ民間教育運動を始めたのか。これについて、彼は「現在、応試（受験準備教育により、子どもも先生も疲れ果てていて、幸せを感じていない。そこで、行政官（蘇州市副市長）になったこともあって、自分の理念や理想を実現すべく、行動を起こそうと思った」（中央電視台番組　二〇〇五年一〇月二六日二二時三五分放送より）と語っている。幸せという言葉が、新教育実験のもう一つのキーワードである。

なお、朱永新は中国の民主諸党派の一つである民進（中国民主促進会）の幹部（副主席）でもある。彼は蘇州大学の恩師らの紹介で、教育、文化、科学研究、出版界を主な支持基盤とする民進に加入した。この事も、彼が「民間」の教育運動に心血を注ぐようになったことと関係するかもしれない。

三、NGOの教育活動について

朱永新が「民間」の教育運動に取り組むようになった経緯について、先に述べた。「民間」とは、具体的にはNGOと捉えられている。NGOとは、文字通り非政府機関である。教育に対する国家統制色が極めて強かった中国で、いつ頃からNGOによる教育活動が始まったのであろうか。

中国では二一世紀教育発展研究院と政治協商会議全国委員会の機関紙『人民政協報』の共催により、フォード財団の資金援助を得て、「二一世紀教育サロン」という名称で、様々な教育問題について話し合う会議が二〇〇三年九月より定期的に開かれている。二〇〇四年八月二七日には、「NGOと中国の教育発展」というテーマで、北京でその第六回会議が開催された。二一世紀教育発展研究院とは、新教育実験のリーダーである朱永新を名誉院長とする、民間非営利団体で、民間教育運動の振興を設立目的に掲げ、そのホームページは www.21cedi.org である。また政治協商会議（政協）とは中国共産党、民主諸党派、各団体、各界の代表で構成される全国統一戦線組織で、前述のように朱永新自身も民主諸党派の一つである民進の副主席として、政協の委員も兼務している。共産党による一党独裁体制を採っていると見られがちな中国だが、政治の場では政協がその独裁色を和らげる役割を果たしており、最近は諸党派の活動も以前より活発になっている。それまで中国でNGOの教育への関わりとしては、宋慶齢基金会が行っているような貧困地区（貧困家庭）への教育支援活動が比較的よく知られていたが、中国教育を発展させる上でNGOの果たすべき役割について議論した大規模な会議は、多分その時が最初だったであろう。

この会議を朱永新が名誉院長を務める団体の共催により実施したこと自体が、新教育実験を民間主導で推進していこうという決意の現れであろう。なお、民間教育運動は他にもある。たとえば、一九三〇年代に河北省定県（現定州）で郷村教育運動を展開した中華平民教育促進会という民間教育団体の指導者に、晏陽初という人物がいる。この人は、当時陶行知と並び称される郷村教育の指導者であったが、革命後に海外に移住したため長らく批判の対象となり、陶行知より大分遅れて名誉回復を果たした人である。この晏陽初の精神を受け継ごうと、河北省定州に郷村建設学院という名の農民教育機関を設立した人がいる。農村問題の専門家として有名な温鉄軍という中国人民大学農業農村発展学院院長がその人で、「足」で学問をすることを信条とし、中国農民の代弁者を自認している。彼が設立した郷村建設学院も、ボランティアの教師により運営されるNGO団体で、朱永新の新教育実験と相まって、民国時代の民間教育実践の流れを受け継ぎ、発展させようとしている。また、華東師範大学の葉瀾教授をリーダーとする「新基礎教育」グループも、「生命・実践の教育哲学」を掲げて、全国的範囲で二〇〇校以上が参加する大規模な教育運動を展開している。このように、NGO団体が主宰する民間教育運動は、決して新教育実験だけではなく、現在ではいくつものグループが競い合って活動しており、その活動範囲も、当初の貧困地区向け教育支援から、現在ではより拡大しつつある。

四、かけ声倒れの「応試教育から素質教育へ」

朱永新が新教育実践を唱えた背景には、政府が提唱している素質教育が、かけ声倒れに終わっていることがある。

政府は一九九〇年代後半から「応試教育に代えて素質教育を」ということを盛んに唱え始めたが、受験実績を重視する風潮は、今世紀に入ってからも一向に収まる気配がない。中国では、子どもの多くが一人っ子という状況の中で、豊かになって経済的に余裕が出てきた沿海地区中間層を中心に、一人しかいない子どもにカネをかけて高い教育を受けさせようと、受験競争が益々過熱している。多くの地方が、大学への進学率を競っている。もちろん、大学ならどこでもいいというわけではない。中国管理科学研究所や中国校友会網等が全大学を点数で評価して細かく順位付けを行い、新浪の教育サイト（http：//edu.sina.com.cn/）等で全国大学番付を公表しているが、その上位にランクされる大学への進学をめざして、全国で激しい競争が繰り広げられる。受験は大学で終わりというわけではなく、就職試験も苛烈で、たとえば公務員の場合、二〇〇七年一二月一〇日の『北京晨報』によれば、二〇〇八年採用の国家公務員試験で、受験者数は六四万人、採用数は一万四、〇〇〇人で、倍率は四六倍であったという。人気の高いポストは、一人の採用枠に対して三、五九二人が殺到するという過熱ぶりであったと伝えられた。

また、二〇〇五年七月、山西省楡社県では大学入試成績が落ちたことを県の指導者がテレビで謝罪し、高級中学（高校）の校長をクビにして、年収一〇万元という破格の待遇で新校長を公募したといったニュースが伝えられた。(四) 大学入試成績は地方幹部に対する評価にも直結している。中国青少年研究センターが発表した中国の小中高校生を対象とする学習や生活に関する調査によれば、五七・六パーセントの児童生徒が「勉強へのプレシャー」に悩んでおり、両親の高すぎる期待がその背景にある。両親の九一・七パーセントが大学・専科学校以上の学歴を子どもに期待し、博士の学位まで期待する親が五七・四パーセントに達するという。また、山東省政治協商会議の調査によれば、高校生の一九・五パーセントが毎日四〜五時間しか寝ていないという。(五)

こうした現状に対して、政府は「徳育知育体育の全面発達」や素質教育を唱えて、受験競争の過熱化を抑えようとしてはいるが、到底抑えきれていないのが現状である。長期にわたる重点校政策の名残か、地域によっては高級中学は、公立であっても二つ星、三つ星、四つ星というようにホテルやレストランのような星の数で公に区別され、人気校が多額の択校費（学校選択費）を取る現象が横行している。小学校から初級中学（中学）に進学する時も、義務教育では自宅近くの学校に進学する（就近入学）ことが建前になってはいるが、実際には様々な形で人気校に入るための競争が行われたり、金銭の授受が行われたりすることがめずらしくない。一方、都市と農村の諸条件の格差から、農村の優秀な教師が都市の学校に流れて、農村の学校のレベルダウンを引き起こすといったように、都市と農村の教育格差も縮小する気配がない。

受験をめぐる悲劇的事件も頻発している。一例を挙げれば、二〇〇五年七月一〇日、寧夏回族自治区の銀川市では、一三歳の女生徒が両親に「一三年間も私を育ててくれて、大変なおカネをかけてもらったけど、私が死ねば一〇万元節約できるでしょう、期待に応えられなくてご免なさい、私はだめな子でした」といった内容の遺書を残して、自宅で服毒自殺した。(六) 一〇万元とは択校費のことであろう。この女生徒は中学入学を控えていたが、公立中学なら学費は無償のはずである。しかし銀川市では、公立有名中学が内部に民弁（私立）クラスを設置し、そこは私立扱いだから学費を徴収してよいということにして、法律の抜け穴を利用したような集金システムがまかりとおっていた。自殺した生徒はその犠牲者として、メディアで盛んに報道された。新教育実験は、こうした沈静化の兆しを見せない受験競争に対して、別の角度からの改革可能性を提示すべく、登場したのである。

五、仮想共同体としてのウェブサイト「教育在線」

朱永新が二〇〇二年六月に自分の原稿料と講演料をもとに、新教育実験を宣伝するプラットホームでもある「教育在線」ウェブサイトを開設したことは、既に述べた。このサイトのアドレスは、http：//www.eduol.cn である。では、早速このサイトに入って、新教育実験の概要を見てみよう。現時点（二〇〇七年一二月）で、このサイトは新教育実験関係だけでなく、教育ニュース、十数万人の会員のブログ等からなる中国最大級の総合教育サイトへと発展しており、新教育実験について、次の説明がある。

新教育実験は全国教育科学第十次五か年計画重点課題であり、朱永新教授が始めた民間教育改革行動で、教師の発展を起点として、六大行動を通じて、新教育共同体成員が幸福で充実した教育生活を過ごすのを支援することを目的とする教育実験である。

新教区実験の実験項目は六項目ある（六大行動）。

①本の香りのする学園をつくる——閲読の雰囲気を作り、豊かな閲読資源を活用して、豊富多彩な読書活動を行い、閲読を教師や生徒の最も日常的な生活方式とし、本の香りのする社会を作る。

②教師と生徒が共に随筆を書く——教育日記、教育物語、教育案例分析等の形式を用いて、教師や生徒の日常生活を記録し、教師の専門能力を発展させ、生徒の自主成長を促進する。

③窓外の声に耳を傾ける——多彩な報告会活動を通じて、学校内外の各種教育資源を十分に活用し、生徒に生活を愛させ、社会への関心を持たせ、積極的で楽観的な人生態度を育成し、多元的価値観を形成させる。

④卓越した会話力の育成——朗読、講演、座談会、討論、弁論等の活動を通じて、教師や生徒を話し上手にし、一生役立つコミュニケーションや表現の能力を育成する。

⑤理想の教室をつくる——平等で民主的でなごやかで愉快な教室の雰囲気をつくり、人類の文化知識と生徒の生活体験を有機的に結合させ、効率が高くて個性的な教室をつくる。

⑥デジタルコミュニティをつくる——学校内外のネットワーク資源を活用して、学習型ネットコミュニティをつく

り、ネットを通じて教師と生徒の学習や交流を促進し、実践の中で教師と生徒の情報意識や情報応用能力を育成する。

これに「家庭と学校の協力態勢の改善」（両親教育のための父母学校づくり）を加えた七つを、新教育実験の七大行動と呼ぶ場合もある。

簡単に言えば、教師や生徒に読書をさせ、日記を書かせ、社会調査等の対外活動をさせ、会話能力を高め、なごやかな雰囲気の教室づくりを心がけ、ネットを活用し、保護者との連絡を密にすることが、新教育実験の主な中身である。なお、④の卓越した会話力の育成とは、母語と外国語（英語）の二カ国語による会話力の育成（バイリンガル教育）を指している。また、⑥のデジタルコミュニティについては、教育在線そのものがこの新教育実験に関心を持つ人達のデジタルコミュニティ（仮想共同体）であるが、その他、各学校が自らホームページを開設し、教師が自らブログを開設して、生徒や保護者との連絡にもネットを活用するといったことが求められている。逆に言えば、ネットも使いこなせないようでは、新教育実験に参加する資格がないということである。

新教育実験は、国の重点課題の指定を受けて、国から多少の補助金を得たであろうが、それにしても当初は、専従職員すらいなかったという。新教育実験が専従職員を最初に雇い入れたのは二〇〇六年二月で、教育在線の開設後、四年近く後である。ちなみに、最初の専従職員は魏智淵というブロガー（中国語ではブログのことを博客という）で、彼はもともと陝西省の中学教師であったが、硬直化した教育体制の中で苦悶するうちに教育在線のウェブサイトに出合い、「鉄皮鼓」というハンドルネームで書き込みを続け、それが朱永新や李鎮西（成都武侯実験中学校長で郷村平民教育の実践家、蘇州大学博士課程での朱永新の指導学生、「教育在線」掲示板の責任者）の目にとまり、朱永新の招きで蘇州にやってきて、新教育実験の専従職員になったのである。

この新教育実験に参加（加盟）するには、どうすればよいのか。その申請自体は、きわめて簡単で、要は校長にやる気があるかどうかである。校長が先頭に立って、自主的に申請し、主体的に行動する必要がある。申請自体はウェブ上でできる。

校長は、加盟申請に先立って新教育実験のいずれかの実験項目を三ヶ月間試行的に実践し、その成果をウェブ上で公表するだけでよく、申請書に記入したり電話をかけたりする必要はない。ウェブサイトは全国で見られるので、現在では農村部の学校も多く加入するようになっている。

最初に実験学校として登録されたのは、江蘇省昆山市玉峰実験学校で、二〇〇二年九月に既述の「六大行動」実験項目の全てに参加すると登録して、その計画を立てた。新教育実験に参加したい学校は、六大行動の全てではなく、一つだけ、或いは二つだけといったように、特定の実験項目についてのみ参加することも可能で、全てウェブサイト上で選択できるようになっていて、玉峰実験学校のように全ての実験項目に参加するのは、むしろまれである。新教育実験は、下から上への「草の根運動」であると言われるが、それは、政府主導で研究指定校になって特定の研究課題を遂行するのではなく、あくまでも各学校からの自主的申請を基礎としているからである。

新教育実験は「本の香りのする学園をつくる」ことを六大行動のトップに持ってきた。その背景には、既述のような朱永新の個人的読書体験がある。彼は、教科書や副読本で学ぶのは「加工された知識」にすぎず、人類の豊かな精神財産が盛り込まれてはいないと考えた。「個々人の精神発育史はその人の閲読史であり、ある民族の精神レベルはその民族の閲読水準により左右される」との考え方に基づき、小学校の間に教科書や副読本以外に、百冊の本を読ませることを提唱した。しかし、応試教育面で成果を期待する親や、親の期待に応えようとする教師からは、教科書や副読本、受験参考書以外の本を子どもに読ませることは、時間の無駄と見られるであろう。これについて朱永新はあるテレビの特集番組で「子ども達が読書を楽しむようになれば、それはその子の一生の幸福の源になり、決して負担にはならない」と説いた。(七) 応試教育に対しても、実際には中国でも不満を持つ人はたくさんおり、大学が増設されて高等教育の大衆化が急速に進む中国では、高学歴化に伴う「学歴インフレ」も同時に進行している。実際問題として、受験勉強に血道をあげたところで、それに見合うだけの見返りが必ずしも期待できない状況になっている。こうした状況を捉えて、朱永新は「一人一人が行動を起こせば、全中国が変わる」と訴えた。また、特に教師に対して、「皆さん方は新任の頃から応試教育で実績をあげて評価を高めたいと思っていたわけではないはずだ、新任の頃に皆さん方が持っていたはずの教育への夢、熱き思いをもう一度呼び起こしてもらいたい、新教育実験に参加するとはそういうことなのだ」と訴えた。

このように応試教育万能の風潮に対して異議を申し立てる点で、新教育実験は政府が進める素質教育と同じ方向にあるといえよう。同じ方向にあるからこそ、この民間教育運動に政府の協力が得られ、また副市長という自らの役職をこなしながら、同時に民間教育運動のリーダーになるという離れ業が可能になったのである。但し、朱永新は応試教育を真っ向から否定しているわけではない。実際問題として、シックスポケット（お父さんとお母さん、父方のお爺さんとお婆さん、母方のお爺さんとお婆さん）からお金をもらいながら大切に育てられた「小皇帝」や「小公主」が教育を受ける世代の中心である今の中国で、応試教育を真っ向から否定したのでは、草の根運動どころか草木も生えないということになりかねない。朱永新も、応試自体を目的とする教育に反対するだけで、応試そのものに反対しているわけではないが、応試教育一辺倒では立ち行かないことを訴えるとともに、新教育実験は「新希望工程」であり、読書を通じて精神を豊かにするプロジェクトだとメディアで宣伝している。

これは、実にうまいやり方である。「学歴インフレ」が急速に進む中で、受験勉強が必ずしも個人の幸せをもたらすものでないということに人々は気付き始めている。北京大学や清華大学、復旦大学といった超名門校を出たわけでもないのに、小さい頃から読書を通じて知識を吸収し、活躍の場を拡げてついには蘇州市の副市長にまで上りつめた朱永新は、その生き方自体が人々に応試教育への反省を促す格好の宣伝材料なのである。小さい頃から本を読むことは、個人の幸せ実現にとって、決して時間の無駄ではないということを、朱永新は身をもって訴えかけている。

なお、新教育実験を宣伝する際によく使われる「新希望工程」というネーミングにも注目したい。「希望工程」とは、辺境貧困地区の教育の物的条件（校舎、設備、文具等）を改善するために、民間の寄付をもとに行われている社会事業を指すが、「新希望工程」とは、応試教育一辺倒の風潮の中で出現した子ども達の精神的貧困を改善するための社会事業なのである。

こうした新教育実験の概要をまとめると、次のページの表2のようになる。

六、最初のモデル校―江蘇省昆山市玉峰実験学校

最初に新教育実験のモデル校として登録されたのは、江蘇省昆山市玉峰実験学校で、二〇〇二年九月である。この学校は現在も重要なモデル校の一つで、朱永新は同校を延安（かつての中国共産党の根拠地）に喩えているが、ここは公立学校ではなく、「国有民営学校」である。

ここで、最近新たに出現した国有民営学校について説明しよう。(八) 簡単に言えば、それはちょうど公立と私立の中間の形態で、アメリカ風に言えばチャータースクール、日本風に言えば公設民営学校とでも呼べばいいのであろうか。但し、中国の場合はより株式会社制に近い組織形態になっている。アメリカでは相当の歴史があり、相当数の学校がこの形態をとって運営されているが、日本では、小泉構造改革の中でいわゆる教育特区で認められたばかりで、まだ本格的に設立されるには至っていない。

表２　新教育実験の概要

中核理念	全ての人のために、人の全てのために（平民主義）
五大観点	1. 児童生徒と教師の潜在力を無限に信じる 2. 子どもに生涯役立つものを授ける 3. 精神状態を重視し、成功体験を唱道する 4. 個性の発達を強調し、特色教育を重視する 5. 教師や児童生徒に人類の崇高な精神と対話させる
価値方向	理想を追い求め、自我を超越する 成長し、愉快に過ごす 行動を通じてのみ、収穫が得られる
七大行動	1. 本の香りのする学園をつくる（「毛虫と蝶」プロジェクト） 2. 教師と生徒が共に随筆を書く 3. 窓外の声に耳を傾ける（社会調査、地域の人々との交流） 4. 二カ国語を話す訓練をする 5. 理想の教室をつくる 6. デジタルコミュニティをつくる（学校のホームページ、ブログ開設） 7. 家庭と学校の協力態勢を改善する（新父母学校をつくる）
基本原則	1. 実践性の原則、操作の強調　2. 生成性の原則、プロセスの強調 3. 発展性の原則、創造革新の強調　4. 客観性の原則、真実の強調 5. 公益性の原則、開放の強調
四重境地	1. 実験を教師が専門性を発展させる理想の舞台とする 2. 実験を学校が教育品質を向上させる理想のプラットホームとする 3. 実験を通じて学校を児童生徒が成長する愉快な理想の楽園にする 4. 実験を通じて学校を新教育共同体の「精神家園」、共に成長する「理想村落」にする
三大仮説	1.「6＋1行動」、即ち「七大行動」が「教育共同体生活世界改造」の理想的道筋である 2. 理想的教育実験は、函数としての被験者を変えることができるばかりか、実験活動の主体自身の絶え間ない向上改善を促進できる 3. 新教育実験の絶え間ない推進に伴い、多様で様々な階層からなる教育共同体の中で、理性や道徳面での共通認識が得られ、こうした共同体に特有の研究の仕組みや制度文化が徐々に形成され、特有の理論用語や実践モデルが形成され、「新教育学派」が誕生する
四大変化	1. 児童生徒の生き方を変える　2. 教師のあり方を変える 3. 学校の発展方式を変える 4. 旧来の教育改革や教育研究方式を変える
十大領域	理想的徳育、知育、体育、美育、労働技術教育（全面発達） 及び理想的学校、教師、校長、児童生徒、父母

中国で最も数が多いのは、国有公営学校、つまり普通の公立学校である。これと国有民営学校の違いがどこにあるのかというと、例えば資金面では、国有公営学校は政府が学校の対外債務に対して無限責任を負い、学校は政府に依存して運営される。ところが、国有民営学校になれば、政府のほか、学校法人、教職員個人、外資など様々な投資家（株主）が出資する資金で運営されるようになる。政府は、提供した用地や建物をお金に換算して学校に出資する一株主にすぎないということになる。たとえば、もし学校が借入金を返せないといったことになれば、政府が直接解決に乗り出すのではなく、学校法人の董事会（理事会）が解決の道を模索することになる。資金面では政府はその出資持分についてのみ責任を負う有限責任の形になるので、政府の財政負担も軽くなる。一九九三年に中国政府は「中国教育改革発展綱要」を提出して、学校経営における規制緩和を打ち出した。それ以降、政府の財政負担を軽減しながら教育事業を発展させる手段の一つとして、公立学校を団体や個人に払い下げて国有民営学校に転換させる試みが始まった。なお、政府の出資持分（普通は学校用地の使用権や建物の所有権）まで買い取らせることも行われ、この場合は完全な私学（民有民営学校）となる。玉峰実験学校を訪問して聞いたところ、現在、義務教育段階では一応公立学校の完全な私学への転換は許可されなくなっているそうだが、玉峰実験学校のように既に国有民営学校になっているところでは、政府の出資持分を学校法人が買い取って完全な私学になるという選択肢も残されているそうで、現在そうするかどうかを検討中とのことであった。

もちろん、この国有民営学校は、公立学校と比べて、大きな経営自主権を有している。こうした国有民営学校には、普通は株主総会、董事会（理事会）、監事会、教職員代表大会、校長が置かれ、政府は一株主として株主総会で発言するほか、自らが委任する董事（理事）を通じて董事会（理事会）で学校経営に対する影響力を行使するにとどまる。最終的意志決定権を有するのは董事会で、株式会社の取締役会に相当する。董事会は学校の日常の教育経営管理業務を校長に委ね、学校経営の専業化が実現される。日本では、教員を長年務めた「たたき上げ型」の人が管理職試験を受けて定年の七～八年前に校長になるのが普通だが、中国の国有民営学校は学校経営のプロが校長になることが可能で、教員経験が全くない人であっても、学校経営のプロとして認められれば、校長に任用されることが可能である。また、校長は董事会に対して責任を負えばよいので、行政当局の方ばかりを向いて仕事をするといった必要がなくなる。

次に、国有民営学校と完全な私学との違いについて述べてみよう。中国では一九八五年に中共中央の「教育体制改革に関する決定」が出て、企業事業組織、社会団体、その他社会組織、公民個人が自分のカネを使って学校を設立することが奨励されるようになり、これが民有民営（民弁）学校と呼ばれる。但し、このタイプの完全な私学は、政府が金を使わないで教育事業を発展させることができるというメリットがあったものの、政府の監視の目が行き届かないため、学校を営利の手段と見るなど、政府の教育政策から逸脱する傾向が強く、また学校設置者（出資者）にとっても、学校の負債に対して無限責任を負う義務が課せられるなど、参入リスクの高いものであった。そこで、株主総会や董事会を通じて政府の一定の監督権を残しつつ、政府も他の出資者も学校の負債に対する責任の上限が自らの出資額に抑えられるという、公立と私立両方のメリットを生かした経営形態として、こうした国有民営学校の制度が試行されるようになった。その特徴は、既述のように所有権と経営権の完全分離という点にある。

では、次に玉峰実験学校の概要について、学校訪問で聞いた話も交えて、述べてみよう。この学校がなぜ新教育実験に参加する最初の学校になったかというと、二〇〇二年六月にネット上で教育在線を開設した後、自らの理想を実現するための学校を物色していた朱永新に、同じ江蘇省の昆山市教育局長から「二〇〇一年九月に新設されたばかりの学校があるので、それを実験に提供しよう」と紹介されたことがきっかけである。昆山市は蘇州市に属する市であったから、同校は、朱永新が副市長として自ら所轄する地区内の学校の一つであった。当時朱永新は、条件のよい「貴族学校」（完全な私学）で最初に試行したのでは新教育実験の良さが立証されず、かといって条件の劣る国有公営の純粋公立学校で最初に試行するのは実験のリスクが大きすぎると考えて、その中間的形態の「準貴族学校」である玉峰実験学校を最初の実験校として選んだ。(九)そして、朱永新は自ら六大行動のひな形を同校の教師や父母の前で発表し、その発表会のもようを教育在線に載せたところ、全国の学校の校長から「自分の学校も実験に参加したい」との申し出が相次いだ。その結果、たくさんの学校が同時並行的に実験に参加する現在の形態で、新教育実験が始まったのである。

同校は小学校から中学（初級中学）まで九年一貫制の寄宿制国有民営学校で、一般の公立学校に比べて、大きな自主権を有する。その中でも、一般の公立学校にない自主権として、義務教育段階でありながら、学費を徴収することができること、また公立校のような「就近入学」（小学区制）の縛りがなく、広範囲から生徒を募集できることがあげられる。玉峰実験学校は年間七、〇〇〇～八、〇〇〇元の学費を徴収し、学費プラス金融機関からの借入金で校舎や寄宿舎を建設し、公立校より多少よい待遇で教師を雇って、学校を経営している。もちろん、国有民営学校なので、実績を上げなければ、そう安くはない学費を払ってまでわざわざこの学校に子どもを入れようとする親はいなくなる。従って、この学校は「新教育実験は必ずしも進学実績を上げることと矛盾しない」ということを示すためのモデル校になっているという印象を受けた。応試教育を全く無視しては、いかなる教育実験も根付かせることとは無理なのであろう。例えば、新教育実験の六大行動の一つにバイリンガル教育の推進があるが、同校も英語を小学一年生からネイティブの外国人を雇用して教えるなどして、公立校との差別化を図っている。また、昆山市内で実施される学力テストの成績は、新教育実験に参加するようになった後も、市内でトップを続けているという。同校を卒業して高校（高級中学）に進学した生徒は、その後の大学入試の成績も大変よいということを、校長は誇らしげに語っておられた。また、教師の採用は学校の自由にまかせられているから、学校は全国的範囲で優秀な教師を募集し、採用に際しては、学校独自に面接と模擬授業を実施して、選考しているとのことである。

次に、新教育実験への参加状況を見てみよう。玉峰実験学校は、外国人駐在員の子どもも入学するような「準貴族学校」の範疇に属する学校でありながら、「点数第一主義ではなく、全人教育が必要だ」という周建華校長の方針もあって、六大行動の全てに参加している。学校の玄関を入ると、すぐそばが新教育実験の展示ホールになっているが、そこには、新教育実験に関係する資料がたくさん展示されている。特に目に付くのが生徒達の日記や読書感想文の類である。小学生でも、手書きのものは少なく、その多くがワープロで打ち出されているが、これは新教育実験がネット活用をはじめ情報メディア教育に力を入れているからである。同校は、先生と生徒が共に随筆を書くことや、親と生徒が共に本を読むこと等の活動を積極的に行っている。新教育実験が最も重視しているのは読書活動だが、同校では各クラスで毎日一〇～二〇分程度の時間を利用して、教師が自分で選んだ世界の名著を生徒の前で朗読して聞かせることで、年間二〇冊前後、小学校の間に一〇〇冊の本を読ませるという読書ノルマを達成しようとしている。また、教師も生徒も一人が年間一冊の「本」を出すというノルマも掲げており、展示ホール以外に、学校の図書館の空きスペースにも教師や生徒の随筆や日記、読書感想文等がきちんと製本されて収蔵されているということで、生徒が卒業後何年か経って、大人になってから学校を訪れても、自分がかつて書いた「本」が見られるようにしたいというのが、周校長の考えである。

また、「新父母学校」の活動も積極的に行っている。これも、やはり朱永新の呼びかけで始まった、教師と生徒の父母との間の連絡を密にし、家庭での成長や教育をよりよいものにするための試行である。生徒の父母は、学校のホームページにアクセスして、「新父母論壇」というページにアクセスしたり、各教師のブログに直接書き込んだりすることで、子どもの成長や教育についての悩みを聞いてもらうことができる。また、定期的に父母会を開いて、教師と父母が意見交換する場を設けており、「新父母報」という名の新聞も発行している。更に、各界の著名人を講師に招いて行う新父母研修会も開催している。これらを総称して、新父母学校と呼んでいて、六大行動の次にくる七番目の活動として、新教育実験で重視し始めている。これには、新教育実験に対して父母の支持を獲得するという意味合いもある。

七、もう一つのモデル校――常州市湖塘橋中心小学

新教育実験のもう一つのモデル校が常州市湖塘橋中心小学で、同校もやはり江蘇省内にある。玉峰が延安に喩えられているのに対して、湖塘橋は中国共産党のかつてのもう一つの根拠地になぞらえて、井岡山と喩えられている。井岡山の方が延安より古い根拠地だが、この点にも意味がある。即ち、新教育実験の看板を最初に掲げたのは玉峰だが、玉峰の所在する昆山市は行政区画的には蘇州市の下にあって、蘇州市副市長朱永新の所轄区域内ということになる。蘇州市の行政区域外から朱永新と連絡を取り合って、理想の教育を模索する探求を開始したという点では、この湖塘橋中心小学が最も早かった。同校は、普通の公立の学校だという点でも、玉峰とは異なる。

湖塘橋中心小学が新教育実験のモデル校になったのは、全て同校の校長奚亜英の手腕による。この女性校長が出版した本(一〇)と、同校で実際に見聞きしたことをもとに、同校の概要を紹介したい。

同校は、全国百強鎮の一つに数えられる湖塘鎮という、大変豊かな町に所在した。湖塘鎮は、農村部に所在するとはいっても、都市部と農村部の境界部で、都市化が進む地域にあった。湖塘橋中心小学は、その下に完全小学一二校と初級小学一校を統括する大規模校で、二〇六名もの教師を擁していた。もっとも、一九九八年の校長赴任当時は、年がら年中休んでいる教師が二〇名もおり、教員の質が低く、かつ教員にやる気が感じられないといった問題を抱えていた。校舎も老朽化が進み、学区内の児童の中には、同校を敬遠し、学校選択制度を利用して他校に入学・転校する児童もいたという。

校長に就任した奚亜英は、「庶民の子どもも高品質の教育を受けられるようにする」という理想を掲げて、「一年で基礎を打ち固め、三年で実験学校となり、五年で特色ある学校を造り上げる」という発展計画を提出した。奚亜英の奮闘の結果、実際には二年目で省級実験学校の指定を受け、「高品質の教育の平民化」の道を歩み出した。「平民化」というスローガンを掲げた点も、「準貴族学校」である玉峰とは異なっている。

特色ある学校造りを実現するため、奚亜英が真っ先に取り組んだことは、「校本課程」(school-based curriculum)の充実である。「校本課程」とは、カリキュラムの弾力化を意図して、二〇〇一年に教育部により発表された義務教育課程設置実験方案の中で認められた、学校裁量の時間である。奚亜英は「校本課程」の充実を通じて、特色ある学校造りを実現しようとしたが、そのためにある工夫をおこなった。通常、中国の小学校の一授業時間は四〇分であるが、それを三五分に短縮し、浮かせた五分を集めて、一日当たり授業のコマ数を一つ増やしたのである。なお現在では、一律に三五分にするのではなく、一授業時間を六〇分、四〇分、二〇分というように弾力的に変化させるやり方を採っている。

その浮いた時間で何を教えることにしたかというと、一つは英語である。国家標準カリキュラムでは英語は一部の大都市を除いて、通常小学三年生から教えることになっているが、奚亜英は一〜二年生にも週四時間教えるようにした。当時、中国の農村地区では一般に小学校一〜二年生が英語を学ぼうと思えば、「貴族学校」や「準貴族学校」に進学させるか、お金を払って英語塾に行かせるほかなかった。英語を小さい子どもに教えることが果たして高品質の教育であるかどうかは議論が分かれるところであろうが、奚亜英はこうした誰にでも一目で分かるやり方で、「高品質の教育の平民化」ののろしを上げたのである。ちなみに、新教育実験でも六(七)大行動の一つとしてバイリンガル教育の実施を掲げていたことを忘れてはならない。小学校低学年からの早期英語教育は、コンピュータ・情報教育の早期導入(デジタルコミュニティ造り)と並んで、新教育実験が父母からの支援を得るための重要な「しかけ」の一つでもあった。

早期英語教育の導入を皮切りに、芸術、数学、国語、体育などで、次々と「校本課程」を活用した学校独自のカリキュラム編成を実行に移していく。これは、教育の「差別化」「ブランド化」をはかっていくということにほかならない。新教育実験は、政府の力に頼らないで民間教育運動として発展していくためのブランド化戦略を重視しており、ブランドの価値により勢力拡大をはかろうとしている。早期英語教育やデジタルコミュニティ造り（コンピュータ教育）は父母にも非常に受け入れられやすいものだが、本の香りのする学園造り（読書活動）は必ずしもそうではなく、教科書や参考書以外の本を読むことに時間を割くことは、受験準備の妨げになるとの受けとめ方をする父母や児童生徒も多い。奚亜英は、学校図書館を開架式にし、学校建物の各フロアに読書コーナーを設け、これに書吧（図書バー）という名前を付けた。教師も一緒に加わる形で読書クラブをつくらせ、読書を身近に感じさせるようにした。中学年以上では、教室の中にも書架をつくって、児童に家から本を持ってこさせ、常時二〇〇冊以上の本を置くようにして、家にある本を生徒同士が交換して読むことを可能にした。読書の楽しさを味わわせることが目的であったから、推薦図書リストを配布することはあっても、「あの本は読んでいいが、この本は読んではだめ」といった制限は特に設けなかった。こうして、開放と自由の原則に基づく課外読書環境の整備がはかられ、読書に親しみを持つ子どもが増えていった。

このように、公立学校でありながら、一人の校長のもとで、全教師が一丸となって特定の教育実験に参加できた要因の一つに、一人の校長が同じ学校に長く務められるということがある。中国でも、公立学校の校長は、もちろん所轄する行政当局によって異動させられるが、奚亜英が前任校から転出して湖塘橋中心小学の校長になったのは一九九八年なので、もう一〇年近く同じ学校の校長を務めていることになる。こうしたことは、日本の公立学校では通常考えにくい。ある学校が特色のある教育を行って実績を上げようとすれば、奚亜英のようなエネルギッシュな校長が比較的若い年齢で着任し、一〇年くらいは一つの学校に在任し続けることが望ましいという考え方もあろう。もう一つは、中国では公立学校でも地方によっては、学校が教員を任用する際に、日本よりも大きな自主権を有するということがある。常州市の公立学校の教員採用は、現在以下の仕組みで行われている(一二)。

応募できるのは、学歴要件(中学以上は大学本科、小学校と幼稚園は専科以上)を満たし、教師資格証を有する者である。先ず、各学校が、次年度に自校でどんな教科の教師を何人採用したいかを市教育局に届け出る(ちなみに、中国は小学校でも原則として日本の中学と同様の教科担任制である)。次に、市教育局が次年度の各学校別・教科別の採用予定数を公表し、有資格の採用希望者がそれを見て、いずれかの学校に応募する。次に、市教育局が主に教科の専門知識や技能についての統一試験を行い、各学校に対して、その採用予定数の三倍の人数をめどに、各学校別に成績上位者を紹介する。ここまでは市教育局が行うが、これ以降は各学校で選考作業を行うことになる。

例えば、ある学校が国語の教師を二人採用予定だとすると、筆記試験の上位六名がその学校に紹介される。その六名は学校に呼び出されて、模擬授業を行い、授業能力をテストされる。校長等の管理職のほか、その教科を教える三名の教師がその模擬授業を観察して、その後に評定する。また、志望者に対する面接も行って、それらの結果をもとに、最終的に校長が決裁して、採用候補者を決定し、市教育局に報告する。問題がなければ、一年を試用期間として雇用し、一年後に問題なければ雇用期間が延長される。

これが常州市の教員採用方式の概略である。常州市では日本と比べて、教員採用に関する学校の自主権が高いことが分かる。高等教育の大衆化と教師教育の開放制への移行が急速に進み、教員の待遇も以前に比べて格段に改善されている中国では、教員は人気職種の一つで、買い手市場になっている。特に沿海都市部では、一人の採用に対して大勢の希望者が殺到することもめずらしくなく、採用側の選択の余地が大きい。また、江蘇省のいくつかの都市で聞いたところ、学校ごとに教員を採用する方式をとる場合、日本のように数年で異動するということはあまりなく、同じ学校で教え続ける年数が日本より長いのが通例である。但し、こうした点はむろん地方によって実情が異なるものと思われる。

こうした採用制度のもとでは、校長自体の在任期間が長いことも相まって、校長が強いリーダーシップを発揮することが可能である。湖塘橋中心小学では、奚亜英校長が新教育実験のモデル校となることを社会に高らかに宣言した。従って、同校の教師として就職することを希望する者は、自ずとその方針に賛同する者になるであろう。こうして、個性の強い女性校長の下で、同校は新教育実験を代表する拠点校になっていったのである。

八、「読書の日」の制定――朱永新の夢

二〇〇三年三月、朱永新は全国政治協商会議常務委員として、国家レベルで「読書の日」（国家閲読節）を制定するよう、国務院に提案を提出した。前述のように、「個々人の精神発育史はその人の閲読史であり、ある民族の精神レベルはその民族の閲読水準により左右される」というのが朱永新の持論で、彼は九月二五日を読書の日に制定するように提案した（一二）。この九月二五日という日は、魯迅の誕生日である（魯迅は一八八一年九月二五日生まれ）。新たな祝日を設けないとの国務院の方針に基づき、この提案は門前払いとなったが、その後も朱永新は提案を出し続けている。朱永新がこうした提案を出し続けている一つの理由は、公共図書館の著しい不足である。中国の公共図書館の総蔵書数は国民一人当たり〇・二七冊にしかならず、公共図書館の利用証を持っている人はわずか五八二万人で、全国総人口の〇・四七パーセントにしかならない。中国で読書の習慣を持つ人は、推定五パーセント程度にすぎない。朱永新が読書の日を制定するよう国に提案した背景には、経済の高度成長の陰で貧困なままに捨て置かれている中国の読書環境の現状があった。お金持ちは書店で本を買って読むことができるが、貧乏人にはそれができ

ない。読書の日の制定を求めたことには、そうした現状を打破したいとの思いが込められている。まだ全国的な読書の日の制定には至っていないが、朱永新が副市長を務める蘇州市では二〇〇六年九月二三日、はじめて読書の日が実施され、市内各校では「書香漂流」活動が行われ、協賛する書店ではバーゲンセールが行われたという。

読書は楽しんで行うべきものだという考え方に立って、新教育実験は二〇〇四年、四〇〇冊の図書を子ども向け推薦図書として発表し、「新教育文庫」と名付けた。これには、欧米の童話等も含まれる。小学校の間に一〇〇冊の本を読ませ、それを高級中学（高校）まで続けさせて、計二〇〇冊の本を読ませる――新教育実験はそうした明確な数値目標を掲げている。基本的には子どもが興味を持つものならどんな本を読ませてもいいのだが、そうはいってもどんな本を読ませたらいいのか分からないという父母や学校のために、推薦図書を発表したのである。

なお、単に本を読ませるだけでなく、随筆を書く活動と結びつけて行われていることに注意すべきである。読書感想文も随筆の中に含まれるからである。これによって、文章を書く能力や創造的思考を身につけさせることが意図されている。

おわりに――罵声の中で成長

新教育実験は、前世紀に活躍したデューイや陶行知の新教育運動を継承・発展させた教育運動として登場した。それは、六大行動ないし七大行動を通じて、子どもや教師を含む新教育共同体成員が幸福で充実した教育生活を過ごすのを支援することを目的としているが、その幸福は現在の幸福である。新教育実験は、現在の幸福こそが追求目標であるとし、将来の幸福のために現在の幸福を犠牲にすることに明確に反対しており、その点で応試教育とは微妙な関係にある。平民主義を標榜する新教育実験を民間教育運動として発展させるためには、民衆の支持を獲得することが不可欠である。一人っ子世代を中心とする今の中国の子ども達にかける親のすさまじい教育熱を全く無視しては支持獲得が困難なので、前述のように支持獲得のためのさまざまな「しかけ」を用意しており、また読書活動も決して応試教育と矛盾するものではないということを強調している。

凡庸な教育に反対し、六大行動ないし七大行動で他校との差別化をはかりながら、新教育実験のブランド価値を高めることこそ、運動の唯一の発展方向である。そのためには、上級学校への進学実績を上げることも必要となる。但し、知識の多い子どもではなく、智恵の多い子どもに育てることで、結果として進学実績も上がるのだとしており、それが児童生徒のブランド化ということにつながると考えられている。

こうした新教育実験に対しては、二〇〇五年には中央電視台がネット投票などを通じて毎年選定している「感動中国十大人物」の一人に朱永新が選ばれるなど、一般民衆の間では支持する声が強い。日本を遙かに上回る格差社会の中国で、高品質の教育を一般民衆の子どもに届けようという朱永新の平民志向が民衆の喝采を浴びているのは確かであろう。一方、批判的見方をする人も多く、特に大学教師にその傾向がある。華南師範大学教育学科教授の黄甫全もその一人で、彼は二〇〇六年三月一一日、朱永新宛に公開質問状を発し、「自分をコメニウスや陶行知といった大教育家と比べるとは何たる大ぼら吹きか」といった口調でひどく罵倒した。こうした批判や罵倒がなぜ生まれるか、一つには朱永新に対するやっかみもあるだろうし、人によってはネットに頼ってこれだけ大きな民間教育運動を巻き起こしたことにたいする警戒心もあり、或いはさまざまな既得権益に対する挑戦だと見る向きがなくもない。これに対して朱永新は「新教育実験は罵声の中でも成長し続けることができると確信している」と応じた。(一三)こうした批判や罵倒が公然と語られること自体、新教育実験が中国社会で一定の影響力を有し始めたことを示唆している。

一〇年後にこの運動がどうなっているか、予測することは難しい。しかし、中国教育の現状を考えれば、この運動が大きな存立意義を有することは確かであろう。今後も、新教育実験から目が離せない。

【注】

（一）荘澤宣『如何使新教育中国化』、中華書局、一九三八年、二三頁
（二）http：//www.paper800.com/paper228/159A5315/二〇〇七年一二月八日
（三）『人民日報海外版』二〇〇七年九月五日
（四）李斌「高考成績滑坡成地震」、『中国青年報』二〇〇五年七月一五日
（五）『中国教育報』二〇〇五年一月二〇日
（六）『中国青年報』二〇〇五年七月二五日
（七）二〇〇五年一〇月二六日二二時三五分中央電視台の特集番組での放送中の発言
（八）黄兆竜「現代学校制度初探—兼論国有民営学校管理模式」http：//www.xbjy940.com/Article_Print.asp?ArticleID=344
（九）朱永新「新教育実験的理論与実践」http：//www.furongedu.com/Thesis/View.aspx?id=15723
（一〇）奚亜英『一所好学校是這様煉成的——常州市胡塘橋中心小学品牌建設之道』、人民教育出版社、二〇〇六年
（一一）常州市教育局：二〇〇八年局属学校公開招考教師的実施意見（高校人材信息網、二〇〇七年一二月二五日）
（一二）「教育市長何以感動中国」、『江南時報』、二〇〇六年二月八日
（一三）『新観察：中国教育熱点透視（二〇〇六）』、上海人民出版社、二〇〇七年、一二三—一二八頁

訳者あとがき――新教育実験と朱永新先生

私は、朱永新先生が日本の学会等にいらした時にお会いしたことがあったが、本格的にお会いしてお話を伺ったのは、二〇〇七年九月であった。この時は、学習院大学東洋文化研究所のプロジェクトで、蘇州市及びその近郊の学校を参観したが、その時、学校訪問を手配してくれたのが朱先生で、その時は蘇州市の教育文化担当副市長を務められていた。私どもが訪問したのは湖塘橋中心小学（常州市、公立）、蘇州工業園区婁葑第二中心小学（蘇州市、公立）、それに玉峰実験学校（昆山市、国有民営）で、特に婁葑第二中心小学には朱先生が自ら同行され、長時間にわたって学校側の説明を聞くことができた。それらは、いずれも「新教育実験」運動の拠点校である。この「新教育実験」運動は、今世紀に入ってから新たに出現した教育運動で、その指導者が朱先生である。この運動については、東方書店から出された『沸騰する中国の教育改革』（学習院大学東洋文化研究叢書、二〇〇八年一二月刊行、本書に再録）の中で訳者が詳しく解説しているので、ここでは簡単に紹介するにとどめる。

新教育実験の特徴は、民間教育運動として、「良質の教育の平民化」をめざしている点にある。朱先生自身は当時、蘇州市副市長であったので、民間という言葉に疑問を感じる方もいらっしゃるかもしれないが、一つには朱先生自身が中国で民主党派の一つである民主促進会の中央副主席であり、非共産党系であることがその一つの理由にあげられるであろう。また、朱先生が中国で民国時期以来の長い歴史を持つ、陶行知らによって始められた「新教育運動」の伝統を継承しつつ、現代中国に合った教育を模索しておられること、更には個人が費用を負担してインターネットにホームページを開設して自己の主張を唱道し、「この指とまれ」方式で参加校を増やしていったことも、関係しよう。

次に、新教育実験がなぜ短期間でこれほどの民衆の支持を獲得できたかというと、それは「良質な教育の平民化」をめざした点に尽きよう。急激な経済開発に伴う生活の向上は全国民が享受できているわけではなく、一部の富裕層は多額の金を投じて自分の子どもによい教育を受けさせようとする一方、一般庶民の子どもは普通の学校に通いながら、上級学校への進学をめざして必死に頑張っている。しかし、教育条件の格差もあって、一般庶民の間には不満が渦巻いており、また日本では考えられないほどの非常に強い受験志向が蔓延した結果、一部の子ども達の健康な成長を大きく阻害している。朱先生はその点をとらえて、受験一本槍ではない良質な教育を、一般庶民の子ども達に提供しようとしたのである。従って、彼の唱える「新教育実験」は、校長の強いリーダーシップがあれば、一般の公立学校でも充分に実行可能なものとなっている。この『新教育の夢』は、朱永新の夢であるとともに、一般庶民の夢でもあり、また教師や校長の夢でもある。

新教育実験の中身については、本書の本文及び付録をご覧いただくとともに、お手元のパソコンを使ってインターネットに接続し、朱先生が作ったウェブサイト「教育在線」(http://www.eduol.cn/)をぜひご覧いただきたい。「教育在線」には朱永新をはじめ、新教育実験指導者、参加者のブログがあり、また外国人でも会員になって自分のブログを登録し、討論に参加することもできるので、一度ぜひアクセスしていただきたい。新教育実験の内容は、絶え間ない討論・試行を経て、更新され続けるのである。

石川啓二

著者略歴

朱　永新（しゅ　えいしん／Zhu Yongxin）

1958年江蘇省生まれ。江蘇師範学院（現蘇州大学）、上海師範大学、同済大学、復旦大学で主に教育心理学を学ぶ。現在、全国人民代表大会常務委員、民進中央副主席、中国教育学会副会長、蘇州大学教授、博士生導師。中国新教育改革の発起人で、「中国教育60年60人」(2009年)、「改革開放30周年“中国教育風雲人物”」(2008年)、「中国改革十大新聞人物」(2007年)、「中国十大教育英才」（2006年）などに選出された。約20年で、教育関係の論文400篇以上、著書30冊以上を発表。『我的教育理想』『中国新教育』などは最も影響力のある教育学の著作として20刷を超えるベストセラーとなっている。

訳者略歴

石川啓二（いしかわ　けいじ）

1952年生まれ。比較教育学専攻。東京大学大学院教育学研究科修士課程修了。教育学修士。山梨大学名誉教授。

主な著書に『地域研究と現地理解―グローバル化時代の教育動向―』(東京学芸大学国際教育センター)、『中国の近代化と教育』（明治図書)、『沸騰する中国の教育改革』（共著、東方書店）などがある。

王　智新（おう　ちしん／Wang Zhixin）

1952年中国上海生まれ。教育学・植民地教育学専攻。上海外国語大学日本語・日本文化専攻卒。博士（教育学)。現在は神戸日本語学院勤務。東アジア教育文化学会代表。

主な著書に『近代中日教育思想の比較研究』（勁草書房)、『当代日本教育叢書』（全16巻、執筆･編集代表、山西教育出版社)、『現代中国教育』(明石書店)、『沸騰する中国の教育改革』（共著、東方書店）などがある。

私《わたし》の理想《りそう》　新教育《しんきょういく》の夢《ゆめ》

朱永新《しゅえいしん》中国《ちゅうごく》教育《きょういく》文集《ぶんしゅう》　1

二〇一二年七月二〇日　初版第一刷発行

著　者●朱永新
訳　者●石川啓二・王智新
発行者●山田真史
発売所●株式会社東方書店
東京都千代田区神田神保町一―三　〒一〇一―〇〇五一
電話〇三―三二九四―一〇〇一
営業電話〇三―三九三七―〇三〇〇
装　幀●戸田ツトム
印刷・製本●(株)平河工業社

定価はカバーに表示してあります

ISBN978-4-497-21219-1 C3037

小社ホームページ〈中国・本の情報館〉で小社出版物のご案内をしております。
http://www.toho-shoten.co.jp/